長白山民間故事

目錄

楊靖宇小故事（九篇）

這組小故事，在楊靖宇一生中，只是滄海一粟。但一滴水可以反映出太陽的光輝，通過這幾件小事，也可以看出楊靖宇高尚的品格和博大的胸懷。

一副對聯

一九二七年農曆三月初八的早上，在河南省確山縣，發生了一件大喜事：在中共河南省委和確山特支的領導下，一萬多名貧苦農民，經過五晝夜的奮戰，攻陷了確山縣城。他們高舉著「犁子」旗，扛著紅纓槍，揮舞著大刀片，抬著九節雷，浩浩蕩蕩，湧進縣城。縣長讓他們生擒活捉了，守軍全被包渣了。確山農民暴動成功了。確山縣第一個革命政權——臨時人民委員會成立了。委員會裡有七名委員，為首的就是楊靖宇。臨時人民委員會發佈命令，廢除了苛捐雜稅，開倉濟貧，懲辦貪官污吏和土豪劣紳。窮苦百姓都打心眼兒裡高興、歡樂。

不幾天，北伐軍開來了，還給確山縣的臨時人民委員會贈送一面錦旗，錦旗上繡著「先聲奪人」幾個大字。這時，同楊靖宇一起領導起義的同志作了一副對聯，讓楊靖宇看看。這副對聯是這樣寫的：

慶今日克服鄭汴澄清黃河水
祝他年直搗幽燕掃淨長城灰

楊靖宇看完了對聯，激動得胸脯一起一落的，興奮得滿臉通紅通紅的。他馬上鋪開一張大紅紙，抓過一支毛筆，飽蘸墨汁，一口氣把這副對聯寫了下來。他的字寫得剛勁流暢，屋子裡的人見了，齊聲誇好。

楊靖宇寫完了對聯，把筆墨往桌子上一擱，濃黑的劍眉一揚，一雙大眼射

出灼人的光芒，說：「我將來一定要實現你的預言！」那個同志說：「我預祝你成功！」

楊靖宇一把抓住那個同志的手，緊緊地攥著，使勁地搖動著。

第一支槍

楊靖宇領導幾萬農民，要攻打河南省確山縣城。起義所需用的武器，都由各路起義軍自己籌備解決。他們盤了幾個爐灶，打造了一些桿子、大刀片和三節鞭等，還有自製的土炮「九節雷」、鳥銃，就是沒有一件新式武器。楊靖宇決定，從敵人手中搞到槍枝，裝備自己。

楊靖宇和駐紮在七里叉的軍閥隊伍裡的一個士兵混得很熟。有一天，楊靖宇趁那個士兵站崗的機會，買了一包落花生，送給那個軍閥士兵吃。那個士兵見了落花生，樂得「哈拉子」都淌出來了，忙把槍放在地上，就「嘎巴嘎巴」地吃起來。楊靖宇打量一眼那支槍，說：「我也想當個兵，你不好教教我嗎？」那個士兵滿口答應，一邊嚼著花生仁，一邊拿起槍遞給楊靖宇，並教他如何持槍和瞄準。教了一陣子，楊靖宇就扛起槍來，認認真真地走起正步來。那士兵見他那認真正經的樣子，也很高興，就「一二一」地喊著。楊靖宇快走到城門了，那士兵就喊：「向後轉走！」

這時，楊靖宇回過頭來，笑著說：「朋友，我不向後轉，我要回家了。」

那個士兵也笑著說：「那就把槍給我放下吧。」

楊靖宇說：「朋友，你就把槍送給我吧。」

那士兵說：「你別開玩笑了。」

楊靖宇卻扛起槍向城外跑去。那個士兵這時才醒過腔來，就撒開腿向楊靖宇追來。楊靖宇身高腿長，他哪能追得上？距離越拉越遠了。那個士兵累得氣喘吁吁，汗流滿面，步子也越來越遲緩無力了。這時，楊靖宇停了下來，高聲說道：「朋友，你是追不上我的。我拿走你的槍，是要去打反動派的，你也別再給反動派賣力氣了。」

楊靖宇從衣兜裡掏出兩塊銀元，放在地上，對那個士兵說：

「你也交不上差了。這是路費，你快點回家去吧。」

楊靖宇扛著槍，大步流星地走了。

那個士兵拾起銀元，出了一會兒神，也不進城了，往回家的路上走去了。

楊靖宇繳獲的這支槍，就是一九二七年三月份確山農民起義軍的第一支快槍。

將計就計

在楊靖宇的領導下，確山縣數萬農民，攻下了確山縣城，在確山縣建立了第一個人民革命政權。蔣介石、汪精衛先後叛變革命，投靠帝國主義，向人民施行血腥屠殺和殘酷鎮壓，大革命處於低潮。確山工農紅軍在楊靖宇等人率領下，在劉店一帶又發展壯大起來。

這時，在確山縣的明港，有幾支地主武裝，發生了內訌，互相鉤心鬥角，互相兼併殘殺。剛從外地回來的偽團長李文相與劣紳戴文甫勾結在一起，想把偽團總童肖九吃掉。這李文相徒有團長的虛名，實際只有二十多名打手和二十多支長短槍。戴文甫有民團一百多人。這兩股反動武裝合一起，還趕不上童肖九人多勢眾。在這種情況下，愚蠢的李文相利令智昏，竟打起工農紅軍的主意來。他想藉助工農紅軍的力量，吃掉童肖九，然後再倒過手來把工農紅軍吃掉。若這樣，他就可以在這一帶作威作福，為所欲為了。於是，李文相就派出代表，來到工農紅軍的駐地，進行談判。

工農紅軍也想在這一帶消滅反動武裝，建立革命根據地。

李文相的代表說明來意後，楊靖宇就識破了他們的陰謀詭計。楊靖宇和幾個團長一商量，決定來個將計就計，一箭雙鵰，就一口答應了李文相的要求。

這天夜晚，天黑得像鍋底。楊靖宇率領一支隊伍，從張板橋出發，向明港開赴，很快就到達了與李文相約定的地點。楊靖宇把隊伍的大部分都埋伏在屯子周圍和各個岔路隘口，為的是防備敵人突圍和接應；又挑選三十名身強體

壯、有戰鬥經驗的戰士，組成突擊隊，分作兩組，由楊靖宇和張耀昶分頭率領，埋伏在李文相駐地的門兩旁和牆角裡，伺機行動。

再說這李文相，此刻正躺在床上，對著煙燈，「嗞、嗞、嗞」抽大煙呢。他剛和戴文甫會過面，他還對戴文甫下了保證說：「今晚就見分曉。幹掉童肖九之日，就是消滅工農紅軍之時，你就看我的吧！」這時，嘍囉前來報說：「工農紅軍已到！」李文相猛吸最後一口煙，咽到肚子裡，那乳白色的煙霧又從鼻孔裡一縷縷地飄了出來。他一骨碌爬起身，從桌子上抓過匣子槍，一邊說「請」，一邊穿上藍布大褂，繫上腰帶，把匣子槍別在後腰帶上，竄出房門，前去迎接。他剛剛走到院心，嘍囉早已把大門打開，隨著湧進幾個人來，同聲說道：「李大爺，讓你久等了。」李文相謙笑道：「沒啥，沒啥，諸位先進屋裡稍息片刻！」這時，只聽一聲槍響，李文相「哎喲」一聲，一頭跌倒地上。說時遲，那時快，楊靖宇和張耀昶從埋伏地點跳將出來，個個像插翅的猛虎，出海的蛟龍。霎時間，槍聲大作，喊聲衝天。敵人驚慌失措，亂作一團。不到半個小時，李文相的人馬就全部被包渣了。

工農紅軍在楊靖宇率領下，不失戰機，連夜行動，在明港東南把戴文甫的民團包圍了，然後派人到戴文甫的住處去叫門。

戴文甫和他的一百多個狗腿子，個個都荷槍實彈，作好準備，就等著李文相和工農紅軍的隊伍來到，好一塊兒去攻打童肖九。當狗腿子報告說他盼望的兩支隊伍來到後，戴文甫高興地跳了起來，剛想下命令，又怕出什麼意外，就說：「去，要口令！」狗腿子退了出去，不大一會兒，又進來報告說：「口令對上了！」戴文甫高聲喊道：「開門，有請！」

大門打開了，人群直往院子裡湧。這些人進了院裡，就分頭向東西兩廂和正房撲去。一場激戰發生了。戴文甫的隊伍被打得落花流水，蒙頭轉向。戴文甫被手榴彈炸傷，由幾個狗腿子護衛著，逃了出去。他的民團，全部報銷了。

工農紅軍得了許多槍枝彈藥，力量大大增強。沒過幾天，到底和偽團長童肖九接上了火，把童肖九打得人仰馬翻，潰不成軍。

打這以後，工農紅軍就在楊靖宇領導下，在劉店、明港一帶近百里的土地上，開闢了紅色革命根據地，頻頻出擊，英勇戰鬥，取得一個又一個的勝利。

設宴斃匪首

楊靖宇帶領工農紅軍的隊伍，駐紮在劉店，領導貧苦農民打擊土豪劣紳。這一天楊靖宇和幾個幹部正在開會，研究如何粉碎新軍閥張德樞向工農紅軍發起的圍攻。正在這時，只見西邊的大路上揚起了一股煙塵，影影綽綽的，像是有大隊人馬撲奔過來。楊靖宇一邊命令戰士們隱蔽好，準備戰鬥；一邊派出偵察人員前去偵查。不大一會兒，偵察員返了回來向楊靖宇匯報說：「豫南『紅槍會』總司令王傑英，帶領人馬，正向我軍駐地移動。」楊靖宇沉思一會兒，就和幾個幹部簡單地交換了一下看法。大家都認為，王傑英來者不善，必有蹊蹺；但王傑英的隊伍，此刻正高挑著「紅槍會」的大旗，大隊人馬排著整齊的隊列，又不像要馬上開戰的意思。

這時，王傑英的隊伍在屯子外五里遠的地方停了下來，原地休息。接著，王傑英就派出兩名騎兵來到工農紅軍的指揮部，遞上了王傑英寫給楊靖宇的信函，大意是這樣：「紅槍會」與工農紅軍同時起事，幾經爭戰，卓立功業，友情不能忘懷。近日戰事頻急，情況吃緊，兩軍理應協同作戰，共度艱危。因此特攜一旅之師，前來與紅軍相晤，共商退敵之策。

楊靖宇叫人把這兩名騎兵送到下處休息，就連忙召開幹部會議，研究對策。

這王傑英原是惡霸出身，確山「紅槍會」興起時，他看升官發財的機會到了，就拉起一支人馬，混了進來。這個傢伙在「紅槍會」內，挑撥離間，排除異己，網羅黨羽，培植親信，終於篡奪了豫南「紅槍會」的領導大權，當上了總司令。攻下確山以後，他的隊伍紀律敗壞，壞事幹絕，確山的黎民百姓都恨透了他。楊靖宇等人幾次說教規勸，他都不理不睬。他的隊伍，實際上已經變成了明火執仗的土匪。大革命處於低潮後，王傑英搖身一變，又網羅勾結反動

武裝，幾次和紅軍摩擦。最近，確山地下黨還得到了可靠的情報：王傑英和駐確山的新軍閥張德樞祕密策劃，妄想共同對工農紅軍下毒手。王傑英已經變成了凶惡的敵人。

楊靖宇決定，就趁這個機會，把這個傢伙幹掉。當下，就和幾個幹部作了部署和安排。

楊靖宇派出一部分人員前去「迎接」王傑英，準備下豐盛的酒菜，款待「紅槍會」的會員，又在工農紅軍指揮部裡，擺設酒宴，為王傑英「接風洗塵」。

且說，王傑英帶領幾名隨從，來到了工農紅軍指揮部，與工農紅軍幾個幹部見了面，寒暄了一陣子，唯獨沒見到楊靖宇，心下不免犯了合計。接待他的工農紅軍的幹部，看出了他的意思，就說：「馬驥生[1]到明港去購買軍火，明天早上就可以回來。王司令就舒心愜意地休息休息。」王傑英聞聽此言，暗自高興起來，以為這是天賜的良機，工農紅軍眼下沒個主心骨，他正好就勢下笊籬。

酒宴開始了。王傑英心下歡喜，就開懷暢飲起來。外面，「紅槍會」的會員被分配住在幾個大院裡，此刻正在划拳行令，大酒大肉地吃喝起來。

王傑英正在興頭上，忽聽門外有人喊道：「馬驥生到了！」王傑英端著酒杯的手抽搐了一下，滿滿一杯酒全灑在衣襟上和桌面上。就聽屋門「吱呀」一聲打開了，隨著闖進一個人來。王傑英愣了一下神，正不知如何是好，只見坐在他身旁陪他吃酒的工農紅軍的兩個幹部一閃身，齊聲說：「王傑英在這兒久等你了！」楊靖宇從袖筒裡露出手槍管，照準王傑英的腦袋瓜，「叭——叭——」打了兩槍，王傑英一聲慘叫，栽倒下去。那幾個隨從，早嚇得屁滾尿流，跪在地上，一門叩頭搗蒜，乞求饒命。從他們的嘴裡得知，王傑英和張德樞已經密謀，就在今夜十二點，以鳴槍為號，裡應外合，一齊動手，妄想一舉

---

1 馬尚德——楊靖宇原名叫馬尚德，字驥生。

把工農紅軍吃掉。

與此同時，住在幾個大院裡的「紅槍會」的會員被工農紅軍分片包圍繳了械。

楊靖宇馬上率領隊伍，緊急出發。他把隊伍埋伏在劉店的大道兩旁。這天晚間，工農紅軍在楊靖宇的指揮下，把張德樞的反動武裝打得落花流水，一敗塗地。

「飛虎隊」奪槍

楊靖宇傷癒以後，就把分散在各地的工農紅軍聚集在一起，準備到四望山一帶去開闢革命根據地。人員集合得差不離了，就是武器和彈藥顯得不足。楊靖宇就號召戰士們分頭活動，從敵人手中奪取武器，來壯大自己。為此，楊靖宇從各隊裡挑選出一些精幹戰士，組成「飛虎隊」，由他親自指揮，晝伏夜出，積極出擊，打得敵人心驚肉跳，為工農紅軍奪得了不少槍枝。至今，在確山一帶，還流傳著「飛虎隊」大鬧古城廟會的故事。

這一天，恰好是古城廟會。楊靖宇帶領「飛虎隊」也來趕廟會。他們都是短打扮，懷裡都揣著短刀。這些戰士，個個都年輕力壯，還都多少會一些「武把操」。他們來到古城廟會，約定了行動信號，就混雜在人群中去了。

古城廟會很是熱鬧，叫買的、叫賣的、賣唱的、耍玩藝的……應有盡有。但是，「飛虎隊」員們全沒心思去看顧這些，他們跟隨楊靖宇在人群裡穿來穿去。

正在這夾當兒，忽然傳來一陣吆喝聲和吵罵聲，接著像潮水似的人群，自動地分開一條窄道，只見一個胖得像肥豬的傢伙在窄道中蹣跚著腳步走過來。後邊有十幾個狗腿子，有的挎著短槍，有的扛著長槍，簇擁著這個胖豬，一路走，一路不絕口地罵罵吵吵。這個胖豬就是古城附近的一個劣紳。這個傢伙豢養著一夥反動武裝，為害鄉里，飛揚跋扈，專跟貧苦百姓和工農紅軍作對。楊靖宇早就想把這個傢伙幹掉，一則為民除害，二則可以奪得一些武器和彈藥。

「飛虎隊」員都拿目光盯著楊靖宇，只見楊靖宇揚起了濃黑的劍眉，又黑又亮的眸子一轉，朝大夥微微一笑，輕輕一點頭，「飛虎隊」員馬上明白了楊靖宇的意思：把送到嘴邊的這塊肥肉吃掉。

「飛虎隊」員迅速行動起來。

這時，人群冷不丁混亂起來，剛才自動分開的那條窄道忽然合了起來，那個胖豬夾在人群中，被如波似浪的人流推來搡去，正好天頭又熱，一霎時他就被搓揉得汗流浹背，張口直喘。那十幾個狗腿子被人群切隔開來，互相失去聯絡和照應。一個狗腿子扯著公鴨嗓直門喊嚷：「閃開！快閃開！給老爺閃條路！你瞎了眼睛了嗎？」人群照舊推來擁去，沒有一個人聽他喝的。身材高大的楊靖宇站在人群裡，見「飛虎隊」員都兩個人靠住一個狗腿子，就等著他下命令了。楊靖宇「嘁──」地吹了聲口哨，麻溜掏出短刀，照準站在他身邊的那個「胖豬」的心窩子猛扎了進去。那胖豬慘叫一聲，仰倒在地上。楊靖宇疾快地摘下了別在他後腰上的那把手槍。這一切，做得是那樣快當，又是那樣利索。這工夫，「飛虎隊」員也跟著楊靖宇一樣麻利，一眨眼間，就把那十幾個狗腿子收拾了，把手槍也都下了下來。楊靖宇又「嘁──」地吹了一聲口哨，「飛虎隊」員馬上向預定的目的地撤去。

這時，古城廟會可亂了營，趕會的人跑的跑，逃的逃，喊的喊，叫的叫，擺攤的扔了攤兒，挑擔兒的扔了擔子。前來趕會的「民團」士兵和駐守古城的軍閥士兵，不知發生了什麼情況，想維持下秩序，但喊破了嗓子也沒人聽。直到大亂過後，人群走淨，才發現在古城廟前，倒著十幾具屍體。敵人這才醒過味來，著急忙慌地又鳴槍又吹號。

可是，「飛虎隊」早就走得沒影沒蹤了。

從《國際歌》到軍歌

一九三三年秋，楊靖宇在磐石整頓完游擊隊，又回到了哈爾濱，向滿州省

委匯報工作。他在省委一位同志的家裡借宿。閒暇時，他除了幫助房東忙家務外，就整天坐在屋裡讀書看文件。有一天，他弄到一張《國際歌》的歌片，馬上就被那歌詞和曲譜吸引住了，於是就照著歌片唱起來。唱完一遍，他激動地說：「這支歌太好了！唱著這樣的歌，覺得渾身長力氣。」外面日寇的偵探很多，為了避免被敵人聽見，他就壓低了嗓音唱，或者用鼻音哼著唱，唱了一遍又一遍。他對省委同志說：「一定要把這支歌帶到部隊去。還得多編些革命歌曲，給戰士們唱。」

楊靖宇學會了唱《國際歌》之後，就坐下來，準備編一支《東北人民革命軍軍歌》。正在這時，滿州省委通知他，要他回到磐石，領導長白山地區的軍民，進行抗日救國鬥爭。楊靖宇收拾好行裝，起程了。

不久，在長白山的密林裡，抗聯一軍的戰士們，就唱起了《國際歌》。幾年後，楊靖宇親自編寫的《東北抗聯一路軍軍歌》也在長白山地區傳唱開來：

> 我們是東北抗日聯合軍，
> 創造出聯合軍第一路軍。
> 乒乓衝鋒殺敵的繳械聲，
> 那就是我們勝利的鐵證。
> ……
> 高懸在我們的天空中，
> 普照著勝利軍旗的紅光。
> 衝鋒呀！我們的第一路軍，
> 衝鋒呀！我們的第一路軍。

這歌聲慷慨激昂、雄渾有力，在千里長白、茫茫林海傳播著。

書和武器

　　這一年，抗聯第二軍的政委魏拯民同志帶領一部分隊伍，來到河裡地區，要和楊靖宇會面。河裡這地方，方圓幾百里沒有人煙，全是莽莽蒼蒼的大林子。楊靖宇聽說魏拯民要來，就派出幾路人馬，找到了魏拯民，把他接到河裡附近的回頭溝。楊靖宇和魏拯民見面了，這是他們兩人的第一次相會。

　　河裡是一軍的根據地。當時，戰士們正在練兵場操練，個個都像小老虎，機智勇敢，生氣勃勃。被服廠在製做軍衣，修械所在修理槍枝、製造彈藥，野戰醫院的醫護人員在精心地護理著傷病員……魏拯民看著這裡的一切，心裡著實佩服，一迭聲地說：「老楊，你們搞得很好，我們得向你們學習啊！」楊靖宇笑著說：「咱們要互相學習。你得多給我們提意見啊！」兩人都哈哈笑了起來。

　　他們倆在這裡開了好幾天會。有一天，魏拯民把一本精心珍藏著的《共產黨宣言》送給了楊靖宇。楊靖宇接過書來，貪婪地讀了幾頁，無限激動地說：「這書太好了！老魏，說句老實話，我讀的馬列主義書籍太少了，你以後要多幫助我啊！」

　　其實，楊靖宇對學習抓得最緊，無論行軍宿營，一有空閒時間，就認真地讀書。《共產黨宣言》這本書，他過去曾經讀過，如今，在長白山大森林裡，又見到了這本書，他是多麼喜悅和高興啊！楊靖宇略思片刻說：「老魏，你送我的這本書，是我們進行革命鬥爭的銳利武器。我也送給你一件東西——殺敵的武器吧。」說著，就把自己最喜愛的一把手槍贈送給了魏拯民。

　　魏拯民接受了這件珍貴的禮物。從此，楊靖宇和魏拯民就結下了深厚的革命情誼，一直到他們先後犧牲殉國。

「春天是我們的」

　　有一年，日寇在金川縣白家堡子製造了一起慘案，數百名中國農民在大荒溝被鬼子屠殺了。白家堡子、大荒溝一帶是抗聯一軍的根據地，當地的老百姓

都積極支援抗聯，為抗擊日寇的侵略，做出了不少貢獻。白家堡子的老鄉慘遭屠殺，一軍的戰士們聽說了，都萬分悲痛憤恨，都要求出擊戰鬥，為死難的同胞報仇雪恨。

第二年，剛開春，楊靖宇率領部隊，在大荒溝把日本鬼子團團包圍了。鬼子幾次突圍，都沒能突圍出去。傍天亮，抗聯發起了總攻擊，很多鬼子被打死了。戰鬥結束後，戰士們打掃戰場，見一個鬼子還沒死，趴在地上，眼望天空和林海，用半通不通的中國話說：「春天的來了，鳥的叫了，我呢，完了。」

這個傢伙死後，戰士們把他的話，當作笑談傳播著。有一天，楊靖宇聽說了，神情挺嚴肅地說：「侵略者永遠不會有真正的春天的。同志們，春天是我們的！我們要積極奮戰，英勇殺敵，為祖國為人民奪回春光明媚的春天。」

信的故事

這一天，楊靖宇率領部隊攻打集安縣城附近的土口子。土口子駐有日寇的守備隊，守衛著正在開鑿的一條隧道。經過激戰，抗聯大獲全勝。

日寇遭到慘敗，十分惱火。這一天，一個日本指導官給楊靖宇寫了一封信，信中有這樣一段話：「土口子一仗沒什麼了不起，對於滿洲國來說，等於被蚊子叮了一口。」

楊靖宇看完信，哈哈大笑起來，並把這封信唸給戰士們聽了。唸完信，楊靖宇幽默地對大夥說：「這位日本指導官很有點阿 Q 精神。」他給這個日本指導官寫了一封回信，信中有這樣一段話：「你很有點文學天才，這個比喻很有意思，可惜不盡恰當。如果四萬萬中國人民每人叮你們一口，那你們這些侵略者，也就難得活命了。」

無巧不成書，在長崗戰鬥中，我軍俘虜了一個日本指導官，經過調查，這傢伙就是駐守土口子的那個日本指導官。一個抗聯戰士聽說了，就偷偷地把這個傢伙的衣服剝光，捆在一棵大樹上。當時正是蚊子小咬大量滋生的季節，直把這個鬼子咬得「嚎嚎」直叫。虧得楊靖宇聽說此事，及時趕來給他鬆了綁，

不然，這個鬼子指導官真就沒命了。

站崗

在抗聯的隊伍裡，有一幫娃娃兵，大家都稱其迷少年連。這些孩子的爹媽有的被敵人殺害了，有的正在前線打鬼子。楊司令可喜愛這幫孩子了，教他們識字、唱歌，給他們講故事，講革命道理。孩子們也都熱愛楊司令，願意跟他親近，愛聽他的話。

有一天，十二歲的小虎子念咕道：「二十三，過小年；二十四，寫大字。」十一歲的小葉兒接著說：「二十五，做豆腐；二十六，炸大肉。」楊司令一邊跟孩子們又說又笑，一邊暗自思忖起來。眼看要過年了，既不能麻煩老鄉，又要讓孩子們高高興興地過好年。於是他就和軍部的幾個幹部研究一下，在臘月二十九那天夜晚，鴉默雀靜地把隊伍從錯草溝拉到山上。在山上搭了帳篷。帳篷上還貼了大紅對聯。又叫幾名戰士到溝裡下套子，逮了不少野豬、麅子和山兔，過年的肉有了。白面是打鬼子的野戰倉庫時繳獲的。這個年過得火火爆爆，熱熱鬧鬧的。

原來軍部就設在錯草溝梅大嬸的西廂房。梅大嬸為人熱情爽快，打心眼兒裡喜歡這些孩子。自打抗聯來了以後，鬼子、漢奸、土匪都嚇跑了，他們頭一回能過上這麼個快樂年。梅大嬸家今年殺了一口二百斤的大年豬，她和梅大叔早就打好譜了，讓戰士們和孩子們在她家過個肥年。誰知道楊司令冷不丁把隊伍拉走了，把梅大嬸閃得心裡空落落的。年嚼咕也沒捨得吃，一心巴火盼著隊伍快回來，補上這個漏兒。

一過破五，楊司令真的帶領隊伍回來了。老鄉們迎出大老遠。梅大嬸樂得眉開眼笑，嘴都閉不上了，拉著孩子們的手，問這問那的。孩子們嘰嘰喳喳地圍著她身前身後轉，她的心比吃了蜜糖還甜哪。梅大嬸把年前就準備好的禮品分發給孩子們，可這些小傢伙都挺懂事，看著這些好吃的好玩的，晃動著小腦袋瓜，硬是不接，還說：「楊司令說了，不拿群眾一針一線！」梅大嬸說：「那

是指的扛槍打仗的戰士們，你們還是孩子呢！再說，我這也不是針呀線的！」
可是不管她怎樣說呀，勸呀，孩子們就是不打攏。急得她在屋地上干打磨磨。

正在這時，楊司令拿一雙小靰鞡進來了，說：「嫂子，這靰鞡耳朵是你縫
的？」梅大嬸說：「還說呢！我早就說了，孩子們這些零碎活，我包下了，可
你硬是不聽我的。那天我上苞米樓子取黏豆包，看見這雙沒縫完耳朵的小靰
鞡。琢磨著準是你藏在這裡了，我就手給縫補上了。」楊司令挺莊重地說：
「嫂子，我們有紀律呀！」梅大嬸說：「這個我知道。可這和你沒有關係！」
楊司令說：「這麻繩，這皮溜子，不都是你的嗎？我違反群眾紀律了。按規
定，我得受罰！」梅大嬸有點吃兒不住勁兒了，說道：「這話說哪去了？要罰
就罰我！」楊司令說：「責任在我，當然得罰我！按規定我得去站一炷香的
崗！」

沒容分說，楊司令就朝門外走去。

這一切，孩子們都看得真切，聽得清楚。

這時外面狂風呼嘯，雪煙滾滾。梅大嬸和孩子們都看見了，在風雪迷漫
處，在村頭上立著一個高大的身軀，標直標直地站在那兒，一動也不動。他們
知道，這是楊司令在站崗啊！

就在這時，忽聽小葉兒「哇」一聲哭了，說道：「我也違反群眾紀律了！
剛才我收下了梅大嬸送給我的一根紅頭繩。我也要去站一炷香的崗！」

「我也要去站一炷香的崗！」小虎子忽地站起來，激動得紅頭絳面的，「那
雙小靰鞡是我的，我違反群眾紀律了！」

小葉兒和小虎子朝門外跑去。孩子們也都跟了出去。梅大嬸沒攔擋住，也
跟了出去，她一邊跑一邊喊：「大風大雪的，可別凍著！」

小葉兒和小虎子扛著紅纓扎槍，跑到楊司令面前，行過舉手禮，各自報告
著自己的過錯。

楊司令聽了，劍眉一揚，挺高興又挺嚴肅地說：「這就對了！我們是共產
黨領導的人民軍隊，一時一刻也別忘了我們是為老百姓謀利益的，絕不能損害

群眾的利益。不論是司令還是士兵，都應該這樣。記住了嗎？」孩子們扯開銅鈴似的嗓音，一哄聲地說：「記住了！」

　　梅大嬸撩起圍裙，擦著眼淚，激動地說：「多好的司令！多好的孩子呀！」

楊司令和傷病員

　　在一次長崗戰鬥中，抗聯打了個大勝仗。楊司令為了活動方便，就把隊伍化整為零，分散成好多個小股，到各地去打鬼子。楊司令親自帶領五百名戰士朝濛江西排子奔去。當他們走到大青溝時，就和鬼子又接上了火。這一仗打死了不少的鬼子，可抗聯的損失也不少。戰士們都含著眼淚把犧牲的同志們埋在密營的岩洞裡，就抬著負傷的同志往那爾轟開去。

　　那時鬼子實行「集家並屯」「分區包圍」的政策。密營裡的糧庫、被服廠、醫藥器材都叫叛徒程斌給破壞了，紅軍的給養供應不上。又碰上嚴冬臘月，天嘎巴嘎巴冷，大雪溜腰深，行動起來十分艱難。糧食更缺，楊司令和戰士們三天三夜吃的盡是榆樹皮和棉花團。好人吃了這些東西都夠嗆，受傷有病的同志就更吃不消了。有的傷員連疼帶飢餓就暈過去，有的犧牲了。楊司令和戰士們每走一步都頭暈眼花直噁心。可大家都有信心，走出去，找到魏司令就好了。

　　楊司令的通訊員小聶，見司令很多天沒吃點正經東西了，老想找點東西給楊司令充充飢。有一天，他拿刺刀鑿開冰窟窿，在一個冰窟窿裡摳出五六隻蛤蟆和十來只蝲蛄。小聶樂得直蹦高兒，他想：煮熟了差不多就夠司令一頓吃的了。這幾天，司令眼窩深陷，顴骨凸起，他看了，心裡可真難受啊！

　　休息時，小聶籠上火，化點雪水就煮起蝲蛄和蛤蟆來。茶缸子裡「噗叉噗叉」冒著一縷縷白氣，打鼻子地香。小聶心裡真樂呀，熱乎乎的，香噴噴的，楊司令吃下去一定有勁、臉色也一定好看了。

　　小聶把蛤蟆湯煮好了，就把茶缸子遞給楊司令。司令一看，是十幾個蛤蟆和蝲蛄，蛤蟆黃裡透紅，肉乎乎的；蝲蛄鮮紅鮮紅的，聞一聞噴香噴香的。楊司令眉毛一揚笑了笑，就問小聶：「從哪兒搞來的？」小聶就一五一十地說了。楊司令聽了，握著小聶的手說：「小傢伙，這不好，大夥都餓著肚子，幹嗎先照顧我呢？」說到這楊司令就哈哈笑著，拍了拍小聶的肩膀說：「麻煩

你，送給傷病員同志們吃。」

過了一會，小聶又端著茶缸子回來了，說：「傷病員同志們說了，司令要緊，他吃了，身板硬朗，帶咱們闖出老林子，比什麼都好。」楊司令聽了，說：「我去看看。」

楊司令端著茶缸子，來到用樹枝搭成的帳篷裡，他一進門就高聲大嗓地說：「同志們，這樣的好東西還不吃？東三省不是有三宗寶嗎？咱再加上蛤蟆、蝲蛄兩寶。你們嘗嘗，這物滿香哩！」一個傷員說：「留著楊司令吃吧！」楊司令聽了，哈哈大笑，說：「吃東西我可不落後。你看，一大茶缸子，我嗆了一半，這一半大家嘗嘗鮮。快，趁熱乎吃，晚了可進我肚裡去了。」說到這裡，楊司令臉也紅了，他這是第一次說謊，說得很不自然。

可楊司令一看，低著頭的傷病員都抬起頭來，個個眼珠發亮，含著淚花，有的憋不住，哽哽咽咽哭起來。楊司令愣了一下，往回一撒目，見小聶也站在身後淌眼淚。楊司令知道了傷病員已經瞭解了事情的真相，他鼻子酸溜溜地挺難受，末了說：「同志們，你們吃了吧。你們吃了，我心裡才熨帖，這比我吃頓大酒大肉還高興。好同志，別犟，吃吧，啊！」

說著，楊司令就往傷病員手裡塞蛤蟆和蝲蛄，傷病員沒法子只好接過來，可都不忍吃下去，只放在鼻尖上聞著，聞著，聞著，大滴大滴的淚珠就掉下來。

全殲鬼子教導隊

臨江縣有個六道溝，小鬼子在這兒安了個分所，有幾十個警察和偽軍把守著。紅軍兩次攻打六道溝，打死了不少鬼子和偽軍。這下子可把鬼子惹火了，下狠心，非把這股紅軍吃掉不可。趕緊從臨江調來了一個鬼子教導隊，有一百來人，裝備齊全，都是三八大蓋，還有小鋼炮和輕重機關槍。這幫傢伙可凶了，來到這兒以後，天天放探子出特務，撒開大隊人馬，滿山繞嶺地尋找紅軍。鬧呼了十多天，搞得人疲馬乏，也沒見到紅軍的蹤影。他們也有點懈怠了，不像前些天活動得那麼凶那麼頻了。

其實，紅軍只有一個連在這兒活動。這個連的連長姓金，因為他長得虎背熊腰，又高又大，大夥都叫他大老金。金連長打起仗來像老虎一樣勇猛，可他也會出謀劃策。鬼子來了，他常常領著戰士們這躲躲，那藏藏，一槍不遞。有些性急的同志埋怨說：「咱們也是男子漢大丈夫，憑什麼要躲著他們？」有人接著說：「對嘛，咱也不是熊蛋包，怕他們幹啥？和他們比試比試嘛！」大老金聽了，笑呵呵地：「別著急嘛，心急吃不了熱豆腐，仗，保準有你們打的！」

有一天，大老金對戰士們說：「你們不是想打鬼子嗎？作好準備吧！」戰士們聽說要打鬼子了，樂得直蹦高兒。多少天沒打鬼子了，這下子可要過過癮了。戰士們頭天晚上做好了戰鬥準備，天剛放亮，就起來了，飽飽地吃了一頓飯，就集合出發了。大老金先打發一個班到六道溝去引逗鬼子，把剩下的人拉到錯草頂子埋伏起來。

六道溝一帶，盡是高山大嶺，山上長滿了黑壓壓的大樹林子，就是到了冬景天，樹葉都落淨了，目光也看不出幾步遠。錯草頂子就在六道溝的東邊，離六道溝有二十里路，是這兒頂高的一架大山。從山根到山頂，盡是望不到天的老林子，沒邊沒沿兒的，像大海一樣。遠遠看去，這山好像挺平乎的，可是一

到了林子裡你就知道了，沒個道眼，坑坑窪窪的，可難走了。在半山腰有個老大老大的深坑，這裡的老鄉都叫它「乾飯鍋」。這大坑真像一口大鍋，坑口圓圓的，趴在坑口邊往下一瞅，真眼暈，黑洞洞的，有幾十丈深，溝底下淨是一些帶楞角帶尖兒的大石碴子。坑沿兒長滿了大樹野草。大樹和野草的枝枝葉葉都向坑心裡伸，遮擋著坑口，乍到這裡真會以為那是一條平平常常的山溝呢！豈不知，人若一掉裡頭，就沒個好兒。

紅軍到了錯草頂子，正是樹葉關門的時候。大老金叫幾個戰士在坑邊上埋幾個地雷，把一挺輕機關槍架在一個樹丫巴兒上，戰士們都隱蔽在「乾飯鍋」的草窠子裡，或者趴在大樹的樹丫巴兒上，一聲不響地等待著。

再說那一個班的紅軍戰士，到了六道溝以後，朝鬼子的駐營地就「叭——叭——」地打了兩槍。鬼子可毛了神，立刻全副武裝，集合起隊伍，追趕起我們的戰士。這個班的戰士，從從容容的，一邊撤退，還一邊稀稀落落地還幾槍。鬼子在後緊緊地追著。戰士們故意往錯草頂子移動。鬼子見紅軍人少，就放心大膽地窮追起來。

戰士們碼著一條大溝膛子，轉彎抹角地跑著，不大一陣工夫，就把鬼子引到錯草頂子裡了。到了山下，又打了幾槍，意思是叫山裡的同志有個準備。

鬼子還是一個點兒地猛追，到了山半腰「乾飯鍋」跟前，紅軍戰士冷不丁就沒影沒蹤了。這幫鬼子跟紅軍打過幾次交道，吃過不少苦頭，也變得挺狡猾的。這一來，鬼子也覺得有點兒不對路了。一個長著連毛鬍子、挎著大洋刀的教導官咕嚕句什麼，鬼子就停在原地不動了。

趴伏在樹棵子裡的紅軍戰士把鬼子的活動看得清清亮亮的。戰士們的子彈都上了膛，手榴彈的信子套在手指上，瞪大眼睛緊盯著。見了這群鬼子，戰士們的眼睛都紅了，都盼著快點響信號槍，好狠狠地揍他們一頓。

冷不丁「叭——」一聲，信號槍響了，接著「轟」的一聲，一個手榴彈在鬼子群裡炸開了花。機槍也「嘎嘎」地叫起來，咬住了敵人的尾巴，堵住了敵人的退路。從草窠子裡、大樹上射出的子彈和拋出的手榴彈，在敵人堆裡，

「砰砰啪啪」「嘩嘩啦啦」地響起來，鬼子一片一片地應聲倒下去。

這下子鬼子可蒙了，隊形立刻就亂了。那個教導官又哇啦一句什麼，鬼子們就貓腰抱著槍散開來，看樣子是要尋找地勢準備反擊。只聽「轟隆」一聲，鬼子踩上了地雷，敵人被炸倒了幾個。鬼子更慌了神，有的就抱著槍亂跑起來。「轟隆」「轟隆」，地雷不分個數地響起來，鬼子嗚嗚哇哇地叫喚著。地雷轟，手榴彈炸，步槍機關槍不住點兒地打，鬼子死的死，傷的傷，十勾去了有三勾。

那個日本教導官滿身灰塵，急得汗珠子直淌。他看東邊的大溝沒有紅軍的火力，就把明晃晃的大洋刀朝東一指，伊伊呀呀地叫著，鬼子們都跟著他往東猛衝，想從「乾飯鍋」口突圍出去。好傢伙，這回中了金連長的計策。只聽「撲撲通通」響，鬼子直往坑裡掉。後面的鬼子一看不好，轉身就往回跑，紅軍照著他們又是一頓排子槍、手榴彈，打得鬼子東倒西歪，鬼哭狼號。這一來，鬼子十勾就去了七勾了。

不大一陣工夫，戰鬥就結束了。戰士們從樹上蹦下來，從草窠子裡鑽出來，端著刺刀衝到溝沿兒一看，鬼子的屍首橫倒豎臥的，血水、腦漿子滿地淌。鬼子死的死，傷的傷，沒有一個囫圇個的，也沒有一個逃出去的。摔進「乾飯鍋」裡的就更不用說了，屍首摔了個稀巴爛，沒一個人模樣了。

紅軍打掃了戰場，得了六七挺重機關槍，兩門小鋼炮，一百多支長短槍。戰士們樂得又蹦又跳，這一仗打得真過癮，真解恨。

這一傢伙可真把鬼子打苦了，鬼子把六道溝分所撤了，有一年多，也沒敢到這地方來。

黑瞎子窩戰鬥

濛江縣的西南邊有個空楊樹屯，空楊樹屯前有條河叫漏河。漏河兩岸都是沒邊沒沿兒的老林子。河南面，林子更密。這兒人煙稀少，空筒子樹樁子又多，就成了黑瞎子喜歡聚居的場所。冬天，黑瞎子就在這兒的樹筒子裡蹲倉，春夏秋三季，就在這兒打站。黑瞎子掰的苞米，摘的野果，也都堆積在這兒。當地人就給這個地方起名叫黑瞎子窩。

那時，抗聯整天打游擊，啥樣的山澗，啥樣的老林子都出溜遍了。這黑瞎子窩，抗聯自然早就知道了。

有一年冬，一大群日本鬼子到這兒來「討伐」。他們自恃人多勢眾，武器精良，壓根兒就沒把抗聯放在眼裡。抗聯呢，也不跟他硬碰硬地直打，卻一個勁兒地在濛江、金川一帶轉來轉去，打算先把他們拖疲查了，然後再瞅準時機，狠狠地揍他一傢伙。這一來，小鬼子便以為抗聯怕他們了，更是毫無顧忌地窮追起來。

有一連抗聯戰士在這一帶活動，連長姓李。這人要智謀有智謀，要膽量有膽量，小鬼子打心眼裡害怕他。

這一天，他帶領隊伍在野豬圈跟鬼子遭遇了一次。他們沒實打實地幹，只虛晃了幾下，就又走了。小鬼子從野豬圈追到四方頂子，從四方頂子又追到徐家店。抗聯就像長了翅膀似的，走得飛快，追了好幾天，小鬼子累了個半死，也沒見到抗聯的影子。小鬼子可真是王八墊桌腿——乾鼓肚生氣。

這一天，就到了漏河附近。李連長見小鬼子追得正凶，就一邊走一邊跟戰士們想計策。人多出韓信，點子到底想出來了。他麻溜把戰士分成幾股，在黑瞎子窩四周埋伏好，另有一幫人穿上「趟頭牛」[1]，留下引逗鬼子。

---

1 趟頭牛——用牛皮縫製的毛朝外的靴子，穿上它走路時沒有聲音。

且說小鬼子追著追著，在漏河附近，冷不丁發現了一股抗聯。他們唯恐抗聯再走掉了，就撒野地追起來。這股抗聯，且走且退，快到黑瞎子窩時就偃旗息鼓，悄手悄腳地穿過了空樹椿子，來到前邊的崗梁子上，就趴在草窠子裡，磨回身，端好槍，預備好手榴彈，槍口對準黑瞎子窩，比量上了。

　　小鬼子眼瞅著抗聯進了老林子，又一眨眼就沒影沒蹤了。他們追紅軍的心切，哪裡知道這裡的底細，還傻裡傻氣地撞。剛追到黑瞎子窩當央，前邊崗樑上叮咣響起一陣槍聲。小鬼子毛了鴨子，立刻就地臥倒，喊咻咔嚓拉槍栓，叮咣亂放槍。可是抗聯的槍打得又準又狠，鬼子們招架不住了。只聽一個鬼子官嗚哇一聲，躺在地上就爬起身往回跑。正在這個節骨眼，只聽老樹筒子裡唏哩嘩啦響，接著就「噼哩」「撲通」躥出些黑瞎子來。黑瞎子嗚哇亂叫，呲牙咧嘴地朝鬼子們猛撲過去，把鬼子就勁按住，啃的啃，舔的舔，壓的壓……有的把鬼子的槍奪下摜碎，有的把鬼子的腦袋掙下來扔得遠遠的，有的揚起大黑掌，把鬼子扇得頭昏腦脹，鼻口躥血……一時間，槍響手榴彈炸，黑瞎子叫，加上小鬼子的鬼哭狼號聲，把個黑瞎子窩吵得好不熱鬧。抗聯戰士趴在四周草叢裡，這回可撈個老滿的，叮　打槍，轟轟甩手榴彈，還一邊唱歌喊口號。黑瞎子受了驚嚇，有的又受了傷，可就更發起野性，猛起點兒地鬧騰起來。這陣，小鬼子正是泥菩薩過河——自身難保，哪裡還顧得上去抵擋抗聯！連槍打手榴彈炸，加上黑瞎子折騰，一陣工夫，十勾就去了五勾。別的鬼子一看勢頭不好，爬起來沒命地往回跑。好傢伙，哪裡跑！後邊就是漏河，水又深又急，有一疙瘩一塊的暖水，冬天不凍，「咕咚」「咕咚」噴浪花。鬼子要想穿過河奔老林子，誰知走到河當間就「撲通」「撲通」掉下了水裡去，有的「頂鍋蓋」，沒挪窩就悶死在冰塊下，有的在水裡漂了秧，煮了餃子了，抻著長脖，灌得直張巴嘴，不一會兒就「漏」到河底餵王八去了。其餘的鬼子一瞅路兒不對，就急得在岸上直打轉，沒有轍。後邊的抗聯又朝黑瞎子群放起排子槍，黑瞎子急了眼，就嗚嗚朝鬼子撲來。這真是劁豬割耳朵——兩頭受罪呀！一傢伙又把小鬼子整死了不老少。黑瞎子左衝右撞，末了，衝開條血路，嗚嗷叫著，

跑出老林子。

這工夫，抗聯戰士都端起刺刀衝了下來。一看，二三百個鬼子沒個囫圇的：有的臉蛋子肉叫黑瞎子啃淨舔光，露出了骨頭；有的眼珠子叫黑瞎子摳下來；有的胳膊叫黑瞎子撅折了；有的活活叫黑瞎子給坐死了。剩下的鬼子，也乖乖舉手投了降。看到這，戰士們也忍不住哈哈大笑起來。

這一下，黑瞎子幫助抗聯打鬼子的故事就傳了出去。傳來傳去就傳成是紅軍有隊黑瞎子兵，神出鬼沒，勇敢無比，十分了得。小鬼子親身吃過黑瞎子的苦頭，也就半信半疑。打那兒以後，鬼子在老林子裡只要遇上黑瞎子，就嚇得心驚肉跳，屁滾尿流，躲的躲，逃的逃。

小白龍顯靈

濛江縣靠近松花江邊有個屯兒，叫賈家樓。賈家樓有個叫倒水的地方，有條小白龍。聽說這條小白龍有一千多年的道行，說大起來，能上頂天下拄地；說小起來，只有尺多長，筷子粗細。它可是咱莊稼人的福星啊！天旱了，它及時行雨；江水滿了，它張開口吸幾下，水就消退了。莊稼人都恭敬小白龍，在石洞前給它修了座小廟，供上它的牌位。

這一年，一隊紅軍在這一帶打游擊。這隊紅軍打鬼子打得狠，小鬼子氣紅了眼，動員了好幾千人馬，把那爾轟、大沙河、小沙河、前雙山、後雙山圍了個水洩不通，想把紅軍擠在江邊，生擒活拿。紅軍有意跟他們周旋，尋找個有利時機，狠揍它一傢伙。他們走到賈家樓江邊要往樺甸轉移，正好和樺甸來的幾百個鬼子走了個頂頭碰，窩回頭想奔大沙河往撫松、臨江轉移，大沙河又有幾百個鬼子惡狠狠地撲了來。正是夏天，水又深又急，沒法渡江，情況可真嚴重。老百姓見紅軍被圍在這兒，送糧的送糧，送衣的送衣，有的禱告老天爺，保佑紅軍突圍出去。

這天晚上，鬼子的包圍圈兒縮得更小了，紅軍只活動在一小塊兒地盤上。正在這時，黑鍋底的天空，冷不丁亮堂起來，就見一座白石大橋橫臥在大江上，那橋又高又大，又結實又美觀。紅軍見有橋了，拉起大隊人馬，一陣工夫就過去了。

小鬼子一看，又驚奇又著急，鬼子指揮官一聲號令，鬼子們呼呼號號地衝上大橋，追趕紅軍。正追到橋當間，只聽「轟隆」一聲響，橋散架子了，坍塌了，小鬼子都跌落水中，淹得脖子抻出二尺長。再一瞅，哪是什麼橋，一條大白龍在江裡攪起翻銀滾雪般的浪花，又見「哧——」一道白光，白龍穿出水面，騰上空中飛走了。紅軍一見鬼子溺在水中，這可是甕中捉鱉的好機會，回過頭來，一頓機槍手榴彈，打得鬼子的死屍擺滿了江面。

小鬼子嚇得直愣神，趕忙收拾殘兵敗將，在江岸紮營駐下，一面派便衣特務去訪聽。鬼子聽說是小白龍幹的，氣得牙根都發癢，直奔小白龍廟，搗毀了廟，又朝石洞亂打槍亂放炮。一個小鬼子看見石碴子上有一條小白蛇，就端起槍打，一槍沒打中，只見滿石碴子上都是白蛇。再一看，身前身後全是白蛇。鬼子們慌了神，跑的跑叫的叫，又打槍又放炮。正好樺甸、撫松方面的鬼子也趕了來，聽見槍響人叫，以為前面開火了，就也亂放起槍來。這邊的鬼子以為遇上了紅軍，就實打實地幹了起來。那邊的鬼子一看，這邊打得好狠，定是紅軍無疑，也凶狠地衝殺過來。槍響炮轟，人喊馬叫，鬧騰了一上午，那邊的鬼子到底攻進了賈家樓，一看，死的是鬼子，傷的是鬼子，躲藏的是鬼子，鬼子見鬼子，都長長眼伸舌頭。連水淹帶紅軍打，再加上自己火拚、相殺，死傷不計其數。小鬼子嚇得再也不敢追紅軍打紅軍了，都蔫頭耷腦地撤走了。

　　咱莊稼人可真高興啊，又殺豬又宰羊，賀喜慶祝，又上廟去祭小白龍。紅軍又回來了，軍民又歡又樂，莊稼人都說：「這是小白龍顯神通，幫紅軍打鬼子啊！」

黃米飯的故事

　　紅軍在磐石發展起來了，小鬼子可鞋窠裡長草──慌了手腳，趕忙調兵遣將前去「圍剿」。這些傢伙都是豬八戒脊樑──無（悟）能之輩，拉起幾千人馬，吵二八呼地追啊攆啊，鬧騰一陣子，連個紅軍的影子都沒有見到。可是大隊人馬一分散開，就叫紅軍一個一個給幹掉了，光大佐中佐就死了三四個。小鬼子可真氣紅了眼珠子，想了個毒法子，實行「十家連坐」。

　　有一天，小鬼子下道命令：紅軍再來了就做黃米飯給他們吃，飯要滾熱滾熱的，吃的時候再舀碗涼水放在跟前。這法子好狠啊，紅軍著急行軍打仗，飯又滾燙的，若沾涼水吃下去，就活活給燙死了。

　　紅軍專打日本鬼子，是老百姓的救命恩人，窮人都跟紅軍擰成一股繩，沒有一個聽小鬼子喝的。

　　紅軍來了，老百姓就早早動手做飯，做好了盛出來，大人小孩都拿扇子扇，紅軍端起來一吃，溫乎乎香噴噴的，吃得又飽又快當。

　　紅軍一走，小鬼子來問：

　　「吃了沒有？」

　　「吃了。」

　　「死了沒有？」

　　老百姓說：「紅軍都沾著涼水吃，吃得又多又快，可他們都是鐵嗓銅肚子，咋也沒咋的。」

　　小鬼子洩了氣，可又想出個絕招：給每家一包毒藥，做黃米飯時，把毒藥下到飯鍋裡去，要活活藥死紅軍。

　　紅軍來了，老百姓做好了飯，又替另盛出一小盆，和上毒藥，把大鍋的飯送給紅軍吃。紅軍吃飽了，都走了。

　　紅軍一走，小鬼子又來了，問：

「吃了沒有？」

「吃了。」

「死了沒有？」老百姓說：「紅軍都是活神仙，吃飯時一個人掏出一個藥包，打開了，倒點兒藥面放進飯碗裡，攪一攪吃了，吃得又多又快，咋也沒咋的。」

小鬼子不信，老百姓把飯拿出來給他們看。飯都稀里咣湯的，變成紅色的了，舀一勺給狗吃，狗倒在地上立時就死了。

小鬼子還是不死心，這回變了招兒，挨家挨戶要黃米，收攏一起，攪拌上毒藥，再分散給各家各戶。

紅軍來了，老百姓都拿出好黃米做飯給紅軍吃，黃米不夠了，就到幾十里地以外去背去扛。紅軍吃飽了，都走了。

紅軍一走，小鬼子又來了，問：

「吃了沒有？」

「吃了。」

「死了沒有？」

老百姓說：「紅軍吃了，都迷糊的迷糊，昏倒的昏倒。可是正在這當兒，來了個白鬍子老頭兒，掏出個藥瓶子，給每個人灌上一口藥，不大一會兒，都睜開眼睛，跳了起來，精精神神的，跟好人一樣。」

小鬼子聽了，都長長眼睛了。多少天的心思白花費了，真是又憋氣又窩火，就沒聲好氣地命令老百姓做頓好飯給他們吃。

老百姓殺豬宰羊，蒸炸煎炒，還做了黃燦燦的大米飯。聞著酒菜香，小鬼子早饞得哈拉子二尺長。飯菜一上桌，他們都狼吞虎嚥地吃起來。吃飽了，一個個昏迷的昏迷，跌倒的跌倒，橫躺豎臥在地上，七竅出血，都死了。

老崔和小金

　　老崔和小金是夫妻，都是朝鮮族人。老崔名叫崔大成，二十七八歲，大高個兒，長得挺魁梧的。小金叫金粉玉，二十四五歲，圓圓臉黑眼睛，長得挺秀氣的。原先，他們倆都是小學教師，搞地下工作，後來目標暴露了，鬼子要抓他們，他們才跑出來，加入了抗聯隊伍。

　　有一年秋，抗聯轉移，在柳河縣涼水河子的大山裡跟鬼子交了火，打了一陣子，把鬼子打退了。就在這次戰鬥中，老崔受了重傷，左腿骨被打碎了。任務挺緊，要急行軍，不能帶著他走。應老崔和小金的要求，決定暫時把老崔留在山裡養傷，由小金伺候他，過幾天隊伍再回來接他們。

　　小金背著老崔進了老林子裡，爬上了一個石砬子，在一個石洞裡藏起來。

　　待了一宿，第二天天剛放亮，小金拿著茶缸子到山下河溝裡舀水給老崔洗傷口，回來時，剛爬上砬子，就聽見身後響了一槍。她回頭一看，不好了，幾十個鬼子追上來了。小金跑到石洞裡，把情況和老崔說了。老崔皺了皺眉頭，抓起身邊的槍，說：「小金，沉著點兒，準備戰鬥吧。」

　　他們只有一支大槍和一支匣子槍，三百來發子彈，還有兩顆手榴彈。老崔拿起大槍一點點挪到洞口去，小金拿著匣子槍趴在他身邊。幾十個鬼子貓著腰圍上來了，鬼子在洞口外喊道：「快快的投降，皇軍的不殺！」老崔罵道：「別痴心妄想了，吃傢伙！」「叭──」一槍，把那個喊話的鬼子撂倒了，接著又扔出一顆手榴彈，「轟──」一聲，炸倒了幾個鬼子。鬼子退下去臥倒在地，向他們開火，他們在洞裡，離鬼子很近，鬼子的槍「叭叭」直響，就是打不著他們。他們可把鬼子看得清清楚楚的，鬼子一露頭，「叭──」一傢伙，就揭了蓋。他們子彈不多，沒把握不開槍，一槍一個鬼子，槍槍不落空。鬼子死傷不老少，屍體在洞外橫倒豎臥地放著。

　　從早上直到日頭卡山，整整打了一天。他倆又累又餓，老崔的傷口直冒血

水，疼得直打顫，可他們都顧不了這些了，盯著鬼子，射擊著。

冷不丁，一顆手榴彈投進洞裡，在老崔身旁爆炸了，滿洞子的黑煙，直衝鼻子。小金趕緊跑到老崔跟前，一摸老崔，渾身上下黏糊糊的。她握著老崔的手，喊著：「老崔，老崔！」老崔聲音很低地說：「拿我的槍去，打！」小金放開他的手，拿起大槍趴在洞口上。

這時，洞裡的煙消散了些，小金覺得左胳膊不聽使喚，火辣辣地疼，低頭一瞅，呀，血糊糊的，真疼啊！可是鬼子又上來了。她忍著疼，「叭——」「叭——」地打著，鬼子一個一個地應聲倒下。正在這節骨眼兒，大槍不響了，拉開大栓一看，沒子彈了。她趕緊撿起匣子槍，打了一排子槍，把鬼子頂回去了。

她又到老崔跟前，老崔睜開眼，拉著她的手，點點頭兒，笑了。他說：「小金，打得好！還有多少子彈？」小金把匣子槍機掰開一看，一粒子彈也沒有了。老崔看了，臉色挺嚴肅的。他慢慢從腰裡掏出顆手榴彈，眼睛盯著小金說：「就這一顆手榴彈了。抗日打鬼子是要有犧牲的，今兒個咱犧牲了，可是我們的兒孫後代，以後就能有好日子過了。小金，我們準備吧。」說著，他咬著牙坐起來，咬破手指，在石壁上寫了幾個血紅的大字：「打倒日本帝國主義！」洞外又打槍又扔手榴彈，鬼子又摸上來了。老崔把手榴彈藏在袖筒子裡，喊著：「不要打了，我們交槍。」

小金望著他血淋淋的臉點點頭，表示她心裡明白。

鬼子真的不打槍了，叫他們走出來。他們把匣子、大槍都摔碎了。過了一會兒，小金背著老崔走出洞口，爬下了石砬子，一步步向前挪動著。鬼子見他們只有兩個人，還空著手，都圍了上來。他們咬著嘴唇，眼睛睜得大大的，盯著鬼子，等鬼子靠近了，他們忽然大聲喊道：「打倒日本帝國主義！小日本滾出去！」只聽「轟」地一聲巨響，手榴彈爆炸了，周圍的鬼子都倒下去了。

就在這煙火衝天的夾當兒，你說蹊蹺不？只見老崔和小金膀挨膀地靠在一起，腳踩一朵雲彩飛了起來。他們越飛越高，瞅著下面炸得橫倒豎臥、歪鼻子斜眼睛的鬼子，還抿著嘴笑呢！

野蘇子

靖宇縣大甲砬子的肖家營後山上，生長著一大片野蘇子。每逢盛夏，紫色的蘇梗蘇葉，粉紅色的蘇子花，一片連一片，離老遠就能聞到蘇花的香味。每當秋天，蘇子成熟的時候，人們都來採摘蘇籽。這兒咋會有這麼多野蘇子呢？傳說這是不惜犧牲自己生命，支援抗聯的鄧大爺留下的。

有一年，抗聯在肖家營老林子紮下密營。那時，小鬼子正實行「集家並屯」，監視老百姓，不准給抗聯送給養，想把抗聯活活地餓死在深山密林裡。老百姓可不聽小鬼子吆喝，還照舊往山裡給抗聯送米麵和衣鞋。有的叫鬼子抓了去，不是餵狼狗，就是砍腦袋，可是給抗聯送給養的人還是不斷流。

在肖家營後崗，有個姓鄧的老大爺，雖然七十多歲了，身板子還挺硬朗，為人勤快節儉。他年年刨荒種地，打下的糧食都送給抗聯。他住的窩棚是抗聯的交通站，他常常披星戴月地給抗聯拉道和送信。

有一年，剛開春，一個抗聯戰士來到鄧大爺窩棚裡對他說：「這陣子，鬼子封鎖得很緊，送給養的老鄉犧牲了不少。楊司令要我們自己開荒種地，自給自足。五穀雜糧的種子都有了，就是沒蘇子種，您老能不能給『淘登』點？」鄧大爺一聽，脆脆快快地說：「對嘛，光吃糧食不成，還得有油水，蘇子油滿香呢。明兒個我給你們送去！」

當晚，他翻箱倒櫃，找出兩升蘇子種，看看還不夠，又到鄰居家勻了些，湊合在一起，有個七八升。他把蘇子種裝進口袋裡，就背著進山了。

這事不知咋叫鬼子知道了。他前腳走，鬼子後腿追。別看他老，小鬼子可不是他的對手，只見他翻山越嶺爬砬子跳山澗，幾下子就把鬼子甩掉了。蘇子種送到抗聯的手裡了。抗聯戰士一個個地握著他的手，那個親熱勁兒感激勁兒，真沒法子說了。

鄧大爺完成了任務，和戰士們分了手，歡歡樂樂往回走，剛出林子邊，冷

不防打草叢裡躥出幾個人來，沒容分說，就將他按倒捆綁起來。押進偽警察署，鬼子官使用了各種刑法，拷問他，逼他招出抗聯密營來。鄧大爺怒視著這群野獸，破口大罵，沒吐出一句實話。鬼子官惱羞成怒，當場就把他殺死了。

山裡抗聯聽說鄧大爺犧牲了，一個個難過得心像刀扎的一樣。戰士們都說：「咱們一定要種好莊稼，練好兵，給鄧大爺報仇雪恨！」

打那以後，在密營左近就種起蘇子來。有一年秋天，抗連接到上級命令，要往長白山轉移。抗聯走了，蘇籽沒人收，都凋落在地上。第二年，那塊地上就「轤生」出些蘇子來。越繁殖越多，不幾年工夫，山坡上、溝膛子裡都長滿了野蘇子。

如今，人們聞著蘇花香，抒著蘇子粒，就想起那位支援抗聯的老英雄鄧大爺。

智破樣子哨

在長白山老林子裡，有一連紅軍。連長名叫高林，二十多歲，高身材，大骨棒，渾身有使不了的力氣。他的父母都讓日本強盜給殺害了。他要報仇雪恨，十五歲就參加了李紅光的游擊隊。這人，要膽量有膽量，要計謀有計謀，他這一連同志，都是二十多歲的青年小夥子，個個都虎頭虎腦。他們在老林子裡，四處出擊，神出鬼沒，把日本強盜打得喪魂丟膽，暈頭轉向。日本東邊道討伐司令三木率領大批鬼子，跟這連紅軍著了幾次面，次次被打得丟盔卸甲，望風而逃。三木氣得咬牙切齒，暴跳如雷，又從各地抽調人馬，一定要和紅軍見個高低，比個上下。三木這小子心急氣粗，恨不得一口把紅軍吃掉。可是，這連紅軍偏偏不跟他硬拚。鬼子來了，他們就轉移；鬼子一住下，他們又來打冷槍；再不就在溝溝岔岔裡，來個冷不防，一頓機槍手榴彈，撂倒一些鬼子，又麻溜轉移得無影無蹤了。三木拿這連紅軍真沒辦法了，就又派出幾路人馬，進了大林子裡，用「梳篦式」「踩踏式」的辦法，圍剿紅軍，又派出不少漢奸特務，到各處探聽紅軍的消息，好對紅軍下狠茬子。

這一天，通化和樣子哨我黨地下工作站給這連紅軍送來了一份重要情報：三木打通化派了一個大佐，乘七輛汽車到樣子哨巡視軍情，隨身的鬼子有一百多名，武器一色是三八大蓋，還有兩挺輕機關槍。

樣子哨的駐軍是剛從熱河調來的索旅的一個營。索旅是偽軍的王牌軍，素有「皇軍剿匪之花」之稱，仗著自己武器精良，訓練有素，根本沒把紅軍放在眼裡。可是，一開頭就不走運，在回頭溝與這連紅軍一交手，就被吃掉了一個排。這幫傢伙吃了虧，才知道紅軍的厲害，都蔫茄子了，縮著脖子貓在樣子哨裡，總也不敢探頭露面。這些東西可凶了，天天打粳米，罵白面，強姦婦女，搶劫財物，弄得樣子哨的老百姓苦不堪言。他們多麼盼紅軍能打進來，狠狠地懲罰一下這些傢伙，為他們報仇，給他們出氣。

樣子哨在金川縣，周圍淨是深山野林。東、西、南、北的濛江、輝南、通化、柳河各縣，都是抗聯的根據地，所以幾年來，樣子哨就成了紅軍和日本強盜的必爭之地。

這連紅軍早就打好了譜，要把這營偽軍幹掉，拔掉鬼子的這個據點，打打敵人的威風，壯壯我們的聲勢。

且說，紅軍連長高林得到了情報以後，和幾個幹部作了充分研究，並作出了決定，然後就把戰士們集合一起，他先講了這次戰鬥的重要性，接著就如何打法，如此這般地一說，然後爽聲地問道：

「同志們，中不中啊！」

戰士們被他的話迷住了，聽他這一問，就都拍手打掌地喊道：

「甕中捉鱉——拿穩的！」

高林說：「就這麼著！戰場上見！」

隊伍馬上就出發了。

當天晚上，他們就來到駝腰嶺的老林子裡，這是通化到樣子哨必經的險要去處，澗深砬子陡，樹葉遮天蔽日。他們就在公路兩側的溝膛子裡埋伏下來。

他們在這兒整整等了一夜。第二天，太陽出來了，把掛著露珠的樹葉子映得直晃眼。戰士們臥在溝膛子裡一動不動，身子底下的土地都被體溫焐得熱乎乎的。戰士們的眼睛瞪得亮亮的，仄楞著耳朵，細心地傾聽著。

半頭晌了，忽然傳來了汽車的嗚嗚聲。不大一會兒，汽車露頭了，上面站滿了鬼子兵。戰士們都端著槍，眼盯盯地瞅著。汽車一輛一輛地開過來了，走進伏擊圈兒了。這時，連長高林的信號槍也響了。只聽「叮噹」「轟隆」一迭連聲響，機槍和步槍的子彈像雨點似的向敵群射去，手榴彈也在敵群裡一個勁兒地開花冒白煙。鬼子的汽車，有的翻了個兒，軲轆朝天，直轉轉；有的栽歪在溝裡；還有的煙裹著火，火籠著煙，著得一呼呼的。一些鬼子被打死、燒死；還有一些，跳下汽車，趴在地上懵裡懵懂地亂放槍。戰士們又發起一次攻擊，剩下的鬼子也全部被消滅了。高林連長一聲令下，戰士們呼嘯著衝下山

去，只見鬼子的屍體，橫倒豎臥地擺了一地。那個大佐仰歪在一輛汽車的駕駛室裡──早就沒氣兒了。

這一仗，打得真叫漂亮，前後不過三十分鐘，百十個日本強盜就全部報銷了。

戰士們打掃完戰場，把事先準備好了的鬼子服裝拿出來，全部穿戴上，打扮成日本兵的模樣。高林連長穿上日軍大佐服裝，戴上大佐軍銜，肩膀一聳，胸脯一挺，還真像個鬼子官呢。

全都打扮好了，把繳獲的武器插好，就排好隊列，挑起日本旗，雄糾糾地往樣子哨開去。

下午一點多鐘，這支隊伍就來到樣子哨的南大門。站崗的偽軍一看來了些「皇軍」，也沒敢攔擋，讓隊伍照直開進樣子哨街裡。

這時候，偽軍的營長也得到了報告，趕忙迎接出來。這個營長長了一臉絡腮鬍子，滿臉的橫肉。他原是鬍子頭出身，後來投降了日寇，因為賣國有功，「日本主子」就給他個營長的職務。他這個營隨從旅部從熱河開到通化，有一部分到集安去駐防，有一部分到通化駐防，他這個營就駐紮在樣子哨。他從沒見過三木，更不認識那個日本大佐，只是昨天上峰來函通知他，說有個日本大佐代表三木司令前來巡視軍情，責令他細心款待，不得失禮。他見這幫「皇軍」是步行來的，就腰一哈，嘴一咧，說：

「不是坐車來的嗎？」

這話一出口，卻惹火了「日軍大佐」，只見「大佐」眼睛一瞪，就嘰哩嘎啦喊了起來。營長不懂日本話，經「大佐」隨身帶來的翻譯一翻，才知道大佐正在罵他，為什麼不派人去聯絡迎接，叫皇軍吃了苦頭，汽車被燒燬了，還險些丟了身家性命？營長聽了，嚇得面如土色，低垂著腦袋，一口一個「哈伊」。

營長知道「皇軍」還沒吃飯，為了討好獻媚，就在「賓來春」飯館擺設了酒席，為「皇軍」洗塵接風。這幫「皇軍」也真赴了宴。營長當然滿賣力氣，

什麼樣的山珍海味都端上來了。

吃完了飯，「大佐」就命令營長，把隊伍都集合到操場上，接受檢閱。「皇軍大佐」的命令，他還敢有半點違抗？就命令號兵吹號，不大一會兒，全營的偽軍都集合到操場上，齊刷刷地站好隊列，等著「大佐」來檢閱。

這時，只見「大佐」走在前面，一隊鬼子兵緊跟著，邁著整齊的步伐，走進操場來。走到偽軍們面前，就立定站下了。「大佐」走上了一個高台，偽軍營長跑步過來，恭恭敬敬行了個舉手禮，報告了受檢閱的人數。「大佐」還了禮，就發佈命令，檢閱開始。

偽軍營長親自喊口令，偽軍們在操場上，又是衝刺，又是臥倒，很是認真謹慎，不敢有半點差錯紕漏。「大佐」又命令翻譯，要看看徒手步伐怎樣。營長哪敢不照辦？馬上命令架槍，隊伍就在操場上又走步又跑步，又是左轉彎，又是右轉彎。正在這時，只見「大佐」喊了一聲「叭嘎」，又拽出手槍，打了一梭子子彈，正在喊口令的營長應聲倒下，那些偽軍傻了眼，站在那兒發呆，不知道如何是好。也就是在這時，只見站在隊列前的那些「皇軍」，齊忽拉地一陣風似的疾快地跑到架槍的地方，操起槍炮，大聲喊：

「不許動！」

槍口對著偽軍們比量上了。

偽軍們見「大佐」打槍，都愣神了，以為不知是哪爐香沒燒好，惹惱了太君，就擎等著挨訓吧。再一看，營長倒在地上挺了屍，武器全叫人操了去，就多少有點覺景兒，心眼兒快的，有的就撒鴨子逃命去了，心眼慢的也不甘落後，摀著腦袋，又是跑又是號。可是，操場四周已被「皇軍」圍住了。這些「皇軍」端著步槍，大聲喊道：

「不許動！」

偽軍們全長長眼了，只好乖乖地舉起手來，都當了俘虜。這一營偽軍，就這樣全部被繳了械。

紅軍打開了軍用倉庫，把裡面的糧食和物品，分給老百姓一些，紅軍帶走

了一些。偽軍的兵營也給點把火燒了。紅軍押著俘虜，帶著戰利品，向密密的老林子開去了。

　　樣子哨據點叫這連紅軍給拔掉了。小鬼子在這一帶沒了立腳點，圍剿紅軍的打算也落了空。附近各縣的紅軍也更加緊張地活動開來，一時間消滅不少敵人，攻下好幾個城鎮。三木氣得眼珠子發藍，牙齒咬得嘎巴嘎巴響。他的浪言大話落了空，鬼計謀破了產，能好受嗎？

一師紅旗永不倒

小鬼子實行「集家並屯」「保甲連坐」，又實行「分區包圍、穩紮穩打」「篦梳式」「踩踏式」圍攻山林的辦法，想一下子消滅抗聯。抗聯處在非常艱苦的時期，可是戰士們都能吃得下苦楚，就是爬冰臥雪、吃樹皮、吞棉花團，精神頭還是足足的，打起仗來賽猛虎，粉碎了敵人的好幾次「圍剿」。

小鬼子一看這招不管用了，就換了更毒的一招──政治誘降，從內部分裂抗聯。天天不是貼標語撒傳單，就是把女人衣服和美人畫片掛在樹上，企圖動搖抗聯軍心。可咱們抗聯戰士都一心一意打鬼子，毫不動搖。見了標語就撕，見了傳單就扯，見了女人衣服和美人畫片就拿刺刀挑。

可是姜太公釣魚，還是有上鉤的。第一路軍第一師師長程斌就是一個。

程斌個子不高，四方臉，三十來歲，「九・一八」事變後，在長春鐘錶店當學徒的他參加了磐石抗日遊擊隊。這小子文筆好，又會說會道會來事，曾經帶兵打了幾次勝仗。一打了勝仗，他就洋洋自得，吹鬍子瞪眼，誰也瞧不起。一到這時，楊司令就狠狠批評他一頓。楊司令看他工作上戰鬥上還有一定能力，好好教育教育，興許還能出息個好幹部，所以就一直留在身邊使用，先是當參謀長，後又當第一師師長。程斌呢，對楊司令心懷不滿。不過，楊司令文武雙全，能耐比他還高，表面上只得規矩老實，不敢抖毛岔翅兒。

程斌有個吹口琴的習慣，行軍休息時，他搭著二郎腿，閉著眼，吹起口琴來，左腳還打著拍子。吹完一支曲子，戰士們拍手叫好，他就睜開眼，心滿意足地笑一笑。

這一天，他又獨自一人吹口琴。

正好通訊員送來楊司令的指示信。楊司令在信中說，敵人這次集結人馬挺多，咱們集體活動不方便，軍部決定化整為零，分散成小股，保存實力，打擊敵人。程斌一看，可真樂不得的──幾年來老是在楊司令身邊，走坐不自由，

處處加小心，這回可成了脫韁的野馬，可以自由自在地行動了，他就把部隊拉到大青溝一帶。楊司令一看，他不去打鬼子，躲在山裡藏貓貓，就去信叫他把部隊拉到濛江、金川一帶的密林裡。他表面上哼哈答應了，可是按兵不動，楊司令的指示他也不往下傳達。

就在這時，鬼子憲兵抓到程斌的母親和哥哥，又寫了封勸降書給程斌。程斌一看，投降了官能連升三級，賞無數錢財，家人財產還能得保；不投降，家人被殺，財產沒收，他還得爬冰臥雪地吃辛苦，那真是苦海無邊！心一橫就投降了，又答應半月為期，就見分曉。

可這傢伙狡猾呀，開頭他不說他要投降，開軍事會儀時他拿個手雷打死了六團政委，三團政委也叫他打傷跑去找楊司令去了，他卻對全師戰士們說：「兄弟們，誰不愛抗日了可以自行方便，我絕不阻擋。三團政委要投降，卻把六團政委打死了，這何苦呢？我程斌有言在先，我是堅決抗日到底的！」戰士們聽了，誰不氣憤呢，都舉起拳頭齊聲喊：「程師長，就是再艱苦，我們也堅決抗日！」

程斌這一招好毒啊！既解除了大家對他的懷疑，又抬高了自己的威信，打這往後，他可敞著膽兒活動了。不出三天，三團的侯團長、六團的團長、保衛連長都叫他找藉口殺掉了，部隊裡安插上他的親信當幹部。

這以後，部隊又在山林裡待下來，程斌也不命令出擊，也不叫外出搞給養。戰士們只好吃野菜草根度日，好多人病倒了。程斌老是放悲觀失望空氣，製造思想混亂，軍心也渙散了一些。

一九三八年九月中旬的一天早上，程斌把隊伍集合好，他說要到顧家堡子去趕給養。大夥兒聽了，都蹦高兒樂。只要出去就能搞到給養，只要出山就有仗可打，多少天沒打鬼子，那滋味兒比餓肚子還難受呢！

隊伍過了西嶺，到了大堡，攻進一個部落裡，就搶了好多給養和牛馬驢羊。戰士們都驚住了：咱紅軍自來不動老百姓一針一線，為啥這回不去搶鬼子的給養，單搶老百姓的呢？過去向來是自己背給養，這回為啥抓老百姓背呢？

有的戰士想著想著就淌眼淚，有的乾脆不搶東西不抓人，程斌和他的爪牙怎樣呼號也不動彈，好幾個戰士當場就被程斌給斃了。老百姓也糊塗了，說紅軍變了。這下子紅軍戰士的情緒就更低落了，老百姓也遠遠地躲著紅軍。

搶來了給養，程斌又把隊伍拉上大青溝待好幾天。有的待膩了就開小差跑了，還有成班成排的戰士悄悄拉出去找楊司令去了。程斌一看時機來到了。一天早上，他把全師人馬召集在一起，站好了隊，程斌就講了話：「兄弟們，咱們抗日好多年了，也沒個頭緒。我程斌看透了，咱不會勝利。你們看，到處都修了電道，到處都是守備隊，老百姓又不跟咱們一個心眼兒，給養供不上，這樣就得乾等死，我程斌是洗手不幹了！」說到這，他裝做挺沉重的樣子，還拿手絹擦擦眼淚兒。「可我程斌是講義氣的，誰有能耐要抗日，我不阻擋，我贊成！」戰士們一聽，都愣住了，有的人簌簌掉眼淚。程斌又說：「你們信得過我，就跟我走，免不了有福享；不的話，回家為民也可以，我給你們要良民證，有掉腦袋的事我程斌先挨！」

戰士們不想回家，又不愛跟程斌去，只是傷心地掉淚。

程斌就叫人把一師的紅色軍旗扯下來，挑起了白旗，戰士們一看都放聲哭了起來。程斌不耐煩地把腳一跺，手一擺說：「我說得明白，誰要抗日可以出來，我不但不阻擋，還給你們武器。哭哭啼啼的，有個丈夫氣沒有？」

戰士們眼睛瞪得湛亮湛亮的，你瞅我，我瞅你。靜了一會兒，只見一個人一高兒躍起來，說：「我抗日，我至死抗日的心不變！投降，這是最可恥的！」大家一端量，這人正是保衛連裡的馬排長。大家一看，保衛程斌的人都不跟程斌一個心，不怕死要抗日，我們也不示弱。接著就有幾十個聲音喊：「我抗日！我抗日！」「決不投降，找楊司令去！」

程斌氣得小臉兒煞白，他滿以為把幹部幹掉，士兵會聽他的調動，不承想卻弄成這麼個局面。日本特務班班長長島玉次郎對他講得明白，人一個不少地帶過去，他官升三級，賞額加倍，眼前這光景怎不叫他著急！可是，他卻擺出一副笑臉說：「幾位弟兄是好樣的，我佩服！馬排長，我這支六輪子就送給你

打日本吧！」說著，「唰」一聲拽出六輪子匣槍，「咔咔」扳開了大狗。他眼珠子一轉，隊伍四周又站起好些不三不四的人，也都亮起了武器，說是要把武器送給抗日的戰士，手指可死勾著扳機，瞄著大夥兒。

這時，馬排長沉著地邁著步子，一步一步地走出隊列，走到程斌面前，伸手要接匣槍，程斌的槍口卻對準了馬排長的腦袋。馬排長的眼睛瞪得亮亮的，頭仰得高高的，身子挺得直直的。程斌的眼睛花了，再看隊伍中對他怒目而視的眼睛和許多也亮起傢伙的戰士，他膽虛了，手脖子發顫了，槍口也低落下來。馬排長眼疾手快地打程斌手中拽下匣槍，轉過身，高舉匣槍，對著隊伍，高聲說：「同志們，我保護程斌五六年了，我是真心實意保著他的。今天我不能保他了，因為他不抗日了。共產黨員們，有良心的中國人，誰堅決抗日，就站出來，站在隊伍的左邊！」

他的話音剛落，就有好幾十人走出隊伍，接著又有許多人走出隊伍。程斌一看不好，一遞眼色，隊伍裡不知是誰放起了排子槍，遠處還響起了炮聲，走動的人有的站住了。可末了，還是有一百三十八個人齊刷刷地站在隊伍的左邊。

他們站好了隊，從地上拾起抗聯一師的大旗，高高舉在頭頂上。隊伍移動了，還唱著歌：

永遠高舉紅旗向前，
來吧！監獄和斷頭台，
這就是我們的臨別贈言！
把紅旗高高舉起，
我們在紅旗下宣誓：
卑鄙的人願滾就滾你的吧，
我們堅決死守保衛紅旗！

歌聲雄壯有力。程斌的臉紙一樣地白，綿軟無力地倚在一棵椵樹上。

剩下的人臉都冷冷的，直盯著漸漸飄遠的紅旗，盯著盯著就擦眼抹淚地哭了起來。

馬排長領著隊伍奔濛江、樺甸一帶去找楊司令。當天剛擦黑，走到頭道砬子。這地方險惡，道挺窄的，兩邊的砬子有好十幾丈高。戰士們剛走到砬子口，只聽砬子上乒乒乓乓一陣槍響，接著滾下一個屍首來。大家近前一看，這人是程斌的親信，新近才升上六團團長的李二歪。這時，從砬子上跑下來幾百名戰士，一邊跑一邊喊：「馬排長！同志們！」跑到跟前，跟馬排長的人又握手又抱肩膀，大家一看，是六團的通訊員。一問才知道，原來程斌派了李二歪領一些人斜插過來下卡子，想一下子把馬排長的人消滅光。可六團的兄弟們哪能打自己的人？他們也一心要抗日，要找楊司令，就先把李二歪干掉了。

兩部分人合在一起有二百五六十人，他們站在一起，又迅速地排好隊，拉起隊伍走了。一路上又有不少股程斌部隊的戰士，投入到這支隊伍裡。

一九三八年十月，他們在樺甸找上了楊司令。楊司令接過一師的大旗，激動得眼淚含在眼圈兒上，握著戰士們的手，連聲說：「同志們，真是好樣的！」

楊司令指著迎風飄揚的紅旗說：「同志們，程斌投降了，叛徒、畏縮者就滾他們的吧！我們抗日的心不變！第一師紅旗永遠不倒！」

▍紅馬將軍

抗聯第一路軍的一個警衛旅從樺甸往長白山密林轉移，走在半路上，聽說楊司令領著三百來人在濛江泊子叫敵人給圍上了，人損失了不老少，還是沒突圍出去。大夥聽說以後，心都火燒火燎的，恨不得長上一對翅膀，一下子飛到濛江泊子，把楊司令接出來。

隊伍不分黑夜白天地趕路，到了那爾轟一帶，聽說楊司令已經在保安村前的三道濛江犧牲了。大家聽了這個消息，真好似五雷轟頂，可又都不相信，怕又是小鬼子造的謠言。以前小鬼子好幾次放風聲說抓住了楊司令，可每次臨了都讓楊司令指揮的抗聯把鬼子揍個鼻青臉腫。又打聽一個老大爺，老大爺說：「楊司令沒死，他受了傷後，正好天上飛來一匹大紅馬，把楊司令馱走了。」大家聽了，雖然不相信，但心裡卻希望是這樣。

隊伍到了濛江泊子，又一打聽，都說正月十五（陽曆二月二十三日實際應為正月十六）那天黑間，天上一顆大星星隕落了，楊司令就在那天犧牲的。小鬼子還開了「慶祝會」，把楊司令的頭顱運到「新京」，身子在縣醫院解剖了以後，就埋在保安村後崗。又聽說，解剖時，楊司令肚子裡淨是草根、棉花團兒，把醫生感動得直流眼淚。到處都這樣傳說著，由不得大家不信，戰士們都哭了起來：「人無頭不走，鳥無頭不飛，沒有楊司令，咱可怎麼抗日啊？」

大家都說，沒見楊司令活著回來，咋的也得到他墳上去看看。就拿了些錢，叫百姓進城去買了十來尊燒紙，一麻袋金銀箔，十來封香，五包白蠟。老百姓聽說隊伍要去祭墳，也爭著搶著來送香紙蠟燭，還有紙紮的金銀山、搖錢樹和大紅馬。還有人蒸了供、擺了碗送來。末了，一個老大爺說：「楊司令就是死了，他的魂也是抗日的，咱們得給他紮兵器，空著手兒咋打鬼子呀？」大家說：「對！」又紮了些匣槍、機槍和大砲。給楊司令圓墳那天下黑兒，戰士們扛著武器，老百姓背著、扛著祭物，隊伍擺出半里多長，直奔保安村後崗去了。

到了保安村，就在左邊下了卡子，又在關帝廟後，架上三挺重機槍。

楊司令的墳不知道叫誰修得高高的，規規整整的，墳前還有一堆堆燒紙的灰燼。擺上供升了紙馬，戰士們脫帽低頭哀悼楊司令。老百姓卻跪在墳前，有的人還哭起來。大火通紅通紅的，照亮了半邊天。一、二、三連的同志們站在墳前唱起楊靖宇之歌：

> 松花江水流不停啊，
> 不滅日寇氣不平。
> 濛江泊子英雄多呀，
> 數得著楊靖宇楊司令。
> 楊司令愛人民哪，
> 挨凍受餓不灰心。
> 共產黨裡出了模範，
> 中華民族有光榮。

唱完了歌，三挺機關槍朝濛江城掃了三梭子子彈，戰士們又「乒乒乓乓」鳴了一陣槍。縣城裡漆黑漆黑的，死氣沉沉，沒丁點動靜，鬼子也沒敢還一槍。

已過了半夜了，人們還不忍走開，戰士們都哭著要求：「打進濛江城，為楊司令報仇雪恨！」

這時火越燒越旺，蠟燭越著越亮。黑色的紙灰，打著旋兒，紛紛揚揚地飛騰起來。只見在火光上空，飛來一匹火炭似的大紅馬。大家都看見了，坐在馬鞍上的就是楊司令。楊司令揚著濃黑的眉毛，紅光滿面的，朝著大家笑呵呵地點點頭。臨了，大手朝東一擺，那大紅馬駕著紅雲，就往東北方向飛去了。

人們都看呆了，說：「楊司令真魂兒上了天，還能指揮咱抗日。咱也要奔楊司令去的方向，到長白山老林子去找大部隊，照舊打鬼子！」

戰士們和老百姓戀戀不捨地分開了，排齊了隊伍，往東北方向開去。

王紅挖參

　　從前，有個河北省人，名叫王紅，為人老實、厚道。王紅家裡很窮，只有一個七十多歲的老母親。娘倆兒對付著過日子，吃了上頓，沒有下頓，日子真是難熬啊！

　　他十六歲那年，趕上河北大旱，三個月滴雨沒下，莊稼苗全乾死了。接著又起了蝗蟲。蝗災過去了，又發了大水，莊稼人都妻離子散，到處逃荒。王紅家裡一粒米也沒有了，老母親又得了病，連病帶餓加上憂愁，就一天不如一天了。他娘臨死前，拉著兒子的手，流著老淚說：「孩子，這地方不能待了，你闖關東去逃個活命吧！」說完，母親就死了。王紅哭了一場，把母親埋了。臨走時，他又去母親墳頭上看了看，就橫橫心，含著眼淚挎著筐，拿著棍，討飯闖關東去了。

　　都說關東是養窮人的地方，有的是人參、貂皮、鹿茸角。王紅來了一看，哪是這麼回事！吃沒吃的，住沒住的，穿得破破爛爛，天天和狼蟲虎豹打交道。窮人的命真不值錢啊！凍死的、餓死的，被野獸吃了的，不知有多少！

　　王紅來到關東，住在長白山裡。他在山裡搭了個地倉子，種上幾分地的苞米，採點藥材、山果，揀點蘑菇，每年下山一兩次，到集上換點鹽、布什麼的，對付著過日子。就這樣過了四五十年，他都七十來歲了，還是沒攢下什麼。穿的是破衣爛衫，哪兒破了補哪兒，補丁摞補丁。

　　這年秋天，一個晚上，他坐在炕頭一邊抽菸一邊尋思事，離開家鄉有四五十年了，也不知家鄉啥樣了！他真想家啊！可是手頭上一文錢也沒有，怎麼能回去呢？

　　想著想著，冷不丁走進一個白鬍子老頭兒來。這老頭兒穿了一身青衣服，手裡拎著一瓶酒、一塊肉。在這深山野林子裡見了人，可真親近啊！王紅趕快站起來迎他，叫他炕上坐。那老頭兒坐在炕沿兒上，對王紅說：「你炒點菜，

咱倆喝幾盅吧。」王紅炒了個菜，燙熱了酒，兩人對坐，一面喝一面嘮起來，王紅說：「我下關東四五十年了，還淨光的，心裡想家，沒盤纏，回不去啊！」老頭兒說：「不用著急，你能回去。」

喝完了酒，老頭兒走了。王紅送到門外，一轉眼，老頭兒就不見了。

第二天，老頭兒又來了，還是拎著一瓶酒、一塊肉。王紅炒了菜，燙了酒，兩人又喝起來。王紅說：「老人家，還不知你姓啥呢？」老頭兒說：「姓孫。」王紅又問：「家住哪兒？」老頭兒笑著說：「我說出來你就知道我是誰了。」王紅說：「你說吧。」那青衣老頭兒便說道：

> 家住萊陽本姓孫，
> 翻江過海來挖參，
> 三天吃了個蝲蝲蛄，
> 你說傷心不傷心？
> 要是有人來找我，
> 順著蝲蛄河往上尋。

王紅一聽，可愣住了，忙問：「你就是放山的老把頭吧？」老頭兒笑著說：「我就是。我看你這人又窮又苦，心眼好，想幫你一把，好回老家去看看。」王紅聽說能回家，真是樂壞了。老頭兒說：「你預備好桃花弓、桃木劍和柳條筐子，明天跟我去，我叫你挖哪棵，你就挖哪棵，不要多說話。」王紅高高興興地答應了。

第二天，老頭兒又來了，他們喝完了酒，就收拾收拾出門往西走了。走過了三道嶺，到了一個平坦地方，就看見前面火紅火紅的一大片，都是棒槌。青衣老頭兒叫王紅挖頂大的那棵，他就挖了。

剛一挖，從西邊跑過來一個老頭子，光腿露胳臂的，破口大罵，說：「這棒槌是有主的！」王紅心裡納悶：「這是別人的怎麼能挖呢？」不過那老頭兒

事先說得明白，要聽他的話。王紅喊了一聲：「棒槌！」那老頭子立即不見了，低頭一看，地面上長著苗大棒槌。他就把紅頭繩往棒槌上一套，拿出桃花弓、桃木劍，把它挖了出來。

正在這時，又跑過來個老婆子，披頭散髮的，一把眼淚一把鼻涕地大哭大喊：「你們搶了咋的？這是俺的棒槌！快走！」王紅看這老婆子的樣兒，心裡有點可憐她。可是老頭兒卻用手一指說：「這是苗棒槌！挖出來！」王紅一聽說是棒槌，就喊了聲：「棒槌！」那老婆子不見了。王紅低頭一看，地面上又是一苗大棒槌，他照樣挖了出來。

剛挖完，忽然又跑過來個小夥子。這小夥子長得挺棒，手裡拿著扁擔，滿臉怒氣，一句話不說，來到就要動武。青衣老頭兒用手一指說：「棒槌！挖！」王紅大喊一聲：「棒槌！」小夥子不見了。低頭一看，地上又出現一苗大棒槌，王紅又照樣把它挖了出來。

他剝了三張樹皮，把棒槌包起來。青衣老頭兒又指了幾苗大棒槌叫他挖。他又挖了幾苗，把這幾苗棒槌也包好了，就都放進柳條筐子裡。老頭兒說：「這幾苗棒槌都是寶，不要到營口去賣，那兒沒有使大價錢的老客。到河北齊州去賣吧。」說完話，老頭兒就不見了。

王紅回到地倉子裡，找個大罐子，把三苗大棒槌放在裡面，然後用鐵皮隔開，上面再裝上飯。那幾苗小的就放在糞箕子裡，然後用鐵皮隔開，上面蓋上大糞。這是防備土匪搶劫斷路啊。

王紅做點飯吃了，又蒸些乾糧帶著，就拎起大罐子，背上糞箕子，走了。

走啊，走啊！挨餓受凍，風吹雨打，一走走了兩個月。走到營口，到店裡拿出一棵小棒槌，賣了幾百兩銀子，買了張船票奔老家了。在海上走了好幾天，才上了岸，又走了一個多月，才到了齊州。那兒有識貨的老客，有的是本錢。「老頭兒參」賣了十五躺[1]銀子，「老婆子參」賣了十三躺銀子，「小夥子

---

1 躺——又寫作帑，民間傳說一躺等於四十八萬兩銀子。

參」賣了十躺銀子。那幾苗小棒槌賣了五躺銀子。買參的老客對他說：「這『老頭子參』是碾子參，『老婆子參』是磨參，『小夥子參』是米參。把它們放在米倉子裡，那糧食就永遠吃不完。」

王紅得了錢，買了條小毛驢，就往家裡走了。那些銀子拿不動，就「打飛銀子²」寄回家鄉了。

回家一看，小時候的熟人都餓死的餓死，病死的病死，逃荒的逃荒。他也沒有一個親人了。趕上這年又是個大旱，地乾得裂開了大口子，莊稼人吃草根樹皮，賣兒賣女，逃荒上吊。官家和大糧戶的米倉子裡有的是米，可是有啥法子呢？沒有銀子，你就是餓死了，他們也不管你啊。

王紅見了，好不心酸，想起自己離家時的情景，禁不住流下幾滴老淚來。他知道窮人的苦滋味，就把自己的銀子都施捨了。沒錢買米的，沒錢治病的，沒錢買衣服的……只要說一聲，他就給你幾兩、幾十兩。他真行了好，幫助窮人度過了難關。

他的銀子都施捨光了。窮哥們兒誰能忘記這個救命恩人啊？家裡做點好東西，都捨不得吃，送給王紅吃；王紅的衣服還沒等穿破，就有人給他織布給他縫。窮哥們兒都把王紅當成自己的老人一樣伺候著。後來，老王紅死了，窮哥們兒又哭又難過，大夥捐錢把他發送了。還給他修了一座廟，廟裡塑著他的像，好讓子孫後代永遠不忘記他。

---

2 打飛銀子──即郵匯。

紅燈籠

　　在長白山下，有個地方名叫秫秸垛。在秫秸垛山前的大溝膛子裡，有一座馬架子房，裡面住著一個孤老頭子，不知叫啥名字，只知道他姓李，所以人們都稱他老李頭。這老李頭是個坐地戶，祖祖輩輩住在大林子裡，以打圍、放山為生。他無兒無女，無親無故，就跑腿一個人，日子混得還將就。

　　有一年秋頭子[1]，老李頭背上背筐，背筐裡裝的是山貨土產，要到集上去賣。從秫秸垛往上掌走，走不多遠，就是奔長白山主峰的路；往下坎走不遠轄[2]，有一條清清亮亮的小河，小河的南岸，是一個山崴子。他站在小河的北沿上端量這地方，像是能出大棒槌。他經常出去放山，怎麼家跟前這地方倒忽略了呢？他嘴上沒說啥，心裡卻暗暗計劃好了，出門回來後，一定到這地方細細地拉幾個棍[3]。他又背起背筐，碼著小河往下遊走，奔樺甸縣去了。

　　到了樺甸縣，把棒槌、天麻、虎骨和茸角出了手，然後就到市上，想買些應用的東西。他一年只下一次山，油鹽醬醋、布棉衣鞋啥的，這一遭都得置辦齊全了。這一天，東西也買得差不離了，他就來到飯館要吃點飯。他坐在飯桌前，還沒等跑堂的來答對他，忽見在牆旯旮裡蹲著一個小小子，正勾著腦袋瓜，抽抽嗒嗒地在哭，那眼淚就像斷了線的珠子，吧嗒吧嗒直往下滴。老李頭是個軟心腸的人，眼窩子又淺，見此情景，禁不住眼圈裡滾動著熱淚。他走過去把那小小子拉起來，一邊拿手給他擦眼淚，一邊不住地打咳。這小小子十二三歲光景，蓬頭垢面，穿的是破衣爛杉，還打著赤腳板。老李頭拉著他的手，慢聲悄語地說：

1　秋頭子——方言，即秋天的意思。
2　不遠轄——方言，即不太遠的意思。
3　拉幾個棍——放山行話，即找幾個來回的意思。

「孩子，你這是咋的了？你家住哪兒？爹和媽呢？」

聽了這一迭聲的問話，小小子再也憋悶不住了，「哇」地一聲哭了起來。邊哭邊訴說自己的身世。原來他是個無娘孩兒。他家住山東青州府，父母先後去世了，無依無靠，加上山東老家經常鬧災荒，沒法子，就一路討飯來到關東山，流落到樺甸縣城。眼下，他正在困難處，吃沒吃的，住沒住的，眼看天道要冷了，這一個嚴冬可怎麼熬啊！

老李頭聽完了小小子的哭訴，一把將他攬進懷裡，摟得緊緊的，長長地嘆了口氣說：

「孩子，我知道窮人的苦滋味啊！不嫌棄你就隨我去吧。我雖說沒有好吃的，也沒有好穿的，但總不能讓你凍著餓著。咱爺倆對付著混日月吧。」

圍觀的人都同情這孩子，見老李頭這樣慷慨豪爽，無不誇讚稱道。內中有個好心人引頭，讓小小子認老李頭為乾佬。老李頭和小小子呢，也都打心上願意，當下就給老李頭跪下了，磕了頭，叫了一聲「爹」。老李頭拉起小小子，馬上給他起了個名，叫李小，又從錢褡子裡拿些銀子，買了飯菜，爺倆吃了。又到布莊子，從頭到腳給李小換了一身新衣裳。還帶他去洗了澡剃了頭。經過這一番扎咕，李小立刻變得標緻起來，濃眉大眼，黑裡透紅的臉膛，挺招人稀罕的。老李頭細細一端量，臉上笑成了一朵花。山裡人一應居家過日子的東西都採辦齊整了，爺倆就高高興興地往秫秸垛的方向走了。

李小這孩子聰明伶俐，又聽說聽道的，老李頭更是心滿意足，視為掌上明珠。老李頭教他怎麼放山，怎麼窖鹿，怎麼抓紫貂，怎麼起天麻……李小認認真真地學，不上半年，山裡的活，就學得差不離了。李小對老李頭也很好，伺候起來可上心盡意了，啥好吃的就留給老李頭吃，啥好穿的，先盡老李頭穿。老李頭覺得，李小這孩子，比自己親生的兒子還要孝順；李小覺得，老李頭疼愛自己，跟死去的父母沒啥兩樣。他們處得融融洽洽的，歡歡樂樂的，小日子過得可舒心了。

自打從樺甸縣城回來以後，第二年一到放山季節，老李頭就帶領李小到小

河南岸的南崴子一帶去放山。一到這兒，就聽見棒槌鳥「王乾哥！王乾哥！」不停地叫著。這兒的樹頭齊刷刷的，草旺花鮮，土地不乾也不澇，這正是人參生長繁殖的好地方啊！這地方的棒槌可真多啊！淨是片兒貨[4]和堆兒貨[5]。那紅榔頭紅得像朝霞，跟五顏六色的山花連在一起，就像那色彩斑斕的雲錦，甚是好看。挖出的棒槌，五品葉六品葉的可多了。這兒的棒槌個頭大，體型好。爺倆那個樂啊！不上幾年，他們的小日子就發旺起來了。

轉眼間，老李頭都七十多歲了，李小也快二十歲了。這些天，老李頭的臉上總是陰忽拉的，心上像壓了一扇磨。李小又精又靈的，當然早就察覺出來了，只是不知老人為哪宗事不高興，不好開口。

有一天，他們打南崴子放山回來。這一天，他們的運氣不錯，挖了不少頂星子貨[6]。李小挺高興的，打開棒槌包子「縷索」[7]那些皮緊紋密的大棒槌，笑著對老李頭說：

「爹，你看這些棒槌有多好！這須條，這蘆頭，再看看這些珍珠疙瘩，明閃亮的，準能賣上好價錢！」

想不到老李頭卻打不起精神頭來，他打了個咳聲，斜倚在鋪蓋捲兒上，裝上一鍋蛤蟆頭煙，一邊抽著，一邊直勾勾地瞅著房巴。

李小不知道老人的心裡頭到底有啥難解的疙瘩扣兒，又不好直接發問，只得軟聲和語地說：

「爹，你老人家哪兒不自在了？」

老李頭搖搖頭。

4　片兒貨——放山行話，山參超過十苗以上連成片的稱片兒貨；又一說，成片的人參，以五品葉打頭的稱片兒貨。
5　堆兒貨——放山行話，山參五六苗生在一處的稱為堆兒貨；又一說，成片的人參，以六品葉打頭的稱堆兒貨。
6　頂星子貨——夠一兩以上的人參稱為頂星子貨。
7　縷索——方言，即梳理的意思。

「爹，兒子惹你老生氣了？」

老李頭又搖搖頭。

「那麼，你到底有啥難心事？孩子好憋悶得慌啊！」

老李頭沉吟半天，長長地出了口悶氣說：「孩子，我一輩子沒個枝兒蔓兒的，那是怨老人窮，日子過得貧寒，說不起家口啊！自打你到我身邊以後，我是事事滿意，處處放心，喘氣勻溜，睡覺安穩。可是，這些天我心裡老慮慮[8]一個事啊！老言古語說：錢是死的，人是活的，錢是人掙的。孩子，你也老大不小了，到了娶媳婦的時候了。光有銀子有啥用？得有個家呀，鰥寡孤獨的光景難熬啊！可是在咱深山老林裡前不著村後不著店的，最近的鄰居還相隔七八十里。再說，誰家的閨女願意遠嫁到長白山老林子裡？這些日子，我就為這碼子事犯愁。我尋思著，再不咱就搬到山外去住，興許……反正等我嚥氣以前，一定得把家口給你辦上。」

李小知道爹是為這事犯愁，心上才一塊石頭落了地，說：

「爹，你身板子還挺硬朗的，我年歲也不太大，咱們先在這幹幾年。這地方水甜土肥，是養窮人的好地方，我實在捨不得離開呀！」

想不到老李頭聽了這話，滿臉的愁雲消散了，笑呵呵地說：

「孩子，你這話才說到點子上了。爹就是不願意離開這塊寶地啊！」

爺倆又嘮了一陣子，這才躺下睡覺。

第二天，天還沒放亮，李小就爬起炕來，點上明子，操起木桶和木瓢，來到小河邊上，把明子插在地上，他蹲在河邊的一塊石頭上，弓起身子淘米。淘著淘著，就覺得眼前通紅一亮，抬頭一看，打小河南沿南崴子那兒，閃出一團亮光來。那亮光朝小河這邊走來，紅亮紅亮的。來到近前一看，竟是一盞紅燈籠。

李小十分驚訝：這紅燈籠是哪兒來的？再說這左近也沒有人家呀！藉著燈

8　慮慮──方言，即思考的意思。

光，往細裡一瞅，見一位大姑娘一手挑著紅燈，一手拎著木桶，朝小河邊走來。到了小河邊，那姑娘也尋找一塊石頭蹲下身子，把紅燈籠放在身旁，也弓起身子，「嘩啦嘩啦」地淘起米來。那姑娘穿粉褲著綠襖，扎一根獨辮，瀏海上插一朵通紅通紅的大紅花。那身材苗苗條條的，那臉盤兒有紅似白的，那眉眼又清秀又明亮。

那姑娘頭不抬眼不睜，一門心思地淘著米，臉上還透出一絲兒笑模樣。再說，那燈籠也真奇怪，不點明子不點蠟，不使捻子不用油，團團蛄蛹的，又紅又亮。

李小看得入了神，竟忘記了淘米和搓米。這時，他忽然覺得眼前忽扇一下，有點昏暗，扭頭一看，原來自己點的明子已經著完了。他就藉著紅燈籠的亮光，急急忙忙把米淘完了。這工夫姑娘早已淘完了米，但卻仍舊蹲在那兒沒動地方，直到李小淘完米，她才拎起木桶，擎起紅燈籠，朝南崴子走去。

李小站在河北沿，眼瞅著紅燈籠在大林子裡消失了，這才拎起木桶往家走。這時，老李頭已經穿戴完畢，就等他淘完了米好下鍋。李小麻利把米下到鍋裡，點火做飯。吃完飯，他們還要上山挖棒槌呀！今天早上在小河邊遇到一位大姑娘淘米的事，他沒跟老李頭學說。

第二天，天還沒亮，李小又打著明子到小河邊去淘米。那個大姑娘又挑著紅燈籠來了。來到河邊，她放下紅燈籠，蹲下身子，又淘起米來；淘完了米，朝他淡淡一笑，拎起木桶，擎著紅燈籠，又朝南崴子走去了。

打這以後，他們兩人是每天如此，一大早就同時到達小河邊，一個在南沿淘米，一個在北沿淘米，兩人還不過話，還總是姑娘先淘好米，再等候李小一會兒，待李小淘完了米，她再衝李小微微一笑，然後就拎起木桶，擎著紅燈籠，向南崴子走去。

這一天，雞已經叫頭遍了。李小爬起來，收拾收拾，又打著明子去河邊淘米了。是個陰天。李小剛到河邊，那姑娘也手挑紅燈籠來到小河南岸。見了李小，盈盈一笑，又低下頭，淘起米來。淘著淘著，忽又揚起臉來，想說什麼，

卻又把到嘴邊的話嚥回去。淘完了米，兩人你瞅我一眼，我看你一眼，就這麼的，足有一袋煙的工夫。姑娘立起身，拎起木桶要走，卻又磨磨蹭蹭地不願挪動腳步。這時，李小終於找著了話荏說：

「這位大姐，你要往哪兒去呀？」

「回家去呀！」姑娘的嗓音又清亮又好聽。

李小吭哧老半天，臉膛脹得賽似眼前的紅燈籠。他一眼瞅見紅燈籠，就順口說道：

「這紅燈籠真好！」

「可以借給你。」

「那你使啥？」

「家裡還有。哪一天你去取吧。」

「我家脫離不開。還有個上歲數的老爹需要我伺候，再說我還不知道你家的大門朝哪開呢。」

姑娘噗哧一笑說：

「咱是鄰居，就在南崴子大林子裡。你回家跟你爹說說，他會明白的，也一定會找到我的家。」

李小說：「我一准去串門！」

姑娘深情地看了他一眼，說：

「我等著你，明天是個吉慶日子。」

姑娘剛要邁動腳步，抬眼一望天空，漆黑漆黑的，還淅淅瀝瀝地掉毛毛雨。她順手把頭上的大紅花摘下一個瓣兒來，扔給李小說：

「給！你的明子滅了，天黑路不平，小心跌了跤，拿它照個亮吧！」

李小拾起托在手掌上，只見那東西有大拇指蓋大小，滴溜溜圓，發著紅瑩瑩的亮光，賽過一盞小燈籠。李小又高興又驚奇，正想向姑娘細細打聽一下，抬頭一看，姑娘早就走了，大林子裡紅燈籠的光亮在閃耀，還飄過來一串銀鈴似的笑聲。

李小站在河沿上，望著姑娘遠去的方向，品味著姑娘剛才的一番話語，覺得心裡麻酥酥地甜，臉蛋兒火辣辣地燒。

這時沒提防老李頭來到他的身旁。原來他見李小淘米老半天沒回來，心裡記掛著，怕有什麼閃失，就穿上衣裳奔小河邊走來。走到半路上，遠遠望見這兒燈明火亮的，還隱隱約約聽到一遞一答的說話聲。來到近前，卻只見李小手掌上托著一個亮東西，面朝河南岸，正在出神呢。老人家馬上就覺察出這事挺蹊蹺，再一聯想李小這些天上河淘米，一天比一天起得早，淘米的時間老長老長的，更覺這裡必定有緣故。於是就問道：

「孩子，剛才你是跟誰說話呀？」

李小見爹來了，想起剛才姑娘囑咐的那席話，就把與姑娘相遇相識的經過，一五一十地說了一遍。老李頭一聽，心裡立刻明白了八九分，他捋著花白的鬍鬚，笑模笑樣[9]地說：

「孩子，這是大喜事呀！」他從李小手上拿過那顆紅東西，眯起眼睛看了一會兒，樂得嘴巴都合不攏了。原來這放紅光的圓圓粒，是一顆老大老大的棒槌籽啊！他把這粒棒槌籽攥到手裡，對李小說：

「孩子，咱得馬上回去，操辦喜事！」

爺倆一回到家，老李頭就指使李小幹這忙那的，又殺雞又宰鵝，又泡木耳又洗元蘑，把麅子肉乾和黃花菜也用溫水浸上了。還讓李小拿馬尾兒到小河裡套幾條大細鱗魚回來。屋子灑掃得乾乾淨淨，準備過年用的香燭紙馬也找了出來。

李小不解地問：「爹，你這是要幹啥呀？」

老李頭說：「我這是要準備給你娶親呀！」

「娶誰呀？」

「就是跟你一塊兒堆淘米的那個黃花姑娘呀！」

---

9 笑模笑樣兒──方言，即笑呵呵的意思。

「爹，這事八字還沒有一撇呢，你看你——」

老李頭抑制不住內心的喜悅，把李小拉過來，說：「孩子，你聽我說呀！」於是就對李小如此這般地囑咐了一番。

第二天一大早，李小還照樣去淘米。那個姑娘早已來到小河邊，紅燈籠就放在她的身邊。見李小來了，她先是甜甜地一笑，爾後說道：

「李小，我等你老長時候了，跟你爹說了嗎？」

這回李小的膽子也放開些了，他涉過小河，緊挨著姑娘蹲下身子說：「說過了。」

「你爹說什麼來著？」

「我爹說，」他瞅了姑娘一眼，不好意思地低下頭，語聲也有點顫抖了，「讓咱倆快成親，今天就操辦！」

姑娘聽了，臉頰上先是湧起一點紅潤，接著就「咯咯咯」地笑了起來。這工夫，李小從衣大襟上拔下早已紉好了紅線的二針，別在姑娘的衣領上。姑娘一邊揚起脖兒，讓李小往上別針，一邊「咯咯咯」地笑著。李小別完了針，姑娘又拎起木桶，一閃身就走得沒影沒蹤了。

李小馬上回家找老李頭，告訴他針已經別好了。老李頭跟著李小，趟過了小河。這時候天已經大亮了。他們碼著紅線繩，向南崴子方向尋去。走不過半里路，面前橫著一座立陡石崖的大砬子。老李頭仰臉一撒目，就見在大石砬子尖上有一團像火球一樣的東西，又紅又亮，直晃眼睛。那根紅線繩也向大砬子尖上走去。爺倆就攀藤蔓，抓樹椏，終於爬到砬子尖上了。低頭一看，嘿，那紅線繩就拴在一棵大棒槌的秧子上。那像火球似的紅東西，就是紅榔頭啊，團團蛹蛹的，活像一盞紅燈籠。每個參籽，都有手指蓋大，像透亮杯似的，放著紅瑩瑩的亮光。

爺倆仔仔細細地抬了起來，唯恐碰破一點皮，挑折一根鬚子。抬出來一看，這苗棒槌足足有一斤重，形體像人，四肢五官都長得齊齊全全的。爺倆扒下一張紅松皮，抓幾把青苔毛子，把棒槌包好了。秧子和紅榔頭露在外面，紅

得耀眼，綠的鮮亮，別提有多招人稀罕了。

　　到家以後，爺倆把棒槌放在新房裡。院當央擺上天地供桌，桌上擺滿了供品，點燃了香燭，燒起了紙馬，放起鞭炮。也就在這當兒，就見新房裡的那苗棒槌，紅榔頭一抖動，綠葉兒一顫悠，「嘩」的一聲，棒槌籽爆落在地上，像無數顆珍珠、瑪瑙和翡翠散落地面，也像流星和霞光一樣明亮耀眼，美麗極了。隨著屋裡就瀰漫著五彩煙霧，煙霧散盡，冷不丁就見一位大姑娘活脫脫地立在地當間。李小定睛一看，正是跟他一起淘米嘮嗑的大姑娘啊！只是臉兒更俊俏了，衣裳更鮮亮了，尤其劉海上的那朵大花，活像一盞鋥明通亮的紅燈籠。

　　當下由老李頭主持，二人在天地桌前拜了天地，這就算成了親。

　　這姑娘可真當老李頭和李小的心意了，心靈手巧，要多能幹有多能幹，要多賢惠有多賢惠，可會過日子了。爺倆別提有多高興了。

　　有一天，李小開玩笑地問她：

　　「你既然是人參精，咋還天頂天地去淘米？」

　　姑娘「咯咯咯」地笑了起來，伸出手指戳著李小的鼻樑說：

　　「傻瓜蛋！你真憨啊！那哪裡是淘米呀？我是去淘人參籽呀，不的話，你們爺倆能夠在南崴子一帶挖那麼多大棒槌？」

　　從此，他們一家三口人，就歡歡樂樂和和美美過日子了。

俞大爺

　　從前，有十個放山人到濛江縣[1]大林子裡去挖棒槌，從放青榔頭[2]到放花公雞和放紅榔頭市[3]，沒有一個人開眼的。可這夥人並沒有灰心，還是花子扭秧歌——窮歡樂。一到晚上，這十個人就在地倉子門前的場地上，籠一堆火，一是為了打蚊煙[4]，二是為了烤火取暖。長白山大林子裡夜晚也挺冷的，他們圍在火堆邊，不是「哨」[5]，就是拉呱[6]，再不就吹拉彈唱一陣子，取樂解悶兒唄。這十個人有會拉胡琴的，有會吹笛子的，還有會唱戲。笛子和胡琴總是不離身，沒有鼓和竹板，就用筷子敲碗碟。這大林子讓他們鬧哄得挺火爆挺熱鬧的。

　　這一天晚上，這夥人正在又說又唱時，忽見一個老漢走了進來。這老人瘦高的個兒，黑黑的臉兒，白鬍子滴雪似的，慈眉善目的。老人挺隨和，跟這些人嘮些家常嗑，就坐在一邊聽他們說演彈唱。就這樣，這夥人天頂天晚上都鬧騰一陣子，這老頭兒也一天不落地來看熱鬧。這夥人跟老頭兒處得挺熟，挺熱乎。這老頭兒自稱姓俞，就在這左近住。於是，大家都叫他俞大爺。

　　這樣一過就十多天，眼瞅著米口袋要撮底兒了，這夥人準備要下山了。這天晚上，俞大爺又來瞧熱鬧，三星打橫了，天兒不早了，大家都想回地倉子睡

1　濛江縣——現為靖宇縣。
2　青榔頭——人參開花結的果，為青綠色，這時放山的稱放青榔頭。
3　花公雞、紅榔頭——人參果由青變紅過程中稱花公雞，這時放山的稱放花公雞；人參果全變成紅色的，稱紅榔頭，這時放山稱紅榔頭市。
4　打蚊煙——山區夏天在房前屋後籠火，後放濕草濕柴，令其冒煙，用以熏蚊子、小咬兒，稱打蚊煙。
5　哨——農村有些巧嘴之人，互相戲鬧，講笑話。哨有套數，有譜，最能哨的人受人熱愛和尊重。
6　拉呱——方言，説話嘮嗑的意思。

覺。俞大爺臨走之時忽然對大夥說：

「咱們處了這麼多天，怪親熱的，你們也快下山了，我真有點難捨難離。這麼著吧，明天你們一定到我家去串個門。我家就在後崗的『三個斧子』[7]的窩拉兜[8]裡，你們可一定去呀。」這夥人本來就好湊熱鬧，聽他這一說，都滿口應承下來。

第二天天一亮，吃了點飯，把頭就帶領大夥奔後崗走去，來到「三個斧子」的窩拉兜一看，眼前是甩手無邊的大林子，哪有什麼人家！他們就前前後後左左右右地尋找起來，還是沒見到人家。怪了，不能一條道跑到黑，跑麻達山可壞菜了，坐下拿火抽袋煙吧。這時，就見眼前有一棵大榆樹，有二十多丈高，樹頭能遮下二畝地，樹幹老粗老粗的，十個人手拉手才能圍攏過來。好大的一棵老榆樹呀！樹幹標直標直的，樹型挺周正的，只是樹根扭曲盤結，裸露在外邊。這樹長得高大長得美，樹齡又長，大夥都挺喜愛它。十個人齊下火龍關，摟土的摟土，運土的運土，培土的培土，不過一個時辰，就把露在外面的樹根全給培上了土，又用腳踹巴踹巴，把土踩瓷實了，又把樹根附近的野草薅光拔淨，這才離開了「三個斧子」，回到地倉子了。

這天晚上，俞大爺又來了。大夥一哄聲說：

「俞大爺，你可把我們折騰慘了。我們到『三個斧子』那兒，整整找了一頭午，沒見到一座房子，也沒看見一個地倉子。」

俞大爺滿臉笑模樣，先是不說話，待了老半天才說：

「我得謝謝你們啊！我多少年沒穿鞋了，光著腳，就那麼風吹雨淋的。多虧你們，我才穿上了鞋。」

大夥一時沒明白過來，大眼瞪小眼，你看我，我看你，接著都瞅俞大爺。猛不丁的，大夥都轉過磨磨了，齊忽拉地迎上前，跪下給俞大爺磕頭。俞大爺

7　三個斧子──在靖宇縣龍泉鎮林海裡一個地名，何以叫此名，不詳。
8　窩拉兜──低凹四面有遮擋的地方。

把大夥拉起來，笑著說：

「你們也快下山了，我指給你們幾苗棒槌，發個小財吧。就在這東山石磖子下，有些棒槌，你們去挖了吧。要記住，千萬別挖那棵最大的呀！」

大夥齊聲答應著。一眨眼的工夫，俞大爺就沒影沒蹤了。

沒想到臨秋末晚的，遇上貴人，能發個財，大夥心裡像灌了蜜，樂得一宿沒睡好覺。天一閃亮兒，把頭就把大夥喊醒，帶上挖參的家什兒，直奔東山磖子走去。到那一看，呵，真不攙假，眼前通紅通紅的一片，全是紅鋦頭，拿到堆兒貨了。只見一苗六品葉，參秸子有小孩胳臂粗，五尺多高，紅鋦頭有三盆口那麼大，像一團火，直晃眼睛。大夥七手八腳地就開始抬棒槌。整整抬了一頭午，最後只剩下那苗六品葉了。把頭對大夥說：

「俞大爺不讓咱們挖這苗最大的，是啥意思？」

其實大夥的心裡都直鼓擁，都想把這苗大山貨挖下，準能賣個好價錢。這時二把頭說：

「我看他八成是捨不得，心疼得慌。」

大把頭說：「咱也沒虧待他，給他培了土，再說，他一個成仙得道的，還在乎這個！」

邊棍也跟著敲邊鼓：「到嘴的肥肉可不能扔，白瞎了。」

端鍋的也燒火：「不吃白不吃，不要白不要。」

大夥也一哄聲說：「挖下了，生米做成了熟飯，他也沒法怪罪咱們了。」

他們真就把這苗大山貨挖出來了。這苗參可真大呀，足足有一斤沉，四肢五官長得齊齊全全的，真像個人，就差不會喘氣不會說話了。大夥可真樂顛餡了，這回可真發大財了，這一苗山參往少裡說也能賣五萬兩銀子。他們把挖出的棒槌都打成包子，一嘟嚕一串的，連背帶扛地往回走了。

他們回到地倉子裡，天已擦黑了。趕緊拿火做飯，拾掇拾掇，明天就出山。吃完晚飯，俞大爺又來了。大夥湊上前，淨說感謝的話。俞大爺陰沉著臉兒，顯得挺不高興的。把頭看出來了：他是心疼那苗大山貨。就訕白白地說：

「俞大爺，你是老坐地戶了，以後還怕找不到這麼一苗山參！你老就原諒我們吧，一個人情就送到底，送佛就送到西天吧。」

俞大爺打了個咳聲說：「不是這意思，到時候你會明白我說那話是啥意思了。我今天是來給你們送行的。」

大夥又說笑了一陣，俞大爺又囑咐大夥一些話語，就走了。

第二天，他們就背著山貨下山了。走了好些天，到了營口，先住下店，等山貨莊開秤時，他們就把棒槌亮了出來。山貨莊掌櫃的打眼那麼一瞅，就驚住了，用手一捋順這些棒槌，臉上立時就掛了灰，心疼得連連嘆氣跺腳。這夥放山的不明白是咋回事兒，還一個勁兒地催掌櫃的快開價。

掌櫃的沉悠老半天才說：「可惜了這些大山貨了，只剩下一些棒槌皮了。」

大夥不信，上前用手一捏，可不是咋的，全癟癟了，只剩皮了。他們都螞蚱眼睛——長長了。他們問掌櫃的，這是咋回事。

掌櫃的說：「這是堆兒貨，是打頭的那苗六品葉把人參全給領走了。看來你們還是外行呀，若是當初別挖這苗六品葉，那些山參一苗也跑不了啦。」

這些人一聽，腸子都悔青了。當初若是聽了俞大爺的話，哪至於有今天！

掌櫃的把這些棒槌皮買下了，給他們五十兩銀子。除了路費、店費和其他花銷，算計一下，這些人剛好得了點兒工夫錢。

人吶，可別太貪了。

鹿奶奶

從前，在江南杭州一帶，有一戶姓張的人家，就母子二人過日子，光景過得很是艱難。有一天，兒子張柱對媽媽說：

「媽，人挪活，樹挪死，咱不能在這兒眼巴巴地等死啊！咱家裡還有幾斗晚稻，你先對付著吃，我到關外闖闖看，興許能賺點銀錢糧米回來，咱好度艱年哪！」

媽媽聽了兒子的話，免不了一陣心酸，兒子只有十七歲，走東闖西的，當媽的哪裡能夠放得下心？但是，不這樣又有啥法子呢？逃個活命要緊，總不能叫兒子活活餓死呀！沉吟一會，她終於點頭答應了。但是，等兒子背起小鋪蓋卷要離家時，媽媽卻又擦眼抹淚地哭了起來，她哽哽咽咽地囑咐兒子，在外要勤儉，行為要端正，掙到錢掙不到錢都要早點回來，要死娘倆死在一塊堆。張柱點頭答應著。

張柱背起鋪蓋捲兒走了，幾步一回頭，媽媽灰白的頭髮讓風吹得拂拂拉拉的，他看了鼻子發酸，禁不住也撲簌簌地落下熱淚來。

不知走了多少天，吃了多少辛苦，這一天終於來到了長白山。那時，長白山老林子裡雖然人煙稀少，但從山外來放山打圍的卻不少。他力氣單薄，打圍、伐木頭的營生幹不了，就自個兒在山裡壓了個地窩棚，天天上山挖藥材。這樣過了好些天，只挖了些細辛、貝母、天麻啥的，值不幾個錢，連回家的盤纏都不夠。連憂愁帶想念老母親，外加上著了點涼，可就病倒下了。幾天沒起炕，粒米沒黏牙，他就更懊糟得慌了。

正在這時，門開了，走進來一個八九十歲的老奶奶。她慈眉善目的，雖說頭髮花白了，但臉頰卻紅堂堂的。進了屋，放下竹籃子，從裡面拿出一大海碗麵條和兩個雪花大饅頭，熱氣騰騰的，直放香氣。老奶奶笑著說：「孩子，你沒親沒故，怪可憐見的，我伺候伺候你吧。」她指著麵條和饅頭讓張柱吃，張

柱幾天沒吃東西了，也真有些餓了，就喝了半碗麵條，吃了一個饅頭。老奶奶收拾了碗筷，又安置張柱躺下，還給他蓋上被讓他發汗，囑咐了幾句話，才走開了。

老奶奶一走，張柱就想起心事來：「她待我這樣好，跟我媽一個樣，我得怎樣感激人家？」不由得又想起家中的老母親，免不了又心酸一陣子。

傍黑天了，老奶奶又來了，又給他帶來菜和饅頭。他一邊吃，一邊問：

「老奶奶，你待我這樣好，我永遠不會忘記你老，只是還不知你老人家姓啥名誰。」

老奶奶笑著說：「我姓鹿，在東邊砬子根下住，明天就不送飯了，你也別見外，自個兒到我那兒用飯吧。」

張柱聽了，說：「老奶奶，等我好些了，一定到你家串門去！」

這頓飯他吃得挺好的，菜有滋有味，饅頭又暄乎又香。老奶奶拾掇完碗筷，又囑咐他千萬去串門，這才離開了地窩棚。

第二天一大早，張柱的病就全好了。看看米袋子也撮了底了，沒啥下鍋的，肚子又有點餓，他一尋思，真得到鹿奶奶家去找點吃的。

他奔東邊的砬子走去，來到砬子根，也沒有見到有人家。他攀著石砬子往上爬，到石砬子頂，往高處一瞅，還有一條毛毛道。他碼著毛毛道往前走，走不多遠，前面就閃出兩間小草房，門口還有人在走動。他緊趕幾步，走上前細細一打量，那人正是鹿奶奶。

鹿奶奶笑呵呵地把他迎進屋裡，叫他脫鞋上炕坐。鹿奶奶一邊跟他嘮嗑，一面刀勺一齊響，不大一會工夫，飯菜就做好了，擺了滿登登一桌子。

吃完飯，張柱要回地窩棚，鹿奶奶說啥也不讓他走，叫他在這將養幾天。張柱拗不過她，就只得在這住了下來。鹿奶奶天天好飯好菜伺候他，不幾天，他的身子就將養得跟以前一樣了。他是個手腳勤快的人，總也不識閒，裡裡外外地幹這幹那的，鹿奶奶看了，更打心眼裡喜歡他了。

有一天，張柱對鹿奶奶說：

「奶奶，我在這吃香的喝辣的，給你添了不少麻煩。我家中還有老母親，正在吃糠咽菜地過艱年。我在這住不安吃不下飯啊！」

鹿奶奶笑著說：

「好孩子，我約摸你也該這樣想。好吧，待幾天我就打發你下山。」

這一天，鹿奶奶帶張柱上山了。翻過一架山，前邊就是一條溝。鹿奶奶站在溝邊用手一指溝那沿兒說：「你看，那就是棒槌！」張柱順著她手指的方向一望，只見在溝對沿石碴子下，長著一片棒槌，那棒槌朵子紅豔豔金閃閃的，好像燃燒著的大火。

他們從橫在溝上的一棵風倒木上爬了過去。鹿奶奶指了兩苗參叫張柱挖了出來。張柱細細一瞅這兩苗棒槌，一苗精細的，像一根掉了毛的豬尾巴；一苗圓鼓鼓的，長著四個蹄子，活像一隻大蛤蟆。鹿奶奶笑著說：

「這苗是龍參，天旱無雨了，把它放進水缸裡，那水就浮流浮流的了，像一口大泉眼，總也淘不完；這一苗參是蛤蟆參，若是下暴雨漲洪水了，把它放在水中，它就能把水吸乾了！」

張柱聽了，暗暗高興，心裡尋思，帶回家鄉去，準有大用場。

鹿奶奶叫張柱揭下一張青苔，再剝下一張松樹皮，把棒槌打起包子來。一切都拾掇好了，兩個人就往回走了。到了鹿奶奶的家裡，鹿奶奶又留他住兩天。這一天，張柱要往回走了，鹿奶奶又做了滿滿一桌子好飯好菜，給他送行。吃完了飯，鹿奶奶又對他說：

「孩子，你就要走了，我就照實告訴你吧。我是一隻有八千年壽命的梅花鹿啊！我看你怪可憐見的，才把你請到家裡招待招待。我還要送一件東西給你，這就是靈芝草。誰要是有病有災的，把它放嘴裡那麼一含，病就好了。」

張柱千恩萬謝地感激鹿奶奶，把靈芝草和棒槌都放在褡褳裡，準備要動身了。鹿奶奶說：「家鄉人等你回去搭救吶！你媽媽也盼著你快點回去。你一個人步行，啥時候能到家？還是讓我送你一程吧！你閉上眼，趴在我的背上。」

張柱趴在鹿奶奶的背上，緊閉雙目。冷不丁就覺得忽悠一下起了空，像坐

搖車一樣，只聽耳畔的風嗖嗖直響。這樣過了不一會兒，又聽鹿奶奶說：「到家了，你睜開眼吧！」

張柱睜眼一看，眼前有一座禿山，這不是他家後邊的禿子山嗎？這時鹿奶奶又發話了：「孩子，回到家好生幹營生，好生伺候老母親，好生待著窮苦的鄉親們啊！」張柱連聲答應著。這時，眼前忽然閃出一道金光，一眨眼工夫，鹿奶奶不見了，卻看見一隻梅花鹿，撒開四蹄，起了空，駕著一朵朝霞似的祥雲，飄飄冉冉地飛走了。

張柱回到家裡，母親見兒子回來了，自然十分高興。那兩苗棒槌，他沒有賣，一鬧水災了，他就拿根紅頭繩把蛤蟆參拴住，放在洪水中，一手扯著繩子頭，那汪洋似的大水，頃刻間就乾涸了；若是久旱無雨，禾苗急需澆水了，他就把龍參用紅頭繩拴住，放在井水裡，那白花花的泉水就咕突咕突往出冒，日夜不停地流啊淌啊，澆灌著千萬頃莊稼。

他為大家解除了災害，鄉親們沒有一個不誇他的。

梁山好漢與人參精

很多年以前，在長白山老林子裡有苗人參，壽命有一千五百多年。山裡人
經常看見它，小小子，八九歲，乖乖角上紮著紅頭繩，戴猩紅兜肚，穿繡花紅
鞋，天天晚上出來參拜七星明月，參拜完了，就腳不點地地從這個山頭悠一下
子飛到另一個更高的山頭。就這樣，一夜能飛好幾百里，白天就回到老林子裡
歇息著。山裡人都知道這是寶物，可誰也沒有逮住它，大家都叫它人參仙精。

且說這一年，梁山泊的英雄好漢跟宋朝的軍隊打仗，有一位大將中了毒
箭，百治無效，奄奄一息，命在旦夕。眾好漢都很憂愁。治病先生說，只要有
一碗千年人參汁液配藥，就能治療好。山東那地方沒人參，這可是難事。聽說
關東有人參，宋江就差神行太保戴宗去挖參。黑旋風李逵聽了，也一勁兒急著
要去。宋江一想，兩個人總比一個人好辦事，就點頭答應了。戴宗是飛毛腿，
走得飛快，李逵跟不上咋辦？戴宗就對李逵做起法術，吹了口氣，李逵立時覺
得身子輕飄飄的。兩個人漂洋過海，穿山越澗，不一會兒就到了長白山。

他們不認識人參，就請教當地的老百姓。老百姓就把人參的長相模樣對他
們說了，又告訴他們，那個人參仙精有一千五百多年的壽命。得它可不易，一
是它來無影去無蹤，不好逮；二是還有個金錢豹看護著，人輕易不敢靠前。兩
個好漢都膽大過人，武藝高強，哪管這些？沒耽擱時間，就進了深山老林子
裡。一進山就看見那個人參仙精坐在石砬子上，旁邊真有個金錢豹守護著。李
逵拽出板斧，撲上前，幾板斧就把金錢豹劈死了。可這人參仙精飛跑得快，兩
人鬧騰一整天，累了個半死，也沒能抓住它。不好拖延時間，兩個人只好回梁
山泊了。宋江一看他倆空手回來的，就更犯愁了。吳用說：「李逵是條粗漢
子，有勇無謀，還是我跟戴宗去走一遭吧。救人要緊哪！」宋江又點頭答應
了。

戴宗又做起法術，兩個人不一會兒就到了長白山老林子裡。他們紮了七個

小燈籠掛在山上，又紮了一個大燈籠掛在七個小燈籠之間。在燈籠周圍撒懶雞¹屎，只留一個小門。這晚上正好沒有月亮，天黑得像鍋底，只有燈籠通亮通亮的，像北斗七星圍著個大白月亮。吳用和戴宗就趴在石砬子底下等著。

這時打東北天空中飛來一朵紅雲彩，紅雲彩上坐著一個小胖孩。紅雲落地了，小胖孩跳下來，直奔紅燈籠走去，在紅燈籠四周繞個圈，找到那個小門，進去了，跪了下來，邊往前跪著走邊磕頭，他以為這是七星明月了，在參拜呢。戴宗幾步跑過去，用懶雞屎堵上小門，大喊一聲：「棒槌！」那小孩打了個冷戰，爬起來就想逃跑。可是四周圍上了懶雞屎，跑不出去了。小孩就跪下來磕頭作揖，央求說：「大哥，放了我吧，我就是人參仙精，你短金我給你金，你少銀我給你銀，可千萬別害我的命！我修行一千五百多年才到這個地步。」說著說著就哭了起來。戴宗、吳用聽了，也好傷心，就拉起他來說：「俺也不要金，俺也不要銀，更不想踢蹬你的性命，只求你給俺辦點事情。」人參仙精說：「大哥，只要你放了我，辦啥事都成。」吳用就把來意說了。人參仙精一聽，沒打奔兒：「中，我也恨這幫地主老財皇帝老官！」他伸出一隻胳臂說：「你就取吧。」

吳用掏出小刀，在人參仙精的胳膊上割了一條小口。一股晶瑩潔白的瓊漿從刀口上吧嗒吧嗒往下滴。不大一陣工夫，就接了一小碗。吳用用手給他揉搓揉搓傷口，又給上了點紅傷藥，用布條給他捆紮好。人參仙精立時變得面黃肌瘦蔫頭耷腦，說：「這一下，我得修行五百年才能恢復元氣。」說完這話，就架著紅雲起了空，朝他們擺擺手，飛走了。

吳用、戴宗當天就回到梁山泊，先生用人參汁液配上藥給病人服下去。一會兒工夫，病人的傷口就癒合了，病好得利利索索的。

1　懶雞——不詳，據講述者說為長白山裡的一種鳥，其糞便可以辟邪。

樹根參

樺甸縣有個地方叫二道江，二道江溝裡住著一個老放山的。他在這周遭轉了二十多年了，總也沒開眼。他在江邊搭了個地倉子，二道江上游就有個大石頭砬子，離地倉子不太遠。這時，他已經七十多歲了，腿腳已不太靈便，只好在江邊轉悠。這一天，他見江水通紅通紅一片，影影綽綽的，像朵大紅花。抬頭往石砬子上一撒目，看見了，是個老大老大的棒槌朵子，有車轆轤那麼大。

這老頭手搭涼篷，望著棒槌朵子直門大咳聲。為啥？他跑腿子一個人，七十多歲了，爬不動山啊。自個兒闖關東二十多年了，吃盡了苦，受夠了罪，好不容易見到一苗老山參，可是力不從心，只能眼巴巴地瞅著。妻子在家裡，不知是死是活。一個兒子活到如今也該二十好幾了。二十多年啊，他們沒再見過面。

這一天，來了個小夥子，有二十多歲，長得人高馬大的，操著一口濃重的山東話，口口聲聲說要找他爹。親不親家鄉人，老頭兒把他留下了，攀扯起來，還是一個縣的；再細一嘮，還是一個屯堡的；再往深裡一盤查，你說巧不巧，竟是他的親生兒子。老頭這個樂呀，又煎江魚又燉蘑菇，天天調著花樣款待兒子。原來老伴去年得病死了，臨死前她告訴兒子，到關東山找他爹，活人找不到能把屍骨帶回來也行，讓老兩口並了骨，也算夫妻一場啊。

這一天，老頭對兒子說：「這回咱真得回家了，等到秋景天，把那苗大貨拿下來，立刻就動身。還好，你來了，當個幫手，你不來我還真拿不下來呢。」

轉眼就是秋天了，到了紅榔頭市時候了。這天，老頭找出一棵棒槌秧子讓兒子看，告訴他說，這就是棒槌，葉兒是這麼個樣，根是這麼個樣，蘆頭是這麼個樣，參籽是這麼個樣，反反覆覆講了一遍。老頭叫兒子爬上砬子，他在下面指點著。兒子來到砬子上，愣是找不到這苗棒槌。老頭又想了個辦法，用蟄

麻子皮捻成麻經兒，纏到木軸上，讓兒子扯著麻經爬砬子，他在下邊捯木軸。到什麼地方木軸不轉，麻經一抻一抖的，兒子就停下，拿人參秧子對照著，尋找那苗棒槌。

這辦法真頂用，兒子到底找到那苗大棒槌了。參桿兒有酒盅那麼粗，葉子有巴掌那麼大。他在下面喊著，讓兒子用棒槌釬子把土閃散開，仔細往出挖。兒子在上面挖棒槌了。挖著挖著，先是碰上了石頭，他就用快當釬子別，用快當斧子敲，總算沒有斷根折須。往下挖，參根又和樹根盤結一起，棒槌釬子沒法剔，就用快當斧子砍，樹根砍斷了，竟然把棒槌的一條腿砍折了。

棒槌挖出來了，兒子拿著爬下石砬子。老頭接過細瞅了一會兒說：「從沒見有這麼大的棒槌，可惜斷了一條腿，白瞎了。」這苗棒槌連鬚子帶身條，有四尺多長。他們扒了一張樹皮，打起包子，拾掇拾掇下了山，奔樺甸縣城去了。

到了山貨莊，這夾當正是收山貨的季節，營口、船廠的老客來了不少，一看這貨，沒人敢遞價的。為啥？用秤一稱這苗棒槌，總共三十八兩。七兩為參，八兩為寶，哪有這麼大的棒槌？許多老客說這是樹根。這苗人參長得疙瘩溜秋，皮老根硬；可再看那體型、須條、珍珠疙瘩，又像是人參。蘆兒是線形的，皮卻綻開了。真正的山參是緊皮細紋，或是螺螄紋，而這苗參的皮卻是光板，像樺樹皮。

有個姓高的老客，挺有眼力。他搭上眼了，先打聽了價錢。老頭說：「要一千兩銀子。」姓高的老客說：「咱說話算數，不帶反悔的。」老頭說：「那是當然，絕不反悔！」

買賣成交了。老頭得了銀子，帶著兒子，高高興興地回家了。

這苗山參缺一條腿，透新的茬口，容易跑漿，也容易讓人看破，咋辦？姓高的老客又到山貨莊買了苗五兩重的山參，給接上了，接得嚴絲合縫的，真難看出破綻。這樣，這苗棒槌就是四十三兩了。他到了營口，賣給南方老客，賣了一萬兩銀子。

原來這叫樹根參，它的根和樹根盤結在一起，吸了樹根的漿汁，所以長得出奇地大。這也是寶，把它放進柴垛裡，那柴火怎麼燒也不見少。因為它的根子硬，皮子厚，帶有木質性，所以就不容易朽爛，放多少年也不帶壞的。

五金頂子

靖宇縣北半部有一架又高又陡的大山，叫五金頂子。為啥叫這個名字？聽老輩人講，有這麼個傳說。

早先年，五金頂子山上的棒槌比如今多。其中還有一苗大棒槌精，能變成人，山南海北地遊來逛去，好多貪財的人要把它弄到手，可是都沒有能夠得把。

這一年，有個十八九歲的小夥子，從山東家到東北逃荒。在清泥窪[1]下了船，正好是寒冬臘月天，身上無衣，肚裡無食，腰裡還分文皆無，那光景可真難啊！

小夥子抱著肩膀頭，凍得瑟瑟發抖，艱難地移動著步履。走啊走啊，走在一個十字路口上，遇見一個老太太領著個五六歲的小孩，坐在一塊木頭上歇氣。見了小夥子，老太太問：

「年輕人，到哪兒去呀？」

小夥子說：「我上無父母，下無兄妹，在關裡家過不下去了，勢逼無奈，只好到關東山來逃個活命了。」

「咳！沒媽的孩子真可憐啊！我送一件衣裳給你，不嫌棄就穿上，好擋擋風寒。」

小夥子可真是樂不得的。他抬眼一打量，老太太慈眉善目，和和藹藹的，那小孩胖墩墩的也挺招人稀罕的。老太太打開一個包袱，從裡邊翻出一件袷襖遞給小夥子，小夥子就接過來穿上了，這袷襖又壓風又暖乎。老太太又說：

「東大山的日子好混，我也是到那兒去的，咱就一路同行吧！」

小夥子說：「那敢情好！」

1　清泥窪——現在的大連市。

於是，三個人又動身趕路了。

這個小夥子人品好，路上見小孩走不動了，就背著抱著；見老太太累了，就把包袱搶過來幫著提著；到了客店，又端飯又打水，伺候得滿周到。老太太更喜歡這個小夥子了。

小夥子問：「大娘，咱們同路多少天了，還不知你老人家住在何處，姓啥呢。」

老太太說：「我姓申，在濛江縣北部老王溝後山住。」

這一天，他們來到了濛江縣。這兒山高林密，他們鑽了好幾天老林子，就來到一架大山下。老太太停住了腳步，說：

「我這就到家了。咱們該分手了。一路上你幫了我不少的忙，我真感激不盡。我手頭無錢，你先在這等一下，我回去打發孩子送點東西給你，你可別嫌棄啊！」

一轉眼，老太太和小孩子都沒影了。小夥子往山上一撒目，只見樹叢後面，露出了青堂瓦舍，飄出了一縷縷炊煙，雞鳴狗叫，歡聲笑語不斷。不一會兒，從大門裡跑出來一個六七歲的小姑娘，頭上紮了一根鑽天錐，拴著一隻粉紅色的蝴蝶結，上下一身紅，見了小夥子，就遞過了一個小包兒，說：

「這是俺奶奶送給你的！」

小夥子接過小包袱，道一聲謝，轉身就走。走了幾步，回頭一看，小姑娘不見了，青堂瓦舍也沒有了。小夥子直是納悶，趕快打開包袱一看，裡面包著一隻癩蛤蟆。他心下道：「給我點啥不好？這個好幹啥？」又想起老太太囑咐的話，也不好扔掉，就隨便捲包捲包，揣進了懷裡。

傍天黑，走到一個溝門兒，見到一戶人家，一打聽，這家人姓王，這地方就叫老王溝。他就在老王家借宿住下了。這家人告訴他，這左右七八十里沒有一戶人家。他覺得挺奇怪的，就把事情的經過原原本本說了。老王家告訴他：「這老太太不是人，是一苗棒槌精，她經常領著孩子遊濟南、逛營口。」小夥子聽了直發愣，半信半疑的，掏出老太太送給他的小包袱，打開一看，哪裡是

什麼癩蛤蟆？是一苗蛤蟆參。再看看自己的身子，上身穿的哪是什麼袂襖？分明是一張老大老大的棒槌皮。

　　這苗寶參，拿到營口，賣了五頂金子。那張棒槌皮也賣了不少銀子，小夥子得了錢，就回山東老家了。

　　這事傳揚出去，大家就給這架大山起了個名字，叫五金頂子。

五台山

早先年，關裡家有個窮人，光身一個，實在過不下去了，就到東北來闖關東。種地沒家什，打圍沒槍刀，他就去挖棒槌；挖棒槌又「力巴」，人家不稀帶他，他就只好去「單棍撮」。可是，在大林子裡轉悠了一個多月，也沒有「開眼」。

這一天，他走進濛江縣西北邊的老林子裡，在那兒遇上了一幫放山的。這夥人在這附近已經放了兩個棍了，也是沒有開眼，把頭說：「看草頭，看樹葉，準有大山貨，咱們細心點挖！」於是他們就在大林子裡拉過一遍又一遍，草窠子都踩平了，還是沒見到貨。

再說，這個人也在這兒轉來轉去，也是沒開眼。一天，他跑累了，就坐在一個石砬子根底下吃乾糧，只聽石砬子上有一遞一答的說話聲：

「這幫人追得好緊，咱們得躲避躲避！」

「往哪兒躲？」

「山半腰有個泉眼，泉眼邊老俞家樓上挺安全的。」

「好，咱們就去吧！」

只聽「嗚嗚」一陣響，再啥聲音也沒有了。

這個人覺得挺奇怪的，心裡尋思，莫不是棒槌？於是就站起身，提起索撥棍，往山半腰拉去。來到山半腰，果然有一眼泉眼，那水清清冷冷的。他在泉眼四周拉了幾個來回，啥也沒見到。他渴了，就趴下身子，掬幾捧泉水喝。就在這當兒，只見水裡一片紅雲在晃動，細細一看又什麼也沒有見到。他抬起頭往四外一撒目，呵！只見在一棵老榆樹杈上，長著一苗大棒槌，棵子有五尺高，頂上一朵紅榔頭，迎著陽光，閃閃放明。他喊了一聲「棒槌」，馬上把索撥棍往樹下一立，「嗖嗖」地爬上樹去。他騎在樹椏上，細細地端量這苗大山參，原來這是一苗五層「樓子貨」：最低一層是六品葉；第二層是五品葉；第

三層是四品葉；第四層是燈台；第五層是二甲子；上面頂的紅榔頭有三盆口大，那參籽有豆角粒大。他開始挖參了，不一會兒就挖了出來。你說怪不？蘆頭有碗口大，往下又有五個叉，是五個參胎：一個像人騎馬；另一個像人騎毛驢；第三個像刺蝟；第四個像長蟲；第五個像馬蛇子。他扒下一張樹皮，抓上青苔包好了，就下了山，到營口賣棒槌去了。

這苗參賣了不少銀子。講完價，支付了銀子，老客當場做了試驗：一口大琉璃瓦缸裡裝滿了水，拿筷子把棒槌夾進水缸裡，那缸水就翻滾起來。只見一個小人，騎一匹棗紅馬，在水皮兒上飛跑，老客拿手一指說：「這是紅馬參！」又見一個小人騎一頭毛驢在後頭追，老客用手一指說：「這是毛驢參！」後面緊跟著小刺蝟、馬蛇子、長蟲，老客又拿手一指說：「這是刺蝟參！這是馬蛇子參！這是龍參！這苗參，放在金庫裡，金子長；放在米倉裡，米增；放在水缸裡，那水呀，就是千軍萬馬也吃不完。」

這個人離開營口，又回到濛江縣，在挖到人參的泉水下面，修屋蓋房，開荒種地。凡是逃荒來的，房子有的住，糧食有的吃。人越來越多，慢慢地就變成了屯堡。因為在這兒的山上曾經挖出過一苗五胎參，大家就叫這山為五胎山，叫來叫去就叫成了五台山了，就是現在靖宇縣龍泉鎮的五台山。

那爾轟

濛江縣北邊有個屯堡叫那爾轟，聽人說當初這屯堡叫「那老紅」。這是咋回事呢？

從前，濛江縣城以北，全是一眼望不到邊的老林子，那林子裡有人參藥材和珍禽奇獸，但人煙十分稀少。有個姓那的旗人老頭兒，就獨身一人，在如今的那爾轟南邊的老房溝過嶺擋趟子，整年靠下套子、挖窖子逮野物為生。方圓百八十里，就他這一戶人家，三年五載也見不到一個人。過往行人走到這兒，那老頭趕忙迎到屋裡，吃住都由他供管。他從不要人家一文錢。那老頭待人誠懇、熱情，大家都很尊敬他。因為他的名字叫那紅，所以大夥都稱他那老紅。

有一年，一幫放山的人住在那老紅的家裡，臨走時，留下一苗棒槌給他作紀念。那老紅一看，原來這就是棒槌啊！他打圍、種地，這樣的草兒經常看見，就是不知道這就是棒槌。打這以後，一看見棒槌，他就挖出，栽起來。不幾年，房前屋後，就栽滿了棒槌。他滿心指望能多來一些人，把這些棒槌都起出來，背到山外去，救濟救濟窮苦人。可是，一直沒再有人來過。又過了幾年，左近的嶺嶺坡坡上，都趴[1]滿了棒槌，還是沒人來。不久，那老紅死了，他住的屋子也坍塌了，可是他栽的那些棒槌卻繁殖開來，棒槌鳥成群結隊地飛，「王乾哥，王乾哥」地噪叫著。左右七八里，全是棒槌。每當紅榔頭市的時候，滿山滿嶺，紅豔豔明晃晃的，十分好看。

那老紅過世不知多少年了，又來了一幫放山的，一過老房溝嶺，眼前便是鮮紅的一片。細細一瞧，全是棒槌啊！大家樂壞了，每人都挖了一大背筐走了。這事兒傳開了，許多人都到這兒來挖棒槌。後來，好些逃荒的人乾脆就在這兒安家立業了。為了感激老那頭，大家就把這地方叫做那老紅。以後，叫來叫去，就叫成「那爾轟」了。

1　趴──把人參移栽到另一處地方叫「趴」，這樣的人參叫「趴貨」。

八十子挖參

從前，在黃海邊有個姓姜的財主，家財萬貫，土地甩手無邊，騾馬成群，牛羊結隊。這姜財主就有一宗事不遂心，都七十多歲了，還沒有個兒子。經人介紹，在他七十九歲那年，又娶了房老婆。在他八十歲那年，這第十房老婆真給他生了個兒子。姜財主可樂顛餡了，給兒子起了個名字，叫八十子。樂極生悲，孩子落地不久，他卻一命嗚呼了。

老財主一死，樹倒猢猻散。十個婆娘十條心，再加上幾十個娘舅抽筋扒骨，五股分屍，姜家的銀錢花得像淌水。不上一年，銀庫空了；不過兩年，糧庫見底了；不到三年，賣完了房子又賣地。到了第五個年頭，八十子的母親只好領著五歲的兒子這借那挪地過日月，最後弄得吃了上頓沒下頓，只好挎筐拉棍去要飯了。

這一年，八十子的母親連病帶餓，臥床不起，一口一口地捯氣，最後含著眼淚去世了。這時，八十子已經十七歲了，飽經了世態炎涼。在這兒沒人拿他當人待，他又不會幹活掙飯吃，日子實在無法混。聽說長白山是福地，可挖到寶參，獵到紫貂，挖到藥材，撿到木耳元蘑，能夠發大財。病危亂投醫，有亮兒就朝前奔，一咬牙一跺腳，他就闖了長白山。

他是個財主家的秧子，跑山下河一竅不通。總得想辦法對付活下去。他就在長白山下窩風向陽的地方搭了個地窩棚，盤上頭頂鍋，住下了。冬天擋趟子、下地窖逮些麅子、野兔；到了秋天，就在院裡盤上蘑菇炕，撿了凍蘑就烘炕，採到五味子就晾曬；再不就下河抓蛤蟆、套細鱗魚。小打小鬧，沒撐著，也沒餓死，癩蛤蟆打蒼蠅——剛供嘴。

這一天，他用木桶到山泉子裡去提水，就見打南邊溝膛裡跳跳躂躂地走過來一個小孩。這小孩頭頂鑽天錐，穿件右大襟的小紅襖，看樣子就八九歲光景。

這小孩到他跟前，不說話，摩挲著滾圓滾圓的小胖手，比比畫畫的。八十子不知他要幹啥，直門搖晃腦袋。小孩用手指一指自己的嘴，又指一指地上的木桶。八十子明白了，他是要喝水，就說：「你喝吧。」小孩也不客氣，蹲下身，彎下腰，就著桶沿，咕咚咕咚喝了起來。喝完了，用手背抹了下嘴巴，也不說話，又蹦蹦跳跳地走了。

打那以後，八十子每天去提水時，這小孩應時應晌，準來喝一陣水。這樣一過就是七七四十九天。這小孩越發水靈壯實了，最後還會說話了。他問八十子到這來幹啥。八十子就把自己的遭遇說了，還說就盼著能挖到寶參，好回家。

小孩聽了，眨巴眨巴眼睛說：「這個不難，你跟我來。」

八十子跟著小孩奔南邊溝膛走，翻了一架山，爬過一道嶺，前面就是個平坦的空場。小孩揚起小胖手，「啪啪啪」拍了三下，就見冷不丁打林子裡跑出一些小孩來。這些小孩，個頭沒有那個小孩高，模樣都差不了多少，個個都紮著鑽天錐，穿著右大襟小紅褲，圍著他倆又蹦又跳，還嘻嘻哈哈地笑著。小孩又拍了三巴掌，小孩們冷丁又不見了。八十子四外一撒目，呵，眼前地上是一大片頂著大紅榔頭的人參。八十子張開大嘴合不攏，又驚又喜，說不出話來。

小孩對八十子說：「你這人挺可憐的，再說，我喝了你四十九天的水，這恩不能不報。我給你指兩苗，你抬出來，帶回去，發個小財吧。」

八十子按小孩指點的，挖了兩苗參，每苗都在八兩以上。

小孩對八十子說：「以後有為難遭窄的時候，就到地窩棚前拍三下巴掌，我就來。」

八十子帶著這兩苗人參出了長白山，到營口，賣了十萬兩銀子。他趕回原來的地方，把失去的房子和土地買了回來。

剛開始，八十子還心滿意足，上心落意地經管莊田。他都二十多歲了，還沒娶上媳婦，總不能變賣土地房屋娶妻呀，對，得去找小孩。

他二返腳回到長白山下，找到他原來住的地窩棚，對著南邊溝膛子連拍了

三下巴掌，不一會，那小孩果真來了。小孩問他：「八十子，日子過得可好？」八十子說：「有房子有地，不愁吃不愁穿，就是還沒娶上家口。」

小孩尋思一會兒說：「這好辦。」

小孩帶他到那塊平坦空場前，又給他指了兩苗人參，讓他挖，挖出來一看，苗苗都在八兩以上。

八十子帶著人參，到營口又賣了十萬兩銀子。回到家不久，就娶上了媳婦，大操大辦，排排場場，熱熱鬧鬧。十萬兩銀子花光了。

娶了親，八十子心滿意足，小兩口歡歡樂樂，無憂無愁。可是過了不久，他又煩悶了。光有金錢美女頂啥用，自己沒功名，還沒官銜，是個小白人，在人的眼目中只不過是個土鱉財主。當時，花錢可以買官做，送大禮可以當大官。他要給皇帝送大禮，不愁當不上巡撫知州。總不能變賣家財去送禮呀，現成的好事，伸手就可以得到，對，還得去找小孩。

他三返腳又回到長白山下，找到他原來住的地窩棚，對著南邊溝膛子接連拍了三下巴掌。不一會，那小孩果真又來了。小孩問他：「八十子，日子過得可好？」八十子說：「有房子有地有嬌妻，歡歡樂樂，無憂無愁，就是沒有功名，沒官銜，至今還是小白人一個。」小孩問：「你要幹什麼？」八十子說：「我要送份大禮，把大官做。」

小孩顯得老大不高興，尋思老半天，才說：「跟我來吧。」

小孩帶他到那塊平坦的空場前，又給他指了兩苗人參讓他挖。可是八十子卻立在那兒不動彈，眼珠子卻朝小孩直轉悠。他想，這小孩是人參精，是無價之寶，把他挖出來獻給皇上，我可就高官得做肥馬得騎了

說時遲，那時快，他一閃身猛向小孩撲去。可那小孩滿機靈，他使上吃奶的勁兒，也沒能抓到小孩。就見小孩一個高躥到樹梢上，彎起手指頭，點著他說：

「當了財主心變黑，叫你變成麻達鬼。」

小孩不見了，地面上的人參一棵也沒有了。八十子喘了口粗氣，蔫頭耷腦

地往回走。這條路他本來挺熟，今天走起來咋這麼彆扭？走了一頭午，又回到了老地方；走了一整天，還是在老地方；走了三天又三宿，也沒能走出這個空場。到第四天頭上，心慌氣短渾身沒囊勁，他到底變成了麻達鬼，倒在地上，死在深山老林裡了。

掛衣參

　　有這麼兩個磕頭拜把子的弟兄，好得像一個人似的。聽說長白山有的是人參，他倆經過一番合計，拾掇拾掇就從山東老家出發闖關東挖人參來了。

　　事情還真挺順當，進山不幾天，就挖到一苗大山參。他們不貪財，收拾收拾就準備回海南家。正是火熱的三伏天，他們走在山林中，渴得口乾舌燥，汗流浹背。正在這夾當，就見到一口井。兄弟二人停下腳步，從樹枝上扯下波楞葉子，捲成碗狀的捲兒，趴在井沿上，勾著腦袋，勺井水喝。這水又涼又甜，真解渴。

　　哥哥先喝足了，抬起身子，一眼就盯在那個參包子上，心裡就生出歹意來：這麼大一苗老山參，賣了錢，足夠我過一輩子了。可還得分一半給他……他要吃獨的。趁弟弟正俯身低頭勺水的夾當，他抽冷子扯起弟弟的雙腿，把弟弟掀到井水裡。

　　見弟弟大頭朝下扎進井水裡，無聲無息的，他就背起參包子，繼續趕路，過了個把月就回到山東老家。他賣了人參，得了幾千兩銀子，就買地蓋房子，過起了富貴日子。

　　再說那弟弟，冷不丁落入井中，被井水灌迷糊了，就一個門兒喝水。井水灌飽了肚子，他就浮上水面，也清醒過來了，就自個兒爬上井沿，總算沒被淹死。渾身精濕精濕的，他就脫下衣褲，雙手攥緊，擰出些水，抖落抖落，就手搭在井邊的一棵灌木條子上。坐在地上，休息一會兒，衣裳也晾乾爽了，他扯下衣褲，就穿上了。穿完衣裳，這才發現，搭衣裳的那個灌木條子竟是一苗又粗又長的人參秸子。他就蹲下來挖人參。挖出來一看，這人參足有八九兩重，長得像個又白又胖的小孩兒，口、眼、鼻子、耳朵都長得齊齊全全的。他扒下塊椵樹皮，抓了把青苔毛子，打好參包子，就往家趕路了。

　　走到山東地界，正趕上皇上要招獻寶狀元。他就獻上那苗人參。這是苗寶

參，皇上挺滿意，就封了他個獻寶狀元。在京城騎馬誇官之後，皇上就指派他到家鄉當縣令。

他雖然當上縣令，可還是不斷惦記那個結拜哥哥，到處打聽哥哥的下落。當時他被井水灌得迷迷登登的，就是不知道自己是怎麼落水的，又是怎麼醒過來的，更不知道哥哥哪兒去了。不多日子，就傳來消息：哥哥正在家過舒坦日子。他就派人到家鄉，請哥哥到縣城裡，好好敘談敘談。

再說，哥哥本來日子過得挺安心，忽然聽說弟弟中了獻寶狀元，還當上縣令，心中就害怕。這一天，縣裡真就來人叫他去見縣官。他更是惶恐，以為一定是要拿他問罪了，弄不好就得腦袋搬家，就上吊自殺了。

弟弟聽說哥哥上吊自殺了，心裡挺難受，也十分不解，不斷地拍手打掌：「我那可憐的哥哥啊！」

這苗寶參得的奇怪，人們都叫它為「掛衣參」。

人參屯

　　靖宇縣金家的東南邊，有個人參屯。為什麼叫這麼個名字呢？聽老輩人說，這地方曾經有人挖出了兩苗大山貨。

　　很早很早以前，從裡城家[1]的海邊兒來了哥倆。他倆一到東邊外，就在一個老山溝裡搭了個馬架子住下了。到種地的時候，就去刨點地種；到放山的季節，就進山趕點山利落。這樣，轉眼就是十來年。

　　這年秋天的一個早晨，哥倆背上背筐進山去採野果子，剛出門口不遠，就聽見有什麼東西嘶嘶呀呀地直叫喚，往四週一瞅，啥也沒有。哥倆覺得奇怪，便都留了心。第二天剛出門，又聽見嘶嘶呀呀地叫喚。這回哥倆就順著聲音找去，趟過一窪爛草塘子，爬上了一個立陡立陡的紅石砬子，朝下一看，呵！一條金翅金鱗的小蛇和一隻小龜在斗架哩。只見蛇咬住龜的爪子，龜啃住蛇的脖子，誰也不肯讓誰。哥倆看得呆了，忍不住齊聲叫道：「打得好！」說也奇怪，一眨眼的工夫，小蛇和小龜都沒影了。

　　一連五六天，再沒聽見有啥動靜。第七天早上，又聽見嘶嘶呀呀的叫喚聲，哥倆爬上砬子一看，還是那兩個小傢伙在斗架哩。哥倆都是青年人，好湊熱鬧，就想下去把那兩個小東西抓回家玩。他們啞默悄聲地砍了幾根木通[2]繫到一起，通到砬子底下，順著木通滑了下去。到了砬子根，就躡手躡腳地朝前摸。摸著摸著，眼看能逮著了，只聽「出溜」一聲，一眨眼的工夫，兩個小傢伙又沒影了。哥倆挺納悶的，扒拉著草窠子找了個遍，啥也沒見到。

　　回到家，哥倆更犯疑了。哥哥說：「深山老林裡，哪來的龜呢？」弟弟說：「莫不是兩苗老山貨？」哥倆合計了半宿，第二天早晨，他倆把棒槌針、

1　裡城家——遼寧柳條邊以裡，沿海一帶的人。
2　木通——山中一種葛藤，係中藥材。

棒槌釺子、快當刀、快當繩³拾掇好，裝進參兜裡，就又往紅石砬子上爬去。來到砬子根，兩個排棍拉⁴了起來。拉啊拉啊，直拉了一頭晌，還是沒開眼。天已晌午過了，肚子餓得咕咕直叫，他倆就找個地方坐下來吃乾糧。

吃完乾糧，怪渴的，哥倆想找點水喝。剛站起身，只見前邊十來步遠的一塊白馬牙石下面，有一潭清涼涼的泉水。哥倆走過去，趴下身子，喝了個夠。那水又涼爽又清香，甜絲絲的，可真好喝。喝過了水，他倆還捨不得走開，站在那兒，直端量那潭水。看著看著，冷不丁看見水中映出兩朵通紅通紅的大紅花。他倆抬起頭一看，呵，在泉子的東邊和西邊有兩個一般大小、一個模樣的小石砬子。砬子頂上，各開出一朵紅豔豔的大榔頭。哥倆一看有了山貨，趕忙操起索撥棍，大喊一聲：「棒槌！」只聽「沙」地一聲，兩朵紅榔頭都抖動了一下，棒槌籽落了一地。

哥哥爬上了東邊的砬子，一看是片子貨，從巴掌子到五品葉，啥樣都有。只見在一個二甲子的莛兒上，開了個碗口大小的紅榔頭。他就把快當繩拴在這苗二甲子上，挖了起來。你說奇怪不？這一片棒槌，都歸到一個根上，光蘆頭就有碗口那麼大。他更細心細意地挖，整整挖了三天，沒斷一根鬚子，沒傷一塊皮。挖出來一看，形狀活像小烏龜，頭、腿、尾巴，樣樣俱全，圓盤兒足有沙缽子那麼大，尾巴上還長著一根又細又長的鬚子，爬下砬子，直通到泉水那裡。

弟弟爬上了西邊的砬子，一看是苗六品葉，開著碗口大小的一朵紅豔豔的大榔頭。他拴上了快當繩，也挖了起來。挖著挖著，你說奇怪不？挖出了一塊黑石板，像一頁磨扇，當中還有個小圓眼兒，棒槌莛兒就是打這小圓眼兒鑽出來的。他拿石頭砸碎了石板，又往下挖去。整整挖了三天，沒斷一根鬚子，沒傷一塊皮。挖出來一看，足足有三尺長，像一條小蛇似的，只是在尾巴上連著

3　快當刀、快當繩——係放山的人的吉利話，實際就是挖參用的刀和拴參用的紅線。
4　排棍——放山人手拿索撥棍一個個排好，稱排棍。

一根又細又長的紅鬚子，爬下砬子，也一直伸到那潭泉水裡。

　　哥倆碰了面才都明白，前幾天看到的小龜和小蛇，就是這兩苗寶參變幻的。他們扒了兩張松樹皮，抓了把青苔墊好，把棒槌包在樹皮裡，就爬下砬子，回去了。

　　據老客說，這兩苗寶參一苗叫龜參，一苗叫龍參。還當場作了試驗：打來一缸水，把龜參放進去，只見那隻龜參好像活了似的，亂動彈。那水像銀水一樣，白花花的，直往外冒。再打一盆子水，把龍參拿紅頭繩拴在一根紅筷子上，再把筷子架在盆子上。只見那龍參好像活的一般，金翅金鱗地翻動著，那水咕嘟嘟地直往外躥。老客說，把這兩苗參放到水缸裡，那水呀，多少人也喝不盡。人要服了這兩苗參，就會延年益壽，長生不老。

　　原來這兩苗參都需要大量的水，一沒了水，就得乾巴死。白馬石下那潭水又清涼又香甜，它們就是為爭這潭水才斗架的。

　　以後，這哥倆就在出棒槌的那個地方蓋房住下了。有從山東和裡城來逃荒的窮哥們兒，也就跟著他們住下了。這樣一來，慢慢就成了個大屯子。大家給這屯子起個名叫人參屯。

人參求醫

從前，在長白山大林子裡有個窮中醫，靠著挖草藥給人看病養家餬口。日子過得雖然窮，可他窮得本分，窮得有志氣，不論給誰看病，都是風雨無阻，仔細認真，山裡人都說他是個好醫生。

有一天晚上他做了個夢一個人來到他家，對他說：「我爹病得夠嗆，請先生去給扎咕扎咕。」醫生問：「你在哪兒住？」「離這不遠，山前老俞家房後。」「你貴姓？」那人說：「姓申。」

醒了是個夢，醫生覺得挺奇怪，天一亮，他背上藥包子就去了。

到了山前一看，密密麻麻的，全是老林子。他在林子裡穿來穿去，找了小半天，也沒見到一戶人家。走得又餓又累，就坐在樹下歇息。剛一坐下，只聽房門「咣噹」一聲響，接著就是一個人說話的聲音：「先生來了，請進屋吧。」他抬頭一看，眼前是三間小草房，一個人站在屋門口，正對他說話，細一端量，正是夜裡夢見的那個人。他就隨聲答應道：「來了，來了，病人怎麼樣？」那人說：「不見強，還是那樣。」

進屋一看，炕上躺著個白鬍子老頭兒，喘得一口一口的，瘦得皮包骨。醫生坐在炕沿上，拉過老頭兒的胳膊，把了會兒脈；又掀開被子看了看，見病人腰眼上生了個瘡，直冒膿血。他拿藥刀子把瘡口割了割，又拿鑷子夾出些生筋爛肉，末了還夾出一條白蛆蟲。開好刀，打開藥包子，拿出一帖膏藥，替病人貼上了，又抓了副湯藥。真是藥到病除，病人不喘了，臉色也好看些了，瘡口也不疼了。

他洗了手，那人就收拾一桌子飯菜給他吃。飯做得柔軟噴香，菜燒得有滋有味。吃完了飯，那人從櫃裡拿出個紅布小包，對醫生說：「先生，你辛辛苦苦跑了一天，給我爹看病下藥，你別嫌棄，把這點薄禮收下吧。」

起先，醫生說啥也不肯收，見那人真心實意，拒絕不太相當，就收下了。

那人送他出了門，走出幾十步，只聽後面「咣噹」一聲，是關門聲。他回頭一瞅，小草房沒了。眼前全是老林子。抬頭一看，眼前立著一棵十幾摟粗的大榆樹。他心裡犯了尋思：「那人八成是棒槌精。」打開紅包一看，裡面包著幾苗大棒槌，全是七八兩重的大山貨。

醫生回家賣了棒槌，日子也過得好起來了。

薛茂亨店

在張廣才嶺上，有個叫薛茂亨的人，開了個小店。那年月，客人少，土匪棒子手常來敲竹槓，開小店很艱難，日子過得挺苦的。

這一天，來了一男一女，要住店。薛茂亨把他倆安頓下來，就叫夥計給他們做飯。這兩人一頓飯吃了二十張鍋餅，一木槽饅頭。吃完了，付了店錢，慌慌急急地走了。這兩人一走，做飯的夥計說，這兩人吃得這麼多，準有什麼說道。薛茂亨說：「別再提這事了。咱開店管飯，人家付了錢，就得讓人管飽吃。」

第二天，又來了一夥人，六男一女，還趕著一輛大車。進了店，掌包的就問：

「這兩天來沒來兩個人？」

薛茂亨說：「來過，一男一女。」

「吃過飯沒有？」

「吃過了。」

掌包的嘆了口氣說：「算了，撞不上了。」

這七個人在店裡住了一宿，第二天就走了。走之前掌包的把薛茂亨叫到院裡大車前，掀開車上苫蓋的草簾子。只見車廂裡放著一個長蟲腦袋，有一尺半長。掌包的說：「那是兩條大蛇，蛇眼珠是無價之寶，我們追了好多天了，總也沒追上。眼看快追上了，它們又吃飽了飯，就沒法追了。我們只殺死一條蛇崽子。」

這夥人走了。

第二年，那兩個人又到店裡來了。一進店，那一男一女就給薛茂亨跪下了，感謝他的救命之恩，並說：「我們的孩子被那些人殺了，你供了我們倆一頓飯，我們才得免一死。我們要走了，沒別的報答，就送點禮物給你吧。」

那男人從懷裡掏出個用松樹皮打的棒槌包子，遞給了薛茂亨。

兩個人走後，薛茂亨打開棒槌包子一看，竟是一苗人參。這苗人參長得圓鼓輪墩的，扁扁哈哈的，須條不硬挺，沒有珍珠疙瘩，要紋沒紋，要形沒形，很不起眼。好壞是苗人參，又是人家好心好意送給的，總不能扔掉了，就又把包子打好，塞進倉房裡。

秋景天，正好到船廠去辦貨，順便把這苗人參也帶了去。

辦完貨，想起那苗人參還沒賣，就到了山貨莊把這苗棒槌亮出來了。山貨莊的老客一打眼，眼睛就亮了，問要多少錢。薛茂亨犯了愁，左不是，右不是，不知要多少價好。他躺下坐起，坐起躺下，反反覆覆這麼三下子。老客說：

「行了，到價了，就給你三斛銀子。」

一斛為四十八萬兩銀子，三斛可是個大數。一時間，山貨莊裡買參的賣參的看熱鬧賣呆的，都大眼瞪小眼，直門發愣。老客說：「大家別蒙門，今晚就見分曉。」

這天晚上，老客吩咐收拾出一間房子，把這苗人參放在桌子上，燈一吹滅，就見桌子上有一頭小毛驢拉著一盤磨，還有一個暴俊暴俊的大姑娘在忙忙活活地添磨。小毛驢登登地走，小石磨滴溜溜地轉，那金豆子就從磨縫裡往下淌。不到一個時辰，磨盤上就堆了一層金豆子。

人們看得直發呆，一哄聲說：「寶物，三斛銀子值！」

薛茂亨發了財，又回到張廣才嶺開店，店名就叫「薛茂亨店」。

獨葉芩

　　在長白山大林子裡，有這麼個小夥子，放山打圍的都不願跟他軋伙，為啥？他一隻眼，眼神不濟，不殺草，不識蹤。這小夥子就光棍一人不能去趕山利祿[1]，就沒有來錢之道，日子過得挺緊巴的。人窮得有志氣，這小夥子就不聽邪，心下想，咱就剩下一隻眼了，生就的骨頭長就的肉，變不了啦，總得活命啊。人家不跟咱軋伙上山，咱也別死乞白賴地去拖累人家，豬往前拱，雞往後刨，各有各的道，誰身上的好兒誰帶著，自己的夢自己圓，咱來個單棍撮，打溜圍。他一個人上山打圍，沒有火槍，只能下套子套野雞山貓，頂大能抓只傻麅子，沒什麼大油水。春暖花開鳥雀來全了，他就上山放芽草；樹葉關門了，就進山放花公雞、紅榔頭市。可是鬧騰了兩三年，連跟棒槌纓子都沒見到。他沒灰心，沒熬糟，莊稼不長年年種，老天爺餓不死瞎眼睛家雀，總有發旺的那一天。

　　這一年，他又進山挖參了。忙活好些日子，米口袋也快露底了，還是沒開眼。他打算再放一天山，挖到挖不到都得下山了。第二天一大早，天就下起雨來。窮人趕上閏月年，喝口涼水也塞牙，就是不走字不順當。總不能在地倉子裡乾待一天呀，他披上油布，撿起索撥棍又進山了。

　　走著走著，雨越下越大，臨末了還響雷打閃的。大林子烏濛濛黑黢黢的，這怎麼找棒槌？得找個地場避避雨，待雨過了再去壓棍，反正是最後一天，看來今年又要白搭白了。

　　他在一棵椴樹下避雨。這棵老椴樹有四五摟粗，枝枝葉葉能遮蓋半畝地，是個遮雨擋風的好地方。他倚在椴樹幹上，心裡無極六受的，就盼著雨快點停天快點晴。這夾當，就聽那響雷在頭頂上直滾個兒，震得地皮都發顫，怪瘮人

1　趕山利祿——即到山林裡從事狩獵採集等活動。

的。又見一個大火球，在半空裡飛來竄去，直晃眼睛。那雷那閃就在他頭上滾動閃亮。他抬頭朝空中一瞧，嚯，只見一條大蛇，盤在樹丫上，嘴裡叼著一團紅火，直晃動腦袋。雷閃一來，那大蛇就擺動腦袋，那團紅火也跟著晃動。這樣一來，雷就是打不到大蛇。再往細裡一瞅，哪是什麼紅光，原來在椴樹樹丫巴上長著一棵草，有五六枚葉片，葉子是紫紅色的，還閃閃發光哩。這時雷聲又隆隆響起，閃電賊亮賊亮的，直刺眼睛。只見那條大蛇嘴裡叼著那朵紅花，腦袋一晃動，草葉蓋住了它的腦袋和上半身。閃不打了，雷也不響了，那大蛇又朝空中搖頭晃腦的。

這小夥子看明白了，大蛇是借這棵草影身子，連雷電也拿它沒辦法。見蛇不打三分罪，我怎能饒它？正在這時，雷聲又在樹頭上響起，那大蛇正要用嘴去叼那棵草，這時小夥子舉起索撥棍，照準大蛇的腦袋，狠狠地掄去。那大蛇只顧對付雷電，沒料到樹下還有人。那小夥子手勁大，棍棒來勢猛，一下子就把大蛇打得眼睛冒花頭發暈。身子跌落地上。正好一個響雷打來，大蛇立刻亮被殛死了。

雨停了，天晴了，大林子亮堂了。這小夥子往細裡瞅一眼面前的大蛇，見那傢伙長拖拖地躺在地上。大蛇死了，眼珠還被雷摳去一隻，眼窩子還淌血水呢。這小夥子心想，這蛇眼珠備不住是寶，還有一隻，我何不也剜下來。他拽出快當刀，「哧哧」幾下就把大蛇的另一隻眼珠剜了下來，往自己那隻瞎眼睛上一按，呵，蛇眼珠長在他的眼窩裡了，那隻瞎眼睛能夠看見東西了。

這小夥子又琢磨開了，大蛇借樹丫巴上那棵紅草避身子，那棵紅草備不住也是寶，何不挖下來！他爬上樹丫巴，把那棵草薅了下來。這棵草長得挺奇怪，六枚葉片，紫紅的顏色，葉柄上長著一層白醭，葉片像馬蘭草，葉尖打捲兒，又像狗尾巴草。葉子硬挺結實活像銅片，用手一搖，還玎玲玲響。小夥子把這棵草揣進懷裡，回到地倉子，做點飯吃了，連宿搭夜地往山下蹽了。

這棵草誰都不認識，也沒人遞價。這小夥子隨放山人到了南海安東。收山貨的老客給了大價錢，買下了。老客說：「這是寶草，叫獨葉芩。」這草長在

長白山的樹丫巴上，很少能見到。這獨葉芩一百年才長一枝葉，用它的葉熬水喝，能治百病。當它長到九枚葉片時，就變成仙草，有了靈氣，可以進天宮了。它沒長成仙草時，不管是山神土地，還是雷公雷母，都不許傷害它。

原來這條大蛇行兇作惡，玉皇大帝派雷公雷母要來殛死它。這傢伙碼攏準了獨葉芩的來龍去脈，就藉著獨葉芩來遮擋身子，沒提防讓小夥子一棍打暈，雷公終於殛死大蛇。小夥子打大蛇有功，雷公就送他一顆蛇珠。治好了他的那隻眼睛。

賣了獨葉芩，這個小夥子又回到長白山了。

兩盞綠燈籠

　　很早很早以前，有個獵手到長白山大林子裡去打圍。他的箭法好，能百步穿楊，什麼頭排虎[1]、掛甲的豬[2]，讓他射死老鼻子了。

　　這些天，不知咋的，大林子空蕩蕩的，啥野物也沒有了。這個獵手心裡直畫魂兒[3]。

　　這一天，他來到一個叫仙人洞的地方。仙人洞四周是樹木浪林[4]，仙人砬子尖兒插到雲彩裡。他到屯子裡找吃喝，見屯子裡只星崩幾個人，一打聽，屯裡人說大部分人都上天成神去了。獵手聽了，覺得挺蹊蹺，就細細訪聽。原來，這些天仙人砬子上出景兒了，一到下晚黑，仙人砬子半山腰就亮著兩盞綠燈籠，接著就有一個紅色的天梯搭下來。有的人順這梯子爬上去，就沒回來，一準是上天了。雞一叫，綠燈籠滅了，天梯也就撤了。天天晚上都有人爬天梯去成神，連方圓百十里以外的人也趕了來，爭著搶著爬天梯成神仙。

　　獵手問：「你們咋不去成神？」

　　人們告訴他，等莊稼收回家了，做上新衣裳，好吃好喝造巴一陣子，也都要去成神。

　　獵手聽了，心裡犯合計。這天，他就在這個屯堡住下了，要看個究竟。

　　天黑以後，家家戶戶都掌燈了，只見一些人插幫打伙又往仙人砬子走去。獵人在堡子邊兒，仔細察看著。不一會兒，果然見砬子的半腰處亮起了兩個綠火球，接著就見一條紅鮮鮮的帶子扯了下來。那些人來到砬子根下，踏上那紅

1　頭排虎──虎分頭排虎和二排虎、三排虎，頭排虎形體最大。
2　掛甲的豬──野豬常用身子蹭松樹幹，身上粘滿松油，再到沙灘上打滾，身上掛滿油沙，槍刀很難穿透。這樣的豬稱掛甲豬。
3　直畫魂兒──即心裡懷疑。
4　樹木浪林──即樹林茂密。

帶子，就往上爬。那綠火球怪瘮人的，那紅帶子亮閃閃的，還直顫動。獵人有經驗啊，心裡立刻就明白了，這哪裡是燈籠啊！備不住是鬼火呢。這紅帶子也不像梯子呀，上面咋還麻麻裂裂疤疤癩癩的呢？

獵人從箭壺裡抽出兩桿雕翎箭，搭在弦上。他照準那兩團綠火球，比量上了，憋足一口氣，弓開如滿月，「錚錚」連發兩箭，只聽「嘎嘶」一聲慘叫，兩團綠火球滅了，那紅帶子一晃動也沒了。那些要爬天梯成仙的人嘰裡咕嚕滾下砬子，栽了個鼻青臉腫，嗷嗷直叫。這些人知道是獵人用箭射了神燈，都急眼了，衝獵人又罵又吼，怪他誤了大夥成神，還得罪了神靈，以後別人也沒法成神了。屯子裡的人，外地來要成神的人，也都不依不饒，說這事沒完。

獵人跟他們解釋，那火球像鬼火，不是燈籠，那紅帶子也挺怪的，紅鮮鮮，麻麻裂裂的，看了瘮得慌，不是天梯。

這些話說得眾人將信將疑，心裡也不托底了，反正是真是假明天就能見分曉。

第二天，獵人帶領著眾人直奔仙人砬子走去，扯藤拽蘿朝砬子頂上爬去。來到砬子半拉腰，見到一個青石平台，平台上還有烏黑烏黑的血跡，腥臭腥臭直衝鼻子。獵人領著眾人碼著血蹤，轉到砬子的背陰坡，又往下出溜一段路，就奔仙人洞走去。

人們用樺樹皮、松明子做成火把，一哄聲衝進仙人洞裡。仙人洞又潮濕又陰冷。走不過半里路，只見在一個石檯子上，一個黑傢伙臥在那兒。到跟前細一瞅，噁，是一條大長蟲。這長蟲有多大咱不說，那鱗片就足有大盆口那麼大。再細一打量，兩支雕翎箭，正正噹噹扎進大蛇的兩個眼窩裡，把眼珠扎冒了，大蛇早就死了。

人們這才醒過味兒來，都倒吸了口涼氣。用板斧把大蛇的肚子砍開一看，滿肚子都是人骨頭棒子、獸骨頭渣子。

原來這大蛇晚上睜開兩眼，把舌頭耷拉下來，人們就以為是天梯了，順著大蛇的舌頭往上爬，正好爬到大蛇的嘴裡了。

獵人拔下雕翎箭，把大蛇的兩個眼珠子挖了出來。那眼珠子有三盆口那麼大，摘巴去筋頭子肉疙瘩，卻是兩顆鋥明瓦亮的夜明珠。石檯子上，仙人洞壁上掛著一層層白霜，是大蛇哈出來的冰片。人們掰的掰，敲的敲，得了不少冰片。

人們都感謝這個獵人，留他在屯子裡住了些天，好酒好肉招待著。

打這以後，這地方又太平了，野獸又多了起來了。

老套子和小精靈

　　長白山裡有個獵人外號叫老套子。為啥得了這麼個外號？原來他打獵不會用刀用箭，也不會用槍，更不會挖地窖設陷阱，他就會下套子。這套子下得有講究，天上飛的野雞、飛龍和沙斑雞，地上跑的兔子、麅子、野豬、老虎和黑瞎子，都能套到。他這人心眼小，不願和別人合夥打圍，那樣一來打的野物還得分給別人一半，不合算，自個兒打圍多好，擎整的來劻圄的。再說動刀動槍風險大，容易叫野獸給傷了害了，下套子多保險，碼好獸蹤，或擋好趟子，下上套子，那真是手拿把掐的。

　　這一年春天，山上的雪還沒化淨，他上山碼蹤，在冰湖溝上掌見到一串黑瞎子蹄印，他就把用鋼絲繩做的套子給下上了。第二天一早，他扛著一把大斧，上山遛套子。到了下套子的地場一看，真就套住了一隻黑瞎子。這黑瞎子好大，五六百斤重，肥粗扁胖，眉毛都花白了。老套子心裡挺樂，這熊皮、熊肉、熊膽、熊掌可不能少賣錢。像這麼大的黑瞎子，他只靠一把大斧，本來就不好對付。有心回屯子裡找個伴兒，用槍打，倒是保險，可那不得叫人分去一半兒？還是自己動手吧，反正黑瞎子已經套住了。他湊到黑瞎子跟前，拄著開山大斧，往手心裡吐了口唾沫，掄起大斧，使出全身力氣，就朝黑瞎子的腦瓜劈了下去。那黑瞎子也不是盞省油燈，見大斧直衝它的腦袋瓜劈了下來，情知不好，急忙一晃蕩腦袋，躲過了劈下的大斧。老套子用勁太猛，沒把黑瞎子開了瓢，卻把黑瞎子的一隻前掌從拐頭那兒齊刷刷砍了下來。黑瞎子疼得嗚嗷直叫。這一斧子倒幫了黑瞎子的忙，黑瞎子的那隻前掌本來是叫套子死死套住了，這回叫老套子把這只前掌劈了下來，黑瞎子可就沒了束縛。黑瞎子本來就凶狠，又被劈去一隻前掌，這火氣就更大了。它雖說只有一隻前掌，可還能跑能跳。它一個高兒躍過來，一下子就把老套子撲倒了。老套子手中的大斧也不管用了，就扔下大斧，跟黑瞎子舞舞紮紮撕打起來。黑瞎子又啃又撬，把老套

子造得像個血葫蘆。老套子也豁出去了，使出全身力氣，把黑瞎子的兩隻眼睛給摳冒了。黑瞎子沒了眼睛，看不見老套子，就嗚嗚嗷嗷叫著跑走了。老套子也倒在地上昏了過去。

再說，老套子的兒子在家裡左等他爹不回來，右等他爹還沒回來，心裡就有點發毛。眼看天都擦黑了，爹還沒回來，他可真毛鴨子了。他抄起一根棒子，上山找他爹去了。老套子離家時告訴他兒子，在冰湖溝上掌下的套子。兒子就照直奔冰湖溝上掌去了。到那一看，地上的套子斷了，草窠子被磨倒一大片，地上還有一攤血，有一隻熊掌。他爹那把開山大斧也扔在地上。可他爹呢，咋沒影兒了呢？他就扯開嗓子，直勁喊叫。喊了老半天，影影綽綽聽見有人的哼哼聲。他就順著聲音找去，在不到一百步的一個樹杈子跟前，地上躺著一個黑影兒，還直哼哼呢。他聽出這是爹的語聲，就奔了過去。近前一看，正是他爹。老套子倒在地上，渾身血赤糊拉的。他兒子怎麼喊叫，他也不回話。兒子沒法，跑回屯堡，找來幾個棒小夥子，把老套子抬回家了。

老套子躺在炕上，直呼達氣，傍天亮時才睜開眼睛，認出他兒子。他拉著兒子的手，有氣無力地說：「兒啊，幹啥事可別太獨了，爹就吃這個虧了。」老套子就這麼嚥了氣。

再說，屯堡裡有個外號叫小精靈的人，論起來跟老套子還帶點拐把子親。這天頭午，他到園子裡栽蒜。正用鎬頭挖壟溝呢，忽聽身後呼哧呼哧響，回頭一看，是一隻黑瞎子。再往細一瞅，這黑瞎子渾身血淋淋的，缺了一隻前掌，還雙眼瞎。怎麼能看出雙眼瞎？黑瞎子歪歪拉拉不走正道呀。小精靈一看，心就樂了，該著我走運發財，送到嘴邊的肥肉怎能不吃。他以為黑瞎子雙眼瞎，還缺一隻胳臂，一個人好對付，他只用手中的鎬頭照黑瞎子的後腦海掄了下去，不打死也打它個半昏。想到這兒，他掄起鎬頭，照準黑瞎子的腦瓜骨就砸了下去。那黑瞎子更機靈，聽到腦後有風聲，忽然一仄楞腦袋，小精靈的鐵鎬卻實實在在砸在黑瞎子的肩膀上。黑瞎子遭此一擊，疼痛難忍，那隻前掌一

舉，一下就把鐵鎬夾在腋下，一轉身，就把小精靈甩得跟頭把式的。小精靈不知怎麼就跟黑瞎子造了個臉碰臉。黑瞎子張開大嘴，「吧嗒」一下，就把小精靈的臉蛋肉撕下一塊。小精靈疼得「嗷嗷」直叫，用手搗著臉蛋往屯裡跑了。屯堡裡的人聽小精靈說黑瞎子進屯了，就有幾個獵人，扛起獵槍，到小精靈的蒜地，把黑瞎子打死了。

這只黑瞎子好大，把熊掌、熊肉、熊膽、熊皮賣了，那錢正好夠老套子的發送費和小精靈的治病錢。大夥呢，白跟著瞎忙活一陣。

▌虎媽嶺

　　有個圍幫，在長白山裡打獵。他們在溝溝岔岔裡轉了十多天，打了不少獵物。老炮頭定下來了，再打一兩天，就收槍下山了。

　　這一天，炮手們都出去打獵去了，只端鍋的一個人留在地倉子裡。鍋碗刷乾淨了，沒啥營生可幹，就到地倉子外頭看光景。那山那泉，那花那草，怪好看的。冷不丁他的眼睛盯在一個地方，在前面的白石砬子尖上，露出黃乎乎的晃動的東西，細一端量，是一隻老虎的腦袋瓜。從這虎腦袋的形狀大小，可以斷定，這虎不怎麼大。管它大小呢，撞到我槍口上了，算你倒楣。他回到地倉子取來火槍，點燃了火繩，把槍對準虎腦袋，就瞄了起來。瞄了一會兒，一杵火，槍響了。只見那虎腦袋縮了回去。他心裡尋思，備不住沒打中？正在這時，那虎腦袋又冒了出來，大小形狀還是那個樣，沒說的，是沒打中。他裝上槍，又朝那虎腦袋瞄了起來。瞄了一會兒，一杵火，槍響了。只見那虎頭又縮了回去。他心裡尋思，備不住又沒打中？正在這時，那虎腦袋又冒了出來，大小形狀還是那個樣，沒說的，又是沒打中。他裝上槍，又朝那虎腦袋瞄起來了。瞄了一會兒，一杵火，槍響了。只見那虎頭又縮了回去。他心裡尋思，備不住又沒打中？可那虎腦袋再也沒探出來，離做下頓飯的時間還挺遠，莫不如到砬子前去看看，這隻虎到底打到沒有。

　　他扛著火槍，揣著快當繩，就奔山前走去。穿過鬧瞎塘，好不容易繞到山前白石砬子下。他想往砬子尖上爬，因為老虎就在那兒伸頭探腦袋。還沒有走到砬子尖，就見在一個山窩拉兜橫躺豎臥三隻老虎。他嚇了一跳，往細一看，老虎好像都死了。他仗著膽子裝上槍，瞄好準，一杵火繩，槍響了。三隻老虎紋絲不動。原來三隻老虎都死了。他走上前，細一看，三隻老虎不怎麼大，頂大夠上三排虎。個個腦袋瓜上的「王」字都被槍彈攢個血窟窿。往四周一撒目，在右邊草窠子前有個石洞。他爬進洞內，見到不少獸骨，還有用野草獸毛

絮的大窩。沒的說了，這一定是老虎洞了。

他掏出快當繩，連拖帶拽，鬧騰半天，才把三隻老虎拉到地倉子前。雖說累得夠嗆，可心裡樂呵。三槍三隻虎，彈彈都釘在腦瓜門子上，誰不樂！

這時炮手們都回來了，又打了不少野物。見地上放著三隻老虎，大夥都很奇怪。端鍋的就把打虎的經過說了一遍。眾人聽了，心裡不托底，也膽突的。他們輕易不打虎。老虎是山中王，又稱山神爺、大爪子、細毛子、老媽子、老把頭、野豬倌、老佛爺，不能隨便打，而這端鍋的卻一連溜打了三隻，大夥都挺犯「膈應」。老炮頭嘆了口氣說：「山神爺沒招你惹你，你為啥去打它？既然打了，也是它們命裡該著，剝皮剔骨吧。」老炮頭帶頭燒香放鞭炮，禱告了一陣，眾炮手才一齊動手剝了虎皮，把虎骨也剔淨了。這是香骨，能賣個好價。

拾掇完了，吃了晚飯，已經是天黑大以後。炮手們都挺累的，就躺下睡覺了。半夜時分，忽聽外面有虎嘯聲，那聲震天動地的，瘆得慌。眾炮手都被吵醒了，蜷縮到地倉子裡不敢吱聲。待了一會兒，忽聽地倉子門口掛的草簾子沙拉沙拉響，接著就闖進一隻老虎來。這是只頭排母虎，渾身的毛管鋥亮，那一對眼珠像兩盞燈籠，把地倉子照得通亮。它進了地倉子又吼了一聲，就在地面上轉了個圈，趴在地上，呼哧呼哧喘粗氣。

炮手們都嚇麻爪了，大氣不敢出，渾身直篩糠。那老虎趴伏在地上，足有一袋煙工夫，這才站起身來。它抻抻四肢，又衝天吼了一聲，震得地倉子直呼扇。又甩動起尾巴，只聽咔吧咯吧山響，直冒火花。老虎又深深嘆了口氣，這才慢慢騰騰走出地倉子。在地倉子外又嘯了幾聲，這才走遠了。

這時天已經快亮了，眾炮手這才醒過神來，有的都嚇得尿褲兜了。

老炮頭把大夥都叫起來，說趕快吃飯，拾掇拾掇好下山。下山之前，老炮手又叫升紙馬放鞭炮，連聲禱告，感謝山神爺寬恕之恩。

這個圍幫順順噹噹地下山了。打這往後，他們再也不打老虎了。他們還給這個地方起了個名字叫虎媽嶺。這名兒一直叫到現在。

王一槍為民除害

話說也有好些年了。在長白山裡有個姓王的跑腿子，以打圍為生。這人槍法好，膽量足，狩獵的經驗豐富，人們都叫他「王一槍」，意思是不管啥樣難調理的山牲口，他遞上一槍，準能放倒。他在大林子裡搭個地倉子，一年到頭爬山穿林去打圍，餓了吃山牲口肉，冷了穿山牲口皮縫補的衣裳。他在這兒一待十好幾年，沒攢下啥家當，日子還是那麼貧寒。

有一年開春，王一槍心裡想，幾年也沒打到值錢的山牲口了，現在正是鹿打鹼的時候，看看能不能打副鹿茸來。這一天，他碼著一條鹿道，就挖了一個坑，在坑上揚上一層鹹鹽，做成了鹼窩子。第二天，鹼窩子上就掛了一層白晶晶的鹼花。然後他就爬到一棵樹上，蹲在樹丫巴上，等著鹿來舔鹼。等了一天又一天，一連等了一個月，也沒見一隻鹿來。王一槍膩煩了，決定再等一天，鹿若不來，就換換地方，另打鹼窩子。

這天傍晚，只聽一陣刷刷響，抬眼一望，遠處來了兩隻梅花鹿，正在這夾當，忽聽一個女人喊道：「加小心，這兒有獵人！」那鹿撒開四蹄，箭打似的跑掉了。停了一陣，又來了一群馬鹿，王一槍剛要亮槍，那個女人聲音又傳來了，這群馬鹿又跑掉了。

王一槍又窩火又納悶，誰損出胰子來了，這不成心搗亂嗎？可是又找不到這個人。天也黑了，他只好爬下樹，往回走。走出半里路，就跟一個女人遇上了。這女人看樣子有四十多歲，細高挑，大長臉，穿一身花衣裳。見了王一槍，她先開了口。

「打到了沒有？」

「可別提了！」

王一槍就把前後經過，原原本本說了一遍。女人聽了，冷笑一聲說：「你辦點嚼咕請請我，保準叫你打到山貨兒；不的話，你就別想開眼了。」

王一槍一邊尋思，一邊應承下來。那女人又問：

「啥時候操辦？」

「明天吧。」

「中，明天午間我到你家去。」

一眨眼，那女人就不見了。王一槍更是覺得蹊蹺，既然定下來，就得辦。他回到家就趕緊張羅飯菜：挑水、劈柈子、泡木耳、洗元蘑。沒有新鮮肉，就打開木桶蓋，取出一些肉乾兒用水浸上。刀勺一齊響，飯菜打鼻子香。第二天，天剛晌午，他剛把杯盤碗碟擺放停當，那個女人就來了。進了屋也不謙讓，靠在桌子前，伸出大巴掌，又抓飯又抓菜，狼吞虎嚥地吃起來。一桌子菜，一盆飯，一轉眼就讓她吃了個溜溜光。吃完了飯，她咂咂舌頭抹抹嘴，告訴王一槍，明天見了鹿群，只許打一隻。王一槍應承下了。她走出門，一眨眼就沒影沒蹤了。

王一槍一跺腳，罵道：「你也不是個好餅！這些天沒打到山牲口，興許是你作的妖！」

第二天，王一槍擦拭好火槍，帶上火繩、火藥和鉛彈子，直奔鹼窩子去了。他爬上樹丫，裝好槍，點上火繩等待著。一袋煙的工夫，只聽草窠子刷刷響，往細裡一瞅，來了五六隻梅花鹿，全是公鹿，腦袋上的茸角都是三叉子、四平頭[1]，通紅閃亮。這些鹿來到鹼窩子跟前，都爭搶著舔鹼花。王一槍舉起槍，槍上臉，瞄準了，火繩往火門盤兒一杵，「轟」一聲山響，一隻鹿一抖身子，亂打晃；其餘的那些「嗷嗷」直叫，辟哩啪啦跑掉了。

王一槍一個高跳下樹來，跑上前，抱住鹿頭，拽出快當刀，「嗤——嗤」割下鹿腦袋。又掏出快當繩，把鹿軲轆拴好，用手拖著，回地倉子去了。

1　三叉子、四平頭——均指鹿茸。鹿茸剛長出叫黃瓜紐，又叫初角茸；長兩個叉叫鞍子，又稱二杠；長三個叉叫三叉；長四個叉叫四平頭，又叫四叉。共長八個叉。

到了地倉子，扒下鹿皮，剔好了肉，就燒水炸茸[2]角。茸角剛炸好，只聽屋門「吱嘎」一聲響，那個女人又進來了。見了王一槍，她把鼻子一筋說：「不叫我，你今天還能打到鹿？快炆肉給我吃吧。」

王一槍刷了鍋嗆上水，就炆上一大鍋鹿肉。肉還沒熟，那女人就撈出一大塊用手撕扯著，大吃大嚼起來。不大一陣工夫，一隻鹿轱轆叫她給吃了個淨光。吃完了，她打個響嗝，抹抹嘴唇說：「明天照舊炆肉給我吃！」

王一槍哼哈答應著。

第二天，他又打了一隻鹿，她又來把鹿肉全給吃光了。就這樣，一連五六天，王一槍也沒吃頓飽飯。他心下暗暗罵道：「我再也不給你上進納貢了！」這一天，他到集市上裝了五六斤老白干，回來辦置了一桌酒席，請那個女人。那個女人又來了，見到這麼多的好吃好喝的，哈喇子淌出二尺長，還沒等王一槍發話，她就大吃大喝大嚼大咽起來。酒罈子喝空了底兒，旋風筷子把滿桌飯菜劃拉個溜乾溜淨。最後她也醉成一堆爛泥，二馬天堂地又哭又笑。王一槍見機會到了，拽起火槍，照準這傢伙就放了一炮。只聽「嗚」地一聲慘叫，那傢伙一溜火線竄出屋去。王一槍碼著血蹤，追了出去。走過一道道溝，涉過一條條河，來到一個立陡立陡的石砬子前面，見一個花裡胡哨的東西倒在那兒。王一槍又照準那東西放了一炮，紋絲不動，看樣子是死了。他手握快當刀走上前去一看，原來是一條水桶粗細、三四丈長的野雞脖子長蟲。砬子底下有個石洞，洞口淨是豬虎熊鹿的骨頭，還有幾堆人骨頭和一些生鏽的刀槍。看樣子這傢伙不知禍害多少牲畜，吃了多少人啊！他剜下大蟲的眼珠，有雞蛋那麼大，淨明鋥亮，閃閃發光，這是兩顆夜明珠啊！打那以後，這疙瘩的山牲口又繁殖起來了，獵人的光景也好過多了。

---

2 炸茸——茸角鋸下後要在開水中煮過，然後晾乾，稱為炸茸。

獵人與金雕

有一個獵人，這一天背著獵槍打溜圍。怪了，從一大早到老爺兒偏西，沒見到一隻飛禽，也沒碰到一條走獸。獵人飢又飢，渴又渴，就在立陡的石砬子下，倚著棵老松樹，一邊吃著乾糧，一邊用手掬著腳邊的泉水喝。

正在這時，忽聽從鷹嘴砬子尖兒上傳來「嗷──嗷」的嘯叫聲。獵人知道，這是老雕的叫聲。他循聲望去，只見一隻老雕，張開翅膀，一陣陣向鷹嘴砬子尖上俯衝，還一邊「嗷──嗷」地叫著。獵人往砬子尖上一瞅，卻見一條水桶粗的大蛇，正向鷹嘴砬子尖上爬去，一邊爬，一邊「哧──哧」地叫，還一邊吐著四五尺長的紅信子。只見那隻老雕一個俯衝，張開尖銳的巨嘴，照準大蛇的腦袋，狠狠叨去。那大蛇一邊噴著紅信子，「哧──哧」叫著，一邊攪動長長的尾巴，向老雕掃去，發出「呼呼」的響聲。雖然沒掃到老雕，老雕還是「嘎」一聲嘯叫著向雲空飛去。這時大蛇又向鷹嘴砬子尖出出溜溜爬去。那老雕在空中打了一個旋兒，又俯衝下來。

獵人看清楚了，在砬子尖上有個石洞，一隻黑乎乎的小雕「呀呀」地叫著。看來，這是老雕的窩，這小雕是隻雛兒，還沒出飛，又無法逃跑。鷹嘴砬子有百多丈高，它真要從砬子尖上掉下來，準會摔成爛泥肉醬。獵人要救這隻小雕，他操起火槍，裝上槍藥鐵砂，正想用火繩杵火，卻見那隻老雕箭打似的飛進雕窩裡，扇起一隻翅膀，「啪」一下，把那隻小雕掃下砬子。那小雕「呀──呀」慘叫，向砬子下墜落。獵人見此情況，撂下火槍，張開雙臂，不偏不倚，正好把小雕接在懷裡。看起來，老雕寧肯讓小雕墜落摔死，也不讓大蛇把它吞噬了啊。

這時，砬子上又傳來「嗷──嗷」的吵叫聲。獵人仰臉一望，見老雕還未來得及飛出雕窩，就讓大蛇咬住了一隻翅膀。老雕用另一隻翅膀拍打大蛇的腦袋，用長嘴叨大蛇的眼睛，但大蛇已經用身子把老雕箍住了。老雕漸漸沒了力

氣，只是有氣無力地「嗷——嗷」叫著，聲音越來越低。獵人放下小雕操起槍，沖大蛇抓了一火。怎奈鷹嘴砬子太高，射出去的槍砂夠不到大蛇。眼瞅著大蛇把老雕生撕活拉地吞進肚裡，爬過砬子尖兒，向背陰坡逃掉了。

獵人看一眼地上的小雕剛扎老翎，黃嘴丫還沒退淨，站在地上，戰戰兢兢的，身子直篩糠，怪可憐的。獵人抱起小雕，把它裝進背筐裡，往家裡走去。他要把它養活。

雕是凶猛的飛禽，大蛇也狠毒無比，獵人終於明白了，為啥在這兒沒打到一隻飛禽，沒獵到一隻走獸了。

獵人把小雕帶回家裡後，就精心伺候起來，喂新鮮兔肉、麅子肉，不讓它凍著，不讓它熱著。這小雕長得飛快，老翎長全了，羽毛也豐滿了，毛色也改變了，竟成了一隻火紅色的雕。獵人就給它起名叫金雕。

金雕很聰明，很伶俐，不用「熬鷹」，也不用馴練，它自己就會上山捕捉野雞、飛鳥、兔子、松鼠，自己從不破膛吞噬，而是叼回家裡，送給主人。獵物大些的，它叼不動，就飛回來，站在獵人肩頭上「嘎嘎嘎」叫三聲，然後慢慢飛出去，獵人跟隨著它，準能找到被它叼死的獵物。獵人唯一感到不足的是，它的身材不大，遠不如它死去的媽媽。但金雕是個出色的獵手。它通身火紅，像一團火苗，它飛行的速度疾快，任何飛禽都沒有它飛得快；它凶猛無比，連野豬熊瞎子都懼它三分。

從此獵人就與它形影不離，一個菜墩吃肉，一個屋子裡睡覺。獵人上山打獵，它總是蹲在獵人的肩上，一起出圍。天上飛過人字形雁群，獵人的口哨一響，它「嗖」一下飛出去，像流星一樣騰上天空，奔向雁群。來到雁群裡，它並不捕捉叼咬，而是搧動兩隻翅膀，向大雁們「啪啪啪」擊去，不大一會兒，一群雁全被打落墜地。獵人若是上山打老虎、打熊，它飛上前去，「嚓嚓」兩口就把野豬、黑熊眼睛叼瞎，獵人就很容易把獵物弄到手。

這一天，聽說長白山一條溝膛，出了個兔子精。這是隻白兔子，好多獵人都拿不住它，這隻老兔子狡猾無比，經過不少陣勢，山鷹也拿它毫無辦法。這

老兔子有個招法，叫兔子蹬鷹。鷹要來捉它，它用前蹄把樹棵子攀彎，單等鷹俯衝到近前時，它冷丁鬆開前蹄，繃彎的樹棵子彈了回去，立時就把衝下來的山鷹抽死。許多獵人養的獵鷹也吃了它的虧，被它禍害死了好些隻。

好些獵人都攛掇他，讓他帶金雕去試試。獵人心下也沒底，倘若有個閃失，腸子可就悔青了。可架不住眾人一勁兒鼓動，他就動了心，想給大家除這一害，就帶上金雕去了。到了那地方，金雕「噌」一下躥上高空，展開翅膀直打旋兒。金雕的眼睛可尖了，它一眼就看見正在攀扯樹棵那隻白兔子，也明白了它打的啥主意。金雕在空中繞了一大圈，忽然一頭鑽進河水裡，洗涮了一會，又躥出水面，落到乾沙灘上，打起滾兒來。它渾身的羽毛沾滿沙粒，又騰空飛起，向白兔所在處的上空飛去。它看見白兔子了，白兔子也看見它了。它箭打似的俯衝下來，白兔子也蹦蹦跳跳變換著位置，等待機會，施展它的絕招。但金雕並未一頭扎下地面，卻在離白兔子丈多遠的上空抖毛夆翅，立時撒下無數的細沙來。此刻白兔子正瞪圓通紅的大眼，單等金雕飛下來，彈它個腦漿迸裂。沒想到一陣細沙下來，眯了它的眼睛。它雙眼又酸又疼，淚流不止，顧不得許多，立時鬆開前蹄，揉搓雙眼。就在這當兒，金雕一個俯衝下來，利爪扎進白兔子的皮肉裡，長嘴掏出了白兔子的心肝肺。白兔子還沒明白是咋回事，就一命嗚呼了。

金雕為獵人們除了一害，名聲就更大了。

這年秋天，獵人聽說鷹嘴砬子有條大蛇行兇作禍，吞食家畜，傷害不少獵人。獵人們在鷹嘴砬子一帶根本打不到飛禽走獸。為啥？全叫這大蛇給嚇跑了。

獵人心裡明白，這八成就是當年害死金雕媽媽的那條大蛇。他恨透了這條大蛇，也相信他和金雕能把這傢伙幹掉。於是，他就帶著金雕奔鷹嘴砬子去了。

是個響晴的天。來到鷹嘴砬子下面，獵人把狩獵的槍刀弓箭準備好，然後打了聲口溜子，金雕就從他的肩頭上騰起了空。金雕像一團火球，在空中飛，

在天上旋，最後就在鷹嘴砬子尖兒上直門盤桓。原來它看見鷹嘴砬子尖兒上盤著一條大蛇。大蛇也看見它了。金雕越飛越低，繞著大蛇飛來旋去。大蛇也搖頭擺尾，噴著四五尺長的紅信子，「唦——唦」地尖叫著。金雕照準大蛇的腦袋俯衝下來，它要把大蛇的眼珠子叼冒泡。豈不知大蛇更狡猾，它把腦袋一仄歪，掄起又粗又長的尾巴，照金雕掃去。金雕個頭小，又十分靈巧，躲過大蛇的尾巴，又騰起了空。

金雕在上空盤旋一圈，又朝大蛇俯衝下來。大蛇又吐出長長的紅信子，「唦——唦」地尖叫著。但金雕並沒有去叼大蛇的眼睛，而是掄起兩片如刀似劍的翅膀，使足了力氣，朝大蛇的脖子狠狠砍去。第一膀子把大蛇的脖頸砍掉了一半，第二膀子生生把大蛇的腦袋砍了下來。大蛇的身子從鷹嘴砬子尖上跌落地上，摔了個稀巴爛。

大蛇死了，禍害除掉了。

獵人又帶上金雕，到各處去，專打傷害人的狼蟲虎豹。人們都感激這位獵人，也更喜愛這只金雕了。

獵人和狼

　　有一個獵人，真了不得：刀法精，槍頭子硬；膽子大，狩獵經驗豐富。他上山打圍，天上飛的，地下走的，只要他搭上眼，就沒個逃掉。山裡的狼蟲虎豹，黑瞎子野豬，都怕他怵他，遠遠躲著他。

　　有一隻狼精不聽邪，不服氣，它要和這個獵人較量較量。

　　這隻狼精也了不得，鬼點子多，道行足；能閃箭，會躲槍，刀槍箭戟很難挨到它的毛梢，跑跳騰越，超過野豬和老虎，獵狗更拿它沒有辦法。

　　這一天，獵人和狼精打了個照面，比量了一陣子，獵人的技法全用上了，也沒碰到狼精的一根毫毛。獵人抽了一口涼氣，心下暗暗思忖：大意不得，這傢伙可真又奸又猾啊！狼精雖說沒怎麼著，心裡也直畫魂；真是名不虛傳，小瞧不得，這個人可真有兩下子。是啊，這狼精，已經吃過不少人，害過不少命，光打獵的被它咬死的就有十多個。今兒個，可真遇上高手了，它咋不發毛。狼精眼珠子一瞪，來主意了：「我不跟你硬碰硬，找準機會再下口！」

　　獵人眉頭一皺，計上心來：「我不跟你直來直去，騎驢看唱本走著瞧，只要讓我得手，準叫你趴蛋告饒。」

　　就這樣，獵人跟狼精較量了半來年，不見高下，不分勝負，狼精急了，獵人心裡也煩躁。

　　這麼一天，是秋景天，下著毛毛細雨。獵人追了狼精一天，又餓又累。天黑了，他就著泉水吃了幾張煎餅，籠上篝火，烤乾了衣裳，就想找個地方睡一覺。為睡覺的事，獵人費老心思了，不是睡山洞，就是睡地窩棚，反正不能露天打小宿。為啥？怕那狼精唄。今兒黑個，天還下小雨，得找個避雨的地方。獵人四處撒目，也找不到一個既安全又能遮風擋雨的地方。冷不丁瞧見溝坎那邊，有個半截子空筒樹樁，獵人就照直奔過去。到跟前一看，獵人挺高興，這是個睡覺的好地方。樹樁子五六尺高，是棵愨大楊樹，裡面是空心的，挺寬綽

的。獵人爬上樹樁，跳進樹筒子裡，又站起身，把隨身帶來的油布苫在樹筒子口面上。挺好，一滴雨星星也濺不進去。獵人就倚在樹筒子內壁上睡覺了。

再說這狼精，跟獵人打了一天的交道，沒把獵人怎麼著，恨得心兒直癢癢，牙根咬得咯吱咯吱響，以往，獵人幾次住地窩棚它都沒得手，就看今兒黑個獵人怎麼打小宿了。它熟悉獵人的氣味，天一黑下來，它就從大林子裡跑了出來，四處尋找獵人的住處。嗅著聞著，知道獵人睡在樹筒子裡，它真有點老虎吃天——無處下口了。有心想從樹樁子口面上跳進去，又怕樹筒子裡面窄窄巴巴的，施展不開，吃了獵人的虧。它不死心呀，就圍著樹樁子打轉，還用牙啃咬用爪子撓扯。獵人正在裡面睡得死死的，直門打呼嚕，這正是下笊籬的好機會。它真有點急眼了。轉著、撓著、咬著，冷不丁發現樹筒子有一疙瘩糟朽了。用爪子一抓撓，出了個黑窟窿，真是天無絕人之路，就從這兒下傢伙吧。它又去撓扯撕咬，窟窿越來越大，能伸進去一隻爪子了。它又鬧騰了一陣，能伸進去兩隻爪子了。可再往四周抓撓，那木頭死硬死硬的，說啥也掰扯不掉一塊木頭渣渣了。它報仇心切，吃人心急，不能再忍再等了，就把兩隻前爪子伸進去了，在樹筒裡亂劃拉。它尋思好了，拽出獵人的一隻胳膊，咬掉它，獵人的威風就減去一半；若把獵人的兩隻胳膊全咬掉，那獵人就變成它嘴邊的一堆肉了。

它正在瞎劃拉，突然兩隻前爪子被什麼東西死死地攥住了。狼精情知不好，待想往回抽時，說啥也抽不回來。狼精明白了，自己的兩隻前爪子是被獵人的兩隻大手攥住了。

原來獵人剛剛迷瞪過去，忽然被「咯嚓咯嚓」的聲音吵醒了。獵人一尋思，明白了，八成是狼精又來作妖了。他心裡有底，不驚慌，不動聲色，鼾聲打得更大了。待狼精伸進爪子，他把身子移了移，順手從腿綁裡抽出短攮子。狼精見沒劃拉著獵人，爪子往裡伸得更長了。就在這夾當，他抓住狼精的兩隻爪子，死死拽住了。

狼精知道糟了，就拿出吃奶的力氣，豁出命地往外掙。獵人把狼精兩條麻

桿腿捯到一隻手掌攫緊，騰出一隻手，操過短攆子，照準狼精兩條前腿的骨頭縫，狠狠地絷了個透籠，順手用快當繩把狼精的兩條前腿貼短攆子處捆了個牢牢棒棒。狼精疼得「嗷嗷」直叫，不敢使勁拽了，因為每拽一下就鑽心地疼。

狼精知道自個兒敗在獵人手下了，就哀告說：「獵人大哥，饒命！」獵人呵呵笑著說：「留下你，再去禍害人？」「我改惡從善，再也不禍害人了。」「狼改不了本性。」

狼精又哀告道：「獵人大哥，你是好漢，我輸了。」

獵人說：「明情你就贏不了。」

獵人說到這，就又呼嚕呼嚕打起鼾聲來。狼精在外面疼得「呸呸呸」直叫喚，自言自語道：「我賠了，我賠了！」狼精的人語沒學到家，把「賠」說成了「貝」了。獵人不管它了，自管自地真就睡著了。狼精叨咕了足有一個時辰。它又疼又累，又餓又凍，真有點受不住了。它明白了，獵人絕不會饒了它，天一亮，獵人準得跳出樹筒子來剝它的皮。活命要緊，就只好忍著疼，狠狠心了。它張開血盆大口，「吭吭吭」，只幾口，就把兩隻前腿咬斷了一截，忍著鑽心疼痛，一瘸一拐地逃走了，邊走邊說：「呸，呸，一定報仇！呸，呸，早晚報這個仇！」

獵人睡了一宿好覺，天亮起來了，跳出樹筒子要去收拾狼精，一看，樹椿子下留下一攤血，狼精逃跑了。獵人懊悔得直跺腳，直打咳聲。狼精逃走了，好些天才養好了傷，但前腿短，後腿長，走起來很慢。但它老謀深算，陰險毒辣壞，群狼們都願意聽它支派。這就是狽。從此，就有了狽。狽陰險狡猾，鬼道眼多，是狼的狗頭軍師。狼離不開狽，狽也離不開狼，狼狽為奸嘛。行走時，狽把前爪搭在狼的後腚坐上，跑起來還真快呢。

迷昏倉子

長白山大林子裡有個溝膛叫迷昏倉子，為啥叫這名？聽說和打圍有瓜葛。

早先年，迷昏倉子一帶野獸多，頭排虎、掛甲豬、花腰黑瞎子有的是。不少獵人去打圍，可去了的，就沒一個回來的。家裡人去收屍，見獵人都倒在荒郊野外，沒斷胳膊沒折腿，只是在腦囟子上有個小窟窿，個頂個都這樣，你說邪門不邪門。嚇得獵人們乾眼饞，就是不敢去照量。

有這麼個圍幫，炮頭姓丁，是個膽大心細的主兒。他聽說這事，有點不服氣，就帶領圍幫到迷昏倉子來了。他們打好倉子安好鍋灶，就上山打圍了。第一天就打了三隻花腰黑瞎子，摘下熊膽，金黃金黃的，全是銅膽，每個膽都半斤多沉。炮手們都打心坎上樂。

丁炮頭心裡可有數，總在琢磨事，眼睛總在撒目著。晚上睡覺時，也不敢睡沉，一有點動靜，他就睜開眼瞅一瞅。這天晚間，是大月亮地，炮手們都躺下睡得呼呼的，他麻搭眼皮似睡非睡的。這工夫忽聽倉子門「吱嘎」一聲響，只見進來一個人，躡手躡腳地走到炕前，哈下腰細細地打量炮手們。藉著月光，老炮頭看得真切。這人是個女的，二十多歲，穿戴利利整整，長得如花似玉的。丁炮頭正在納悶，只見那女人用手指一個炮手，再衝這炮手臉上吹口氣，這炮手一虎身就爬起來，跳下炕，跟著這女人在地上打圈轉。這女人又沖第二個炮手一指，吹口氣，第二個炮手也一虎身爬起來跳下炕，跟在第一個炮手的身後在地上打圈轉。就這樣，第三個炮手、第四個炮手都在地上打圈轉。丁炮頭一看不好，麻利裝好槍，夾在腋下。他躺在最炕梢，那女人最後一個指點他往他臉上吹氣，他也就假裝著一虎身爬起來跳下炕，跟眾炮手們一起在地上打圈轉。丁炮頭心裡明鏡似的，他是要看看這婦道人家到底要幹啥名堂。

在地上轉了一陣，那女人就把眾人領出地倉子，在地倉子前邊的空地上，繞著一棵大榆樹打轉。從半夜轉到天亮，從天亮轉到日頭冒紅。丁炮頭一看，

那女人越走越有勁，腳底生風，好像飛一樣。眾炮手眼珠都紅了，迷迷登登，緊隨她身後，轉得大汗淋漓，跟頭把式的。有的跌倒了，有的累趴下了。只見這女人奔向趴在地上的一個炮手，揪住頭髮就要下手。丁炮頭端起槍，沖那女人就摟了一火。只聽「嗚嗷嗚嗷」叫，眼前的女人沒了，地上卻臥著一條白花蛇。這蛇有兩丈長，信子鮮紅鮮紅的，有三尺長。丁炮頭明白了，原來過去那些獵手都是叫這條白花蛇給禍害的呀！他掏出快當刀，把蛇的眼珠剜下來。兩顆珠子滴溜滴溜圓，放著七色彩光，直晃眼睛。這是兩顆寶珠啊。

　　他把倒在地上的炮手喊叫醒了，眾人都說睡得又香又實，就是太累了。丁炮頭對眾人說了事情的枝枝節節，又指指地上的白花蛇和手中的蛇珠給眾人看。炮手們嚇得直伸舌頭，真懸乎啊，要不是老炮頭，大夥早完犢子了。炮手們這回明白了，這地方為啥叫迷昏倉子了。

　　打這以後，這地方就平安無事了，放山的、打圍的經常到這疙瘩趕山利祿。

趙炮兒

　　從前，在長白山大林子裡，有個姓趙的炮手，大家都叫他趙炮兒。趙炮兒武藝精良，箭法純熟，在長白山裡很有名聲。他打圍的經驗豐富，膽量又大，經他手打死的野獸真是不計其數。無論是什麼樣掉歪難鬥的野牲口，都難逃出他的手心。

　　這一年，長白山裡來了一隻狼精，吃了無數家畜，傷害了好多個炮手。趙炮兒聽說了，備好了弓箭，準備停當，就前去追捕。

　　這隻狼精也聽說趙炮兒十分了得，膽兒突的，很是懼怕。冤家路窄，這一天，趙炮兒果真就遇上了這隻狼精。他往細裡一打量，暗自稱奇：這傢伙長得又高又大，臉兒花裡花達，脊樑和肚囊的灰毛都脫落淨了，四隻爪又長又鋒銳。一見到它，趙炮兒就按捺不住心頭的怒火，恨不得一箭把它穿個透心涼。他舉起弓，搭上箭，正要扯弦發射，那狼精卻發出沙啞的說話聲：

　　「趙炮兒，我知道你是個遠近聞名的炮手，我呢，也不是盞省油的燈。咱倆往日無怨，近日無仇，大路通天，各走一邊，你幹你的營生，我忙我的勾當，相安無事，該有多好！」

　　趙炮兒放下弓箭，斬釘截鐵地說：

　　「狼精你聽著，見蛇不打三分罪！我的營生就是打殺狼蟲虎豹；你的勾當就是傷害人畜。咱倆是鐵匠爐子下雹子──冰火不合爐啊！我不殺死你，不為黎民百姓除害，誓不為人！」

　　狼精嘿然冷笑一聲說：

　　「好話我說了三千六，你全當成耳旁風。不聽好言勸，吃虧在眼前。你不要牽著不走，打著倒退！咱們走著瞧！」

　　趙炮兒二話沒說，彎弓扯弦，向狼精錚錚連發數箭。只見那狼精又蹦又跳又躲又閃，又翻跟頭又打把式兒，號稱神箭手的趙炮兒，竟箭箭都脫空了。

狼精用前爪摩挲摩挲臉兒，呲牙咧嘴地冷笑道：

「趙炮兒，怎麼樣？今兒個先不跟你鬥，咱後會有期。」

說到這，就一流火線，「嗖」一傢伙跑得無影無蹤了。

打這以後，一連好幾天，趙炮兒總也沒見到狼精的影子。可是他不灰心，不洩氣，照樣還在大林子裡穿來奔去。餓了，採點野果吃；渴了，掬幾捧山泉水喝；困了，就在大樹下胡亂打小宿。

這一天，又碼到了狼精的蹤跡，他就疾快地追趕下去。追啊，撵啊，就來到一個山溝溝裡。這山溝溝裡住著一戶姓王的人家，趙炮兒以前打圍時曾在這家投過宿，他稱這家的當家的作王大哥。趙炮兒剛走到王大哥家的門口，就聽見打屋裡傳出一陣嗚嗚咽咽的啼哭聲。趙炮兒就直闖進屋裡，只見王大嫂眼淚一把鼻涕一把地哭得好傷心，見到了趙炮兒，一把拽住他的手，哭訴道：「老趙大兄弟，你可得給我報仇啊，小鬧兒他……」

原來王大哥上山挖人參去了，家裡只王大嫂一個人頂門戶過日子。頭晌王大嫂到門外抱了一抱二劈柴回來，一進門，見剛會冒話的小鬧兒打炕上站起來，挓挲著小手撲向王大嫂，喊道：「媽，呲牙呀！」王大嫂以為兒子小鬧兒要吃渣兒[1]呢，就哄著小鬧兒說：「好孩子，媽挑水回來再給你吃渣兒！」可是小鬧兒還是一迭聲地喊「呲牙」。這時，日頭已到頭頂上了，王大嫂急著要做午飯，缸裡又沒有水，好在井台就在大門外，不一會兒就能回來，於是就推開小鬧兒，挑起水筲擔水去了。等她挑回水來，腳還邁進大門檻，就見打屋裡跑出一隻又高又大的花臉狼來，竄出大門，射箭一般地向大林子裡逃去。王大嫂「媽呀」地叫了一聲，扔下扁擔，沖屋裡跑去，可是晚了，小鬧兒已經讓這隻狼給禍害了。

原來，這只花臉狼就是那隻狼精，這些天它被趙炮兒追得又餓又累，今天想打點食兒吃。它溜進王大哥家裡，見炕上坐著一個小孩，心裡挺高興，正想

1　吃渣兒——即吃奶的意思。

縱身下口，忽聽外面響起腳步聲，是王大嫂回來了。狼精馬上躲在外屋地的磨盤底下，呲著牙，瞪著通紅的眼珠子，盯著這母子倆。這一切，三歲的小鬧兒看得真真切切，只是他剛剛學語，吐字不清，王大嫂誤以為他要吃渣兒呢，結果卻生生地把個孩子讓狼精給禍害了。王大嫂又傷心又後悔，放聲地哭著，數叨著。

趙炮兒是個硬漢子，見此情狀，禁不住也落下幾滴淚水來。他握緊手中的弓箭對王大嫂說：

「大嫂，我一定把這隻狼精幹掉，給小鬧兒報仇，給鄉親們報仇！」

趙炮兒飯沒吃上一口，水沒喝上一杯，馬上告別了王大嫂，又去追趕狼精了。追啊，追啊，這一天卻追到自己的家門口了。那咱，長白山地區人煙稀少，一家一戶住一條溝一道岔的很多，前後左右的鄰居相隔也有百八十里。趙炮兒的家就住在溝膛子裡的河邊上，獨門獨院，孤單單的。趙炮兒見狼精蹽到自己家門口了，心裡縮個扣兒，犯起疑惑來，再一尋思狼精跟他說的那番話，更覺得這裡有名堂。他沉思一會兒，就打定主意，暫不回家，先藏在林子裡看個究竟。

他影在一棵大樹後，不錯眼珠地盯著自家的院落。老婆出出進進的，一會兒餵豬，一會兒拉磨，看樣子家裡沒發生什麼事。漸漸地，天變得陰沉沉的了，接著就淅淅瀝瀝地下起小雨來。只見他老婆急忙跑出大門外，來到柴火垛前，撿起一抱木柈子就往屋裡走。也就在這時，就見一個黑影從柴火垛溜出來。趙炮兒睜大眼睛一看，不禁吃了一驚。只見那東西頭上戴頂破葦笠，弓著脊背，兩隻前掌搭在他老婆抱著的木柈子上，兩隻後腳輕輕地挪動著。

趙炮兒心裡全明白了，原來這傢伙找上門來了。他從林子裡走出來，直奔家門走去。這時雨已經停了，天已經大黑了，老婆已經在屋裡點上了熊油燈。他一推門扇，沒推動，門扇是在裡面插上了。趙炮兒敲了門，老婆在屋裡問：「是誰呀？」趙炮兒回答道：「是我！」

老婆聽出是趙炮兒的語聲，就對孩子們說：「你爸回來了！」又衝外面

喊：「我這就去開門！」

門開了，趙炮兒一進屋，馬上反手把門插上了。

老婆問：「怎麼這麼晚才回來？」

趙炮兒說：「追趕狼精來！」

「聽說這隻狼精不同尋常，多少人都沒能打住它！」

趙炮兒說：「它逃不出我的手心！」

且說，跟隨趙炮兒老婆進家的那個東西，正是那隻狼精。它找到趙炮兒的家，趁趙炮兒的老婆抱柴火的夾當混進了屋裡，躥到樑上，等待時機，好下狼茬子。趙炮兒老婆剛脫衣躺下，它就跳下地來，正要下手，外面卻響起敲門聲，是趙炮兒回來了。它先是一愣神，不知如何是好，接著又一想，反倒樂了，為啥？這正是好機會，夜深人靜時，我再下笊籬，來個全包渣。「趙炮兒趙炮兒，都說你精明，你卻沒我精，這一步你可沒料到吧？」往樑上跳已經來不及了，況且還有響動，見鍋台旁有一口水缸，缸裡只有半缸水，它靈機一動，計上心來：正好借這水缸隱蔽身子。它輕輕巧巧地鑽進水缸裡，順手從瓢杈上拿過一扇水瓢扣在頭上，就貓下腰蹲在水缸裡。當它聽到趙炮兒說「它逃不出我的手心」時，差一點笑出聲來，心裡話，「趙炮兒，你耳門後不知天鼓響，不知死活的鬼，我要吃掉你一家人！」

這時候，只聽趙炮兒說：「有飯沒有？我餓壞了！」

他老婆說：「飯涼了，我給你熱熱吧！」

趙炮兒說：「不必動煙火了，我找點乾糧墊補墊補吧。」

趙炮兒一手端著熊油燈，一手拎著大片刀來到外屋地，說是找乾糧吃，其實是在細心搜查尋找。看看梁柁，沒有；看看磨盤底下，也沒有；看看雞窩，還是沒有。旮旮旯旯都找遍了，哪也沒有。它能到哪兒去呢？趙炮兒犯起合計來。他來到水缸跟前，把熊油燈往裡照了照，只見水皮上扣的那扇瓢還在抖動呢。原來這傢伙藏在這兒呀！他就手把蓋鍋的木蓋子搬過來，咕咚一聲蓋在缸沿兒上，兩手使勁按住缸蓋，衝他老婆喊道：

「你去給我挑擔水來！」

「缸裡有水呀！」

「這點兒水不夠用！」

「有啥營生明天再幹，天兒不早了，再說黑燈瞎火，挑水不方便！」

「這營生今晚上就得幹，到河溝挑擔水也中！」

老婆從屋裡出來了。他一邊下死勁按住缸蓋，一邊朝她直眨眼睛。她也是個機靈人，立時就明白了八九分，啥話沒說，就去挑水，不一會兒就挑回滿滿兩桶水。趙炮兒把木蓋錯開一條縫，說：

「往缸裡灌水！」

缸裡灌滿了水。狼精在缸裡被水嗆得好難受，用腦袋頂缸蓋，使出全身力氣也沒能頂動。它又咳嗽，又打呼嚕，號叫著：

「趙炮兒，高抬貴手，趙炮兒，高抬貴手！」

趙炮兒哈哈大笑說：

「狼精，你就委屈點吧。你吃了多少人，害了多少命？今兒個又差點害我一家。我這手說什麼也高抬不得！」

只聽缸裡呼呼地喘，嗥嗥地叫，過了一陣，就啥聲息也沒有了。趙炮兒掀開木蓋一看，狼精已經翻了白眼硬了屍首，早就嗆死了。

趙初把打虎

早先年，在長白山裡有一個圍幫，四十多個炮手。人人都槍法好，經驗也多。每次出圍都能打到很多的野獸。住在長白山附近的人，一提起這個圍幫，沒有不知道的。

在這個圍幫裡有個十八歲的小夥子，姓趙，是從山東逃荒來的，孤身一人，大家看他年歲小，又剛入夥不久，就都叫他趙初把。

趙初把長得身高力大，人又誠實肯幹，跟著老炮手日久天長，練就了一手好槍法，天上飛的，地下跑的，只要他搭上眼，放一槍，獵物就應聲倒地落下。他趕起仗子來，捨得用力氣，就是一天跑二百里路，也不嫌累；坐起圍來，有耐性，山牲口不來，把頭不發話，就是死待它一兩天，他也不會動一下。圍幫裡的夥伴都很喜歡他。

這一天，半夜時候，就聽外邊有「噗哧噗哧」敲門聲。老把頭問：「誰？」只聽外面「嗚嗚」叫著。老把頭一聽，壞了，就嘆口氣說：「山神爺[1]來了，咱這四十個人不知誰該死了！」說完就按著放山人的老規矩，都往外扔帽子，虎把誰的帽子叼了去，誰就得跟著虎去。

第一個是老把頭先扔，那虎連看都不看一眼，接著炮手們一個一個地把帽子扔了出去，那虎連理都不理，只管拿爪子刨地，吼叫著。末了，只剩下趙初把了。

趙初把一個高兒蹦起來，抓起帽子，大聲嚷道：「你把我的帽子叼去吧，我跟你去。」說著，「啪」地一聲，就把帽子扔了出去。果然，老虎把他的帽子叼了起來。大夥一看，可真難受啊！有的人還掉下眼淚。趙初把將胸脯使勁一拍，說：「沒關係，我去！可有一宗，我得帶桿槍去，它就是吃了我，我也

1　山神爺──山區人過去把虎叫山神爺，也叫「山王爺」。

得換它一個！」老把頭難過地點點頭，把自己多年使用的老獵槍交給了他。他把槍藥帶得足足的，背起槍，拉開門，大步流星地跑出去。

出門一看，原來是一隻胖墩墩的小白老虎。見他來了，小白老虎樂得又蹦又跳又撒歡兒。趙初把把槍端起來，拉開架式，說：「你來吧！」小白老虎聽了，卻連連搖頭。趙初把又問：「那你想做什麼呢？」只見那小白老虎把頭往外一點，磨回身，叼著他的帽子走了。趙初把尋思：「你想到別的地方去吃啊！那也便宜不了你！」就邁開大步跟著走了。

他們爬上一架大山，穿過一條大澗，越過一條大嶺，就走進密密層層的老林子裡。走啊走啊，只見前面一片白光，像有幾十盞明燈，一閃一閃地發亮光。走到這兒，小白老虎就停下了，把帽子放在地上，朝那片亮光點點頭。趙初把這才明白了，說：「你是來搬兵求救啊！」小白老虎點點頭。

原來這隻小白老虎的爹媽都叫一個大怪物給吃掉了，又把它抓了去伺候自己。小白老虎可受不了這個氣。有一天，趁那怪物睡覺的時候，就偷著跑了出去。它下狠心，一定把那個傢伙弄死，把那些虎朋友搭救出來！於是它就在老林子裡奔跑找救兵。它聽說這塊兒來了個圍幫，裡頭有個又有膽量又有能耐的初把，就找他來了。

再說，初把往亮處一瞅，原來是三四十隻老虎，齊齊整整地在一個傢伙面前跪著。那怪物高高地蹲在一個青石台上，兩隻眼睛像兩團大火球，射出血紅血紅的光。只聽它「哼」了一聲，一隻老虎馬上站起來上前給它搔癢，又聽它「嗚」一聲，一隻老虎馬上去給它舔掌。待了一會，它嫌老虎舔的不好，「嗥」地一叫，一巴掌就把那隻虎打得扁乎乎地倒在地上。其餘的那些老虎，像耗子見了貓一樣，趴在地上不敢抬頭。

趙初把細細端量，那怪物足有一丈五尺高，三四抱粗，長著老虎頭、熊身子。初把一看就明白了，心裡想：一定是這群老虎叫那怪物給降住了。於是他端起獵槍，瞄準那怪物，大聲喊：「山神爺們躲開點！我來給你們報仇！」那些老虎一聽，都散開了，只見那怪物霍地站起來，兩隻大眼盯著他。那光更紅

更亮了，直刺得他眼睛發花。他趕忙揉了揉眼睛，端平了老獵槍。那怪物張開大口，大吼一聲，像打個響雷似的，震得他頭暈腦脹，眼前直冒金星，四周的樹葉也「唰唰」落了一片。小白老虎戰戰兢兢地趴在地上，散開的那些老虎也嚇得連大氣兒都不敢出。那怪物見初把還站在那兒紋絲沒動，就一個高兒跳下石台，抖擻抖擻身子，「嗚」的一聲騰空而起，向初把撲來。初把一直穩住神兒站在那兒，等那怪物快到身邊的當兒，就照準它的腦袋，摟了一火。只聽一聲吼叫，又聽「撲通」一聲，那怪物跌落在地上。可它還沒死，張著血盆大口吼叫著，掙扎著，又爬了起來，想往他身上撲。這時初把又拽出另一桿槍，照準那怪物的腦瓜頂又是一槍。那怪物四腿一陣亂蹬，就倒下去了。

這時，小白老虎和那些老虎都高高興興地跳過來，這個一口那個一口，把那怪物啃個稀巴爛。啃完了，都朝初把圍攏上來，拿舌頭舔頭，拿鼻子聞他，拿臉偎他⋯⋯

再說那些炮手們，見初把一出去就沒回來，料想他準叫老虎給吃了。可是第二天晌午，他回來了。大夥都圍上去問他怎麼回事。他就把經過原原本本說了一遍。老把頭聽了，又驚又喜地說：「你們知道那是啥物？那叫羆！三虎出一豹，三豹出一貅，貅再和黑瞎子交配，就生出這麼個怪物。我說這幾天咋沒開眼呀！山裡有了羆，它到哪兒，哪兒的山牲口都逃得遠遠的。想不到初把把這一害給除掉了！」

父子殺貔貅

在長白山區，有父子二人，都是出名的好獵手，一提起這爺倆，人們都翹大拇指。

這年秋天，爺倆又進山打圍了。這一天，他們在一個溝膛子裡遇見了一個地倉子。進地倉子一看，鋪上躺著十二個人，都死了，每個人的腦袋上都有一個窟窿眼兒。爺倆一看，心裡咯噔一下子，情知這裡有說道，這些人八成是被山牲口給害死的。父子二人心裡很是難受，決心為這些獵人報仇，把那個害人的傢伙幹掉。

他們帶上了藥葫蘆，爬上了樹，蹲在樹丫巴上，盯著地面。傍天亮時，冷不丁看見從林子裡竄出一個東西來。這傢伙的個頭比老虎大，比老虎還靈巧。這傢伙進了地倉子，轉了一圈又出來了，看見樹上有人，就直奔他們父子二人撲來。到了樹下，大吼一聲，又蹦又跳，往樹上猛躥。

父子二人在樹上作好了準備。父親端起槍，就衝怪物打了起來。兒子就在旁邊給父親裝槍。那怪物上躥下跳，十分靈巧，父親硬是打不中它。打了一陣子，槍砂子打光了，大藥也沒多少了。父子二人這才惶恐起來，急得直跺腳。這時，這怪物躥得更高，撲得更猛，臨末了還在空中「懸」了起來。越「懸」越低，眼看就要把他們父子逮住咬死了。

就在這當兒，父親心裡冷不丁一閃亮，想出個點子來。他馬上把別在後腰帶上的煙袋抽出來，「卡巴」一聲把煙袋桿撅折了，把銅煙袋鍋和銅煙袋嘴裝進槍筒子裡，把大藥裝得足足的，安上卡火帽，瞅那傢伙「懸」過頭頂時，照準它的肚攘子狠狠抓了一火，只聽「當」一聲山響，那傢伙「嗷」一聲大叫，「撲通」一聲跌落在地上，死掉了。

父子二人爬下樹來，把那怪物運回家，剝了皮剔了骨。皮和骨都賣了個好價錢。收購山貨的老客說，這怪物叫貔貅。三虎出一豹，三豹出一貔貅。貔貅

最凶狠，專吃人和獸的腦子。貔貅骨比虎骨的藥勁還大，貔貅的皮更是無價之寶，穿上用它縫的衣裳，冬不冷夏不熱。貔貅的肉還能治百病。

海南張殺熊

　　早先年，長白山裡有個黑瞎子窩，裡邊的黑瞎子可多了，還有兩個黑瞎子精，公的叫「大老黑」，母的叫「黑天雲」。這些傢伙到處禍害人：種的苞米還沒等成熟，牠們就給掰了；進山挖藥草揀蘑菇，叫牠們遇上了，就給舔傷了；打圍的遇上牠們了，牠們就結夥聚堆，把打圍的按倒了，把槍奪下攢碎了，人也給啃了。那陣子，一提起黑瞎子窩，獵手們都從心裡打怵。

　　這一年，來了一個炮手，外號叫海南張，聽說這事，就說：「我就不聽這個邪！讓我看看去！」

　　海南張原籍山東，在家鄉過不下去了，就闖了關東。雖說他長得瘦乾牙兒的，可渾身像塊鐵似的，淨是力氣頭。他平素喜好刀槍，愛好打圍，是個出名的獵手。鹿下水走上幾十里，他在水裡也能看清溜子追上去；大葉子[1]在樹尖上飛躍幾十丈高，他站在高處一撒目，就能盯住逮到它。

　　海南張來到黑瞎子窩，天天下地槍、挖地窖、下套子、支夾子，再加上刀扎槍打，一頓傢伙就把個黑瞎子窩攪得天翻地覆。黑瞎子都走死逃亡，再也不敢聚堆禍害人了。可就是總也沒見到那「大老黑」和「黑天雲」。

　　落雪後的一天早上，他又去碼蹤了。在一個溝膛子裡，見到一個黑瞎子的腳溜子，老大老大的，足有二尺長，從這腳蹤看，這黑瞎子的個兒可夠大的了。於是，他就更起勁地追了下去。追著追著，腳溜子斷捻了，他四處一打量，呵，黑瞎子進倉了。在他跟前有一棵五六摟粗的空筒子楊樹，樹當腰有一個大窟窿，從窟窿裡還往外冒白氣，樹皮上還有野獸新抓撓的爪印。海南張要掏倉了。他擷下一根乾柴棒子，對著樹筒子「嘭嘭嘭」地敲打起來，只聽裡面嘩哩嘩啦響。他趕忙操起槍，跑出幾十步遠，端起來，對著那樹窟窿比量上

1　大葉子──即紫貂。

了。可是足有一袋煙的工夫，那傢伙還是不出倉。沒法子，他又去「叫倉」。怎麼敲打樹筒子，黑瞎子也不出來。海南張心裡想：「這傢伙真鬼啊！你不出來，我就用火熏！」

他拿手斧在樹根部位鑿了個小窟窿，又劃拉一些乾柴棍子堆在窟窿眼兒上，就點著火了。他摘下帽子當扇子，呼呼地扇著，好把煙火扇進樹筒裡。忽然一隻毛茸茸的大爪子打窟窿眼裡伸了出來，抓住了他的衣裳襟。海南張操起斧子使勁兒砍下去，一傢伙就把這只熊掌剁下來了。只聽樹筒裡嘰哇亂叫，嘩啦嘩啦直響。海南張躥出幾十步，端起槍來。可是黑瞎子已經跳了下來，吱哇叫著，朝他撲來。海南張等它靠近了，就朝它前懷打了一槍。這一槍打得真準哪，黑瞎子的前胸立時開了花，通紅通紅的血水像泉水一樣，射箭似的往外冒，心肝五臟也淌了出來。可是這個傢伙全不在乎，拿爪子把心肝腸肚揎進腔子裡，隨手薅了一把草塞住傷口，又呲牙瞪眼地朝他撲來。這工夫海南張又裝好了槍，照它的腦瓜蓋開了一槍。那傢伙身子一斜歪，又朝他追來。

海南張轉身就跑，黑瞎子在後緊緊地追趕。他知道黑瞎子眼發直，你照直道跑，它非追上不可；你要是繞圈兒跑，它就沒轍兒了。海南張圍著老楊樹筒子跑，黑瞎子就在後面追。繞了兩圈，海南張又裝好了槍，轉身朝黑瞎子迎去。他跟黑瞎子只有六七步的距離了，可是他心不慌手不顫，照準黑瞎子胸脯上一撮白毛的地方就開了一槍。黑瞎子「嗷」一聲慘叫，「撲通」一聲，跌倒地上。海南張上前一看，是個公黑瞎子，毛梢都變白了，眉毛有半尺長。他心下道：「這準是大老黑了！」他立即抽出快當刀，劃開黑熊的胸膛，摘下膽來。那膽油光紅亮，足有一斤重，是個銅膽。

他掏出煙荷包，裝上一袋煙，坐在大老黑的腦袋上，剛想打火鐮，忽然看見打林子裡走出一個人來。他細一打量，是個老太婆，長得又粗又肥，渾身漆黑漆黑的。老太太來到近前，還沒等他詢問，就先開了腔：「我找當家的回家吃飯，你見到沒有？」邊說邊往他身前湊。海南張一看不妙，操起槍叫開大狗，就站起身來。只見老太太肩膀一抖，立刻就變成一隻大黑瞎子，惡狠狠地

朝他撲來。

這工夫，海南張的槍也響了，槍砂子正好射在黑瞎子的腦袋上，黑瞎子的腦袋像個血葫蘆，身子搖搖晃晃，又向他撲來。還沒等海南張裝好槍，它已經躥到面前了。海南張就手甩掉獵槍，赤手空拳地跟黑瞎子撕打起來。他兩隻手像鉗子，死死扣住黑瞎子的嗓子眼，黑瞎子就撓他的臉，抓他的胳臂。一陣工夫，他也變成個血人了。還是黑瞎子力氣大，把他按倒了，壓在屁股底下，粗聲粗氣地說：「再叫你殺俺們！再叫你殺俺們！」

海南張的身子就像壓著一盤石碾子，透不過氣來。黑瞎子使勁兒一坐，他就覺得頭暈眼發花，身上直冒汗。因為黑瞎子的嘴巴叫槍砂子炸爛了，所以就沒啃咬他，他心裡也就算是有了底了。此刻，他把身子挺得又直又硬，大氣不喘，裝成個死人樣子。黑瞎子見他不動彈，就站了起來。把他翻過來掉過去察看著，還搔他的胳肢窩。他緊緊咬住舌頭，才沒笑出聲來。黑瞎子以為他真的死了，照他的腦袋拍了兩巴掌，就走了。

這兩巴掌拍得他頭昏眼花，待了好一陣子才甦醒過來。他偷眼一瞧，見黑瞎子扭扭扎扎走出好遠了。他一個高兒跳起來，拾起槍，裝上火藥和鉛彈子，抄直道跑到一棵大樹後影起身，就等著黑瞎子過來，他好下傢伙。不大一會兒，那隻黑瞎子果然跟頭把式地走了過去。他端起槍，憋了一口氣，照準它胸前那撮護心毛就摟了一火兒。那黑瞎子身子一仄楞，「嗷嗷」叫著，拂拉起長眉毛，四處撒目，要尋找開槍的人。海南張影在大樹後，又裝好了槍，照準黑瞎子的腦袋又摟了一火。這傢伙蹦起老高，又「撲通」一聲掉在地上，吼叫一會兒，就倒了下去。

海南張趕忙上前開膛摘膽。這膽一斤多重，也是個銅膽。

海南張把兩隻黑瞎子運了回去，又到別處打圍去了。

陳老狠獵狐

在長白山老林子裡有個炮手，姓陳，外號叫陳老狠。這人心太狠，打絕戶槍，吃絕戶食，就是剛下生的熊瞎子崽兒，剛睜開眼的虎羔子，讓他遇上了，也絕不放過。

這一天，陳老狠又上山打圍了。在大林子邊上，遇見一隻火狐狸。陳老狠端起槍，瞄上了，一抓火，只見這火狐狸一抖撒毛，啥事也沒有。陳老狠槍頭子硬，隔枝能打鳥，百步可穿楊，眼前這只火狐狸咋就打不著？這時，那隻火狐狸說話了：「陳炮兒，你打不中我，別打了。」

說完這話，只見一流火線，那狐狸就沒影沒蹤。

陳老狠不死心，第二天又來到這地方，又見到那隻火狐狸了。火狐狸說：「陳炮兒，你來了？」

「來了。」

陳炮兒說著，又沖火狐狸連著開了三槍。火狐狸蹲在那兒，抓耳撓腮，在逗他呢。火狐狸說：「陳炮兒，你別跟我鬥了，咱往日無怨，近日無仇，何必呢？」

陳老狠說：「我要剝下你的皮去賣錢。」

火狐狸說：「你實在想要得到狐狸皮，就到嶺前去打疤頭娘們吧。她的皮也值錢。」

火狐狸說完，一流火線，又跑得無影無蹤了。陳老狠就挎著槍來到嶺前，果然見到一隻火狐狸，還領著幾個狐狸崽子。他一槍打死這只火狐狸，一看，腦袋上還有個疤。他又把那些小狐狸崽子全打死了。

得到火狐狸皮就得了唄，可他不，心貪啊，又來到林子邊要打先前那隻火狐狸。他又見到那隻火狐狸了。火狐狸說：「你又來了？」

「來了。」

「那個疤頭娘們不是讓你打死了嗎？」

「打死了。」

「那你還要幹啥？」

「我要剝下你這張火狐狸皮。」

「陳炮兒，你打不到我，快走吧。」

陳老狠一眨巴眼，怪了，火狐狸沒了，面前卻站著一個人，細一瞅竟是他爹。他說：

「爹，你來幹啥？」

「我也不知咋就到這兒來了。」

孫老狠說：「咱回家吧。」

他爹說：「回家就回家。」

陳老狠領著他爹回家了，到了家，對他爹說：

「爹，你就在家待著，哪也別去，誰來找你也別去。你記住了？」

他爹說：「記住了，除了趴炕頭，我哪也不去了。」

陳老狠還不放心，把他爹那屋的門窗釘死鎖牢，這才挎上槍走了。到了林子邊，怪了，他爹的腿腳咋這麼溜道，竟比他走得還快，就站在眼面前。他尋思眼睛花了，就用手背揉了揉，細一打量，還是他爹。他心裡想，這準是那隻火狐狸作的妖，就高聲大嗓地說：「是我爹我也要開槍了！」

他瞄準了，一抓火，槍響了。跑上前去一看，地上躺的那個人像血葫蘆似的，一口一口地直捯氣，細一瞅，正是他爹。他扳起他爹問：「爹，你怎麼到這來了？」

他爹有氣無力地說：「我也不知咋就到這來了。」

說完這話，腦袋一耷拉，嚥氣了。陳老狠放下他爹，著急忙慌往家跑，進屋一看，門窗大敞大開，家裡什麼也沒見少，就是沒了他爹。

陳老狠沒打到火狐狸，反倒搭上爹的一條老命，他憋氣又窩火，一股急火攻心，一口氣沒上來，活活地窩囊死了。

小黃和小青

從前，長白山裡有個獵人，馴養一條黃色獵狗。這狗身子健壯，四肢有力，可以追得上梅花鹿，遇見虎豹也敢下口咬。獵人很喜愛它，起名叫小黃。

獵人去打圍，走進個狼窩裡，大狼不在，只有一隻小狼崽，一尺多長，青色的茸毛光滑柔軟，挺招人稀罕的。獵人不忍心殺死它，就抱回家，天天餵養馴練，還給它起名叫小青。

小黃和小青一起睡，一起上山打圍，不過二年，也變成一條出色的獵狗。

這一天，獵人去打鹿，鹿沒打到，天也晌午了，又乏又餓，還沒帶乾糧，只好暫且在大樹下歇息一會。他薅幾把乾草鋪在地上躺下來。小黃和小青一左一右地守護著他。獵人很快就睡著了。睡得正香，忽然被吵醒了，睜眼一看，小黃正對著小青大聲吠叫著。他以為它倆打架了，就喝止了小黃，又睡下了。剛睡沉，又被吵醒了，還是小黃對著小青叫。他心裡犯疑惑，喝住了小黃，躺下來，裝作睡著了。只見小青站起來，走到他跟前拿尾巴搔他的臉；小黃一高躥起來，對著小青大聲吠叫著，獵人看準了，站起來，厲聲說：「走，回家去！」

到了家，獵人燉了兩盆肉，端到狗跟前，說：「吃吧！」小青和小黃吃完了，獵人就對小青說：「可惜我待你一片好心了，你還要吃我！我不忍心打死你，你就離開我走吧！」

小青羞答答地走了。獵人照舊進山打圍。

第二年，三四月間，獵人去打茸角，在一條溝膛子裡遇上了狼群，十幾條狼把他圍住了。獵人很勇敢，槍法也准，加上小黃一旁勇猛助戰，一陣工夫，就把狼打得死的死逃的逃。末了，就剩下一條大青狼了。這傢伙又奸又猾，槍打不中，刀捅不著，乘獵人裝槍餵藥的當兒，一個高躥上來把獵人撲倒。小黃一看不好，衝上來一口咬住狼的脖頸。狼扔掉獵人又跟小黃撕打起來。獵人站

起身端著槍，乾著急，不敢摟火。還是狼的力氣大，把小黃按倒了，咬住了小黃的咽喉。獵人往細一打量，這狼活像小青，就說：「是小青嗎？」大青狼聽了，扔下小黃，直奔他逼來。獵人再一看，果真是小青，就說：「小青！我把你養大，放你逃生，你還要傷害我嗎？」大青狼全不理會，還是瞪著紅眼，惡狠狠朝前湊。獵人的槍端起來了，在狼縱身猛撲的當兒，槍響了，狼也應聲倒下。

　　獵人趕忙去看小黃，小黃瞪著亮亮的眼睛，早就嚥了氣。獵人又氣恨又難受，狠勁踹一腳死狼罵道：「狼心啊狼心，多咱也不會改！」

肖炮兒殺熊

早些年，山東家有個姓肖的後生，自幼喪父去母，無家無業，天天給人家打短工賺碗飯吃。這人肩寬腰圓，丈二個頭，臉膛紅黑，力大無窮。可這又有啥用呢？他都二十多歲了，還單身一人，天天吃不上一頓飽飯，整年穿不上一件囫圇衣裳。聽人家說，關東山的光景好混，他就一橫心，闖了關東。

到了關東山，就在一個圍幫裡落了腳。他為人正直憨厚，又肯上心學武藝，不上數月，就練就了一手好槍法。

正是打茸的時候，老炮頭對他說：

「肖炮兒，平素上你的槍頭子挺硬的，今兒個賣賣力氣，你到東大溝去坐圍，要穩住神，不到十步以內別抓火[1]！」

肖炮兒答應了。

炮手們都撒好了槍，趕仗子[2]的敲木梆子打銅鑼，又喊又叫。飛禽走獸滿山滿野地亂飛亂跑。炮手們的老火槍叮叮噹噹地響著。

說也奇怪，獨獨肖炮兒坐圍的地方，禽鳥不飛，走獸不動。肖炮兒急得直跺腳，就是撈不著開槍。正在這當兒，只聽「嗚」一聲叫，颳起一陣狂風，就見從樹林子裡竄出一隻頭排老虎來。肖炮兒乍開始打圍，沒見過老虎，以為來的是狸花老貓呢，端起槍正要給它一炮，忽又想起老炮頭囑咐的話，就穩住神，瞄了起來。老虎越走越近了，離他只有十多步遠了，他站起身大喝一聲，正要抓火，豈不知老虎更為機靈，一縱身懸起空，撲了過來，就勢把他按倒在地。肖炮兒扔下槍，就跟老虎舞舞扎扎撕打起來。從頭午一直打到日頭卡山，老虎累得呼哧帶喘，他也累得腰痠腿疼。只聽老虎吼叫一聲，跳出圈外，朝他

1　抓火──早先年用火繩引爆，稱為「抓火」。
2　趕仗子──獵人行話。狩獵時有蹲垛（坐圍）和趕仗子之分。趕仗子即驅趕野獸。

作作揖，並磕了兒個頭，就「嗚」一陣風跑掉了。

肖炮兒回到地窩棚，已是點燈以後了。炮手們打了不少茸角，早就回來了，不見肖炮兒回來，大家正在著急呢。肖炮兒見了大家，就把打「貓」的經過說了一遍。大夥說：

「那不是貓，是老虎！」

肖炮兒說：「都說老虎厲害，原來也就是這個樣子！明兒個見！」

半夜，忽聽「咚咚」的敲門聲和「嗚嗚」的吼叫聲。大夥一聽，都嚇白了臉，為啥？老虎來叫門了。

肖炮兒一個高蹦起來，胸脯一拍說：

「我去看看！」

說著，也不顧別人勸說，別上一把短攮子³，拉開門，大步流星闖了出去。

出外一看，正是白天跟他打架的那隻老虎。肖炮兒一看，就氣不打一處來，說：「要打架咱到別處去，省得驚嚇了大家！」

老虎點點頭前面走了，肖炮兒後面緊緊跟著。走出去二三十里路，前面就是一片二茬林子⁴。老虎停下步，朝他搖搖頭，就在他的身邊趴下來了。肖炮兒往前細細一打量，見眼前已打了個又寬敞又平坦的場子：草抿倒了，樹拔掉了。他正在納悶，忽然傳來一陣呼哧呼哧的喘息聲，只見前面一個又高又大的黑東西，正在忙活著什麼。

就在這當兒，老虎「嗖」一聲站起來，朝他點點頭，大吼一聲，就奔那黑東西撲過去了。那黑東西「嗷」一聲吼叫，也奔老虎迎過來。它們兩個就在場子裡打了起來。打了一陣子，只見那虎「嗚」一叫，跳出圈外，又跑到肖炮兒的身後趴伏下來。

3　短攮子──獵人使用的刀具，類似匕首，一般插在靴筒裏。
4　二茬林子──即次生林。

肖炮兒早就看明白了：「老虎打不過這黑東西，到處求援；白天跟我較量，見我力氣大，就請我來了。」於是，他就大喊一聲，朝那黑東西奔去。

　　這個黑東西砣兒重，力氣足，肖炮兒使盡力氣才跟它打了個平頂平。到底是那黑東西能耐大，三舞扎兩舞扎[5]，就把肖炮兒按倒了，騎在他的身上，狠勁兒地墩他壓他，壓得他渾身發麻，喘氣也不勻了。他忽然覺得身子底下有什麼東西硌得他生疼，冷不丁想起來，這正是他帶的那把短攮子。正在這時，老虎又「嗚」一聲撲過來，一口咬住黑東西的後脖頸。那黑東西只好放下他，去與老虎搏鬥。他麻溜把身子一翻，拽出短攮子，照準那東西的心口窩，狠狠地扎了下去。只聽一聲慘叫，那東西躥起丈把高，又「噷通」一聲跌落在地上。老虎撲上去又撓又咬；肖炮兒騎在那傢伙的脊樑上，掄起鐵錘似的拳頭，朝那傢伙的腦袋瓜，雨點似的砸了下去。那傢伙的叫聲越來越低，終於長拖拖地倒在地上死掉了。

　　肖炮兒站起身，鬆鬆快快地喘了口氣。這時，天已大亮了，他仔細一瞅，地上躺著的原來是一隻老大老大的黑瞎子，是花腰子貨[6]，毛梢都老白了，足有一千斤。他從黑瞎子的心口窩上拔出短攮子，破開膛，把熊膽摘了下來。這是一隻銅膽[7]，鮮鮮亮亮的，足有一斤重。他站起身剛要走，老虎又用前掌拽住了他，自己趴在地上，朝他點點頭，又往自己的後背望望。他明白了老虎的意思，就騎在老虎的背上，往回走了。不大一會兒，他就來到地窩棚跟前。老虎趴下身子讓他跳下脊背，又朝他作作揖，磕了三個頭，才走掉了。打這以後，老虎天天晚上給他們送野物，不是野豬，就是馬鹿，一連送了好些天，直到他們打完茸角下了山為止。

5　舞扎──東北方言，即撕打搏鬥的意思。
6　花腰子貨──指黑熊腰有一條白色絨毛，這樣的熊一般都個頭大，性情兇猛。
7　膽──熊膽分銅膽、草膽和鐵膽三種，銅膽呈暗紅色，品質較好，鐵膽、草膽呈暗黑色或草綠色，品質次之。

老炮頭殺黃狼

從前，在長白山裡有這麼一個圍幫，共七個人，進山打紅圍，炮頭姓江，是遠近聞名的老炮手。雖說都快七十了，卻還是眼疾手快，腿腳利落。其餘六個炮手都是毛頭小夥子，所以從吃飯睡覺到碼蹤撒槍，全靠他一個人張羅。

這一天，他們打了一副茸角，早早地收槍回地窩棚。跑了一小天，又累又餓，急忙吃了點飯，大夥就拾掇拾掇睡下了。六個炮手，都頭朝外躺下了，江炮頭卻大頭朝裡躺下了。

六個人呼呼睡著了，江炮頭不敢睡，老是想心事。剛才回來，見門口有奇怪的腳印，門外的樹葉也翻動了，好像有什麼東西來過。

正在這夾當，只聽房門「吱嘎」一聲響，房門就大揭大開。江炮頭睜眼一看，一個人走進來了。這人弓腰駝背，黃眼黃眉黃頭髮，獠牙有三寸長。進了屋就滿處撒目，又撥著手指從炕頭往炕梢數著：「一、二、三、四、五、六。」數完了，眼睛一瞪，自言自語地說：「怎麼少了一個？」於是，又從炕頭往炕梢數起來，還是六個，又自言自語地說：「那一個哪去了？」接著又數了起來。

江炮頭看得真真切切，認定一準是妖怪，就悄悄摸過槍來，叫開大狗，槍筒子伸出被子外，瞅那傢伙數到他跟前的時候，狠狠抓了一火。只聽「當」一聲山響，那傢伙「嗷」一聲慘叫，只見一流火線竄出門外。炮手們都驚醒了，爬起來，揉眼睛的揉眼睛，操槍的操槍，全都毛鴨子了。

江炮頭領著炮手們，碼著血蹤跟去。出去不多遠，就看見地上躺著一隻老黃狼。江炮頭指著老狼說：「打獵這營生，三分槍，七分膽，全靠膽子大。但也不能粗心大意。這不，山牲口無時無刻不在禍害人。」

炮手們都聽江炮頭的話了，打這以後，進山打圍就細心經意了。

圈兒河

　　琿春東南方向的敬信附近有個九道泡子，九道泡子沿兒上，有一個名叫鐵柱的年輕獵手。他是原東海庫雅拉部色勒哩氏的後代，父母早亡，就光棍一個，以狩獵為生。他的箭法好，臂力強，是方圓百里獨一無二的獵手。

　　有一天夜裡，他做了一個夢，見一個黃臉膛的老頭兒走進屋裡，很客氣地對他說：「小夥子，快當啊！」鐵柱趕忙施禮讓座說：「借你老人家的吉言，這些年挺快當。」黃臉膛老頭兒說：「這幾天怎樣？」鐵柱說：「不瞞你老人家說，不知什麼原因，這幾天運氣不怎麼好，射不下一隻飛禽，打不到一隻走獸，我覺得挺背時的。」老頭兒對他意味深長地說：「小夥子，你有膽量嗎？」鐵柱不知他說這話是啥意思，就說：「老瑪發[1]，別的咱不趁，就是多少還有點膽量。」老頭兒說：「當著真人不說假，我就實話對你說了吧。我是一條黃龍，在九道泡子裡住了幾千年了，保佑這一方風調雨順，豐衣足食。可是前些天卻從北冰洋裡竄過來一條白龍，這傢伙要多凶狠有多凶狠，要多歹毒有多歹毒。它蹧踏莊稼林木，禍害生靈，賊拉拉地壞呀！我已經跟它鬥了好些天了。它的能耐跟我差不了多少，我跟它打了個平杵[2]。」鐵柱一尋思，心裡亮堂了，怪不得這些日子九道泡子老是嗚嗚山響，翻波滾浪的。他問老人：「那麼你找我有什麼勾當？」老頭兒說：「我知道你的膽量足、箭法精，特意兒來求你搭搭手，幫幫忙，把這個傢伙除掉！」鐵柱聽了，回答得挺侃快：「中，你說你讓我咋個幫法吧。」老人從褡褳裡掏出一張桃木弓，一支桃木箭，對鐵柱說：「明天正晌午時，我還和它撕打，你站在岸上，盡可以觀看，不必害怕。你就把桃木弓箭準備停當，我在水下把它的腦袋托起，你看見水面上有一個白

1　瑪發——滿語老大爺的意思。
2　平杵——方言，不分上下的意思。

龍的腦袋，你就沖它射箭，一定能把它殺死。」鐵柱滿口答應了，老頭這才走出門去。

鐵柱醒了，方知是一場夢，往炕沿上一瞅，果真放著弓箭。他拿起一看，弓是桃木做的，弦是東海鯨魚皮做的；再看那箭桿，也是桃木的，箭頭上還鑲著一顆山楂大小的珍珠，晶明透亮，閃閃發光。

第二天，鐵柱帶上桃木弓箭，來到九道泡子邊上的樹林子裡貓了起來。九道泡子方圓有二里地，頭幾天荷花還開得正旺。泡子裡的魚可多了，有紅翅鯉魚、鯿花、重唇、哲羅和吉花魚。鐵柱平時想吃魚時，先把灶坑架上火，往鍋裡倒上油，拿毛鉤到泡子裡一甩，就能釣上十斤重的大魚，打了鱗洗了膛，回家下鍋一點不誤事。可是這些天泡子裡沒有魚了，荷花也葉碎花殘。看到這一切，鐵柱真恨透了這條凶惡的白龍了。

正好是晌午頭子，平靜的九道泡子冷不丁皺起波紋，湧起浪花。鐵柱知道黃龍和白龍又要打仗了。他拿出桃木弓箭，左手握弓，右手扯弦，對準泡子比量上了。這時，只見泡子裡波翻浪湧，吼聲震天，一個白色龍頭探出水面。鐵柱往細裡一瞅，這腦袋有碾盤大，兩個犄角有一丈來長，瞪著藍靛似的眼珠，巨齒獠牙，十分凶惡。他被嚇呆了，忘記了射箭。不一會兒，白龍的腦袋又沉入水底。鐵柱這才醒過腔來，懊糟得直拍大腿，腸子都悔青了。

他只好帶上桃木弓箭，喪打遊魂地往家走。回到房裡，沒心思燒火做飯，坐在炕沿上「吧嗒吧嗒」一勁兒抽蛤蟆頭。他抱愧啊，打了這些年的圍，啥樣刁狠凶惡的山牲口沒見到過？他沒怕過，今兒個他卻怕了，多對不住那個老頭兒呀！這時就見那黃臉老頭又走了進來，鐵柱更是吃不住勁兒了。可是老頭兒並沒有惱火，也沒有埋怨他，他用右手捂著左胳膊說：「受了點傷，也沒啥。」鐵柱說：「老瑪發，是我不好，我對不起你！」老頭兒說：「孩子，你應當把打狼蟲虎豹的勇氣拿出來。實話跟你說了吧，自打這條白龍來了以後，山上的野獸讓它吞噬了無數，水中的魚蝦讓它吃了個精光，它還想把我攆走，獨占九道泡子。小夥子，果真這樣，這一方父老鄉親還能活下去嗎？」鐵柱說：「老

瑪發，你放心好了，就是豁出命來我也要幫助你把它幹掉！」老頭聽了，啥話沒說，笑呵呵地走了。鐵柱忽然覺得手指頭麻辣辣地疼，一激靈跳起來，原來是蛤蟆頭火星迸在手背上。他又做了個夢。

第二天，鐵柱起身很早，做好了飯，吃得飽飽的，拾掇停當，又奔九道泡子走去，在泡子邊的樹林裡藏起來。正晌午時，九道泡子裡又揚波攪浪了。不一會兒，那白龍的腦袋又露出水面。這時，鐵柱早已準備妥當了，他扯滿弓，照準白龍的腦袋，「嗖」一聲射去一箭。這箭射得真叫准啊，箭頭從左眼睛射進，從右眼睛飛出。只聽「嗚」一聲慘叫，立時昏天黑地的，九道泡子掀起幾十丈高的波濤。這白龍疼痛難禁，又沒了眼睛，就瞎碰亂撞起來。黃龍又掐住它的脖子不放，想活活把它整死。白龍使出全身力氣，掙脫了黃龍，衝出九道泡子，用腦袋拱地，大估影[3]地朝圖們江跑去。它想順圖們江奔摩闊崴子，再回北冰洋。可是因為它沒了眼睛，瞅不準方向，所以就曲裡拐彎地亂跑起來。從九道泡子到圖們江才十來里路，它卻折了九十九道彎。可是當它進入圖們江以後，力氣用盡，箭傷發作，在江裡折騰一陣子，號叫一聲死掉了。它走過的路，形成一條河，人們就叫圈兒河。不信你去看看，河床是紅色的，那是白龍的血水給染的；在圖們江左岸，有一條長長的白沙坨子，人們都說這是那條白龍的屍體化成的。

打這以後，這疙瘩又風調雨順了，九道泡子裡又開起嫣紅嫣紅的荷花，又繁生出金翅鯉、重唇、鯿花、哲羅和吉花魚。濱海一帶的山山嶺嶺、溝溝岔岔裡，野牲口又繁殖起來了。人們又可以歡歡樂樂地捕魚、打圍和種地，日子過得好起來了。

3　大估影──方言，大約摸、大其概的意思。

西柳河的傳說

新民縣內有一條河，叫西柳河。

西柳河內有很多魚蝦，都活得挺自在的。內中有一條小泥鰍魚卻活得不安分。它覺得日子過得太平淡，有些起膩。見別的生物都受了封得了道成了仙，它也想去討個封。於是它就來到京城的皇宮裡，向皇帝討封。

皇上打眼一瞧，是條小泥鰍，心中暗生輕蔑：你個小泥鰍也想翻大浪，可笑不自量力，就說：「你個小泥鰍，就任由你隨便活動，看你能咋的。」

小泥鰍當下就叩頭道：「謝主隆恩！」

牠沒封什麼官職，還蒙受侮辱，心裡很生氣，又一想既然皇上任由我隨便活動，我就活動活動給你看。

小泥鰍成了精，真就活動起來。於是每到雨季，它就興風作浪。這下可苦了西柳河兩岸的黎民百姓。地方官也治服不了小泥鰍，就奏請朝廷。皇帝見報，後悔自己一時失言，釀成禍害，也是乾著急，沒辦法。是呀，自己雖說沒封它什麼神靈，卻說過任由它「隨便活動」呀！皇上是金口玉牙，說出去的話不能隨便收回來。他也犯了愁。

老百姓得活命呀！皇上沒辦法，就自己想轍。他們四處訪探，想找個能人來治服這小泥鰍精。

恰在這時，來了個南方人，說是能治服這條小泥鰍精，為民除害。但有個條件，要找一個膽兒大的人做他的助手。

這樣的人還真就找到了。一個自稱王大膽兒的人自告奮勇，找上門來。王大膽兒隨同南方人來到西柳河岸。他們在一個水深浪急的地方停下腳來。南方人眼睛毒，看準了小泥鰍精就潛藏在這個深潭中。他決定就在這裡降妖捉怪。

他看了一下地形水勢，就對王大膽兒說：

「我下去之後，要和小泥鰍精打鬥。我三次往水面上伸出手來，你在岸邊

要三次往我手裡遞東西。第一次，你要把劍遞給我；第二次，你要把刀遞給我；第三次，你要把戟遞給我。你聽懂了嗎？」

王大膽兒一尋思，這還不簡單，就滿口答應著：「只要你伸出手來，我保證把兵器遞上去。」

南方人還不放心：「不管我手有多嚇人，你可千萬要遞上啊！」

王大膽兒看一眼南方人，見他的手與普通人的手沒什麼兩樣，就信心十足地說：「你就放心下水吧，保證沒帽！」

這個南方人這才下水了。

頃刻間，只見西柳河翻波滾浪，濤聲轟鳴，喊殺之聲從水下傳來。

王大膽兒見此情景先自怯了三分。

不一會兒，只見水下伸出一隻手來。

王大膽兒沒忘了南方人的囑咐，麥著膽子，先把劍拋下河中，那劍正正噹噹就落在南方人的手中。

那隻手又沒入水下。

水下又傳來嘶叫聲。

這時水面霧氣罩罩，波浪像開了鍋。王大膽見此情景又怯了三分。

不一會兒，只見水面又伸出一隻手來。王大膽一見這手，雖說是人的手，卻見手背上長著一層黑黑的絨毛。

王大膽兒暗自詫異，但還沒忘南方人的囑咐，硬著頭皮，把刀拋進河水裡。那刀也正正噹噹地落在南方人手中。

那隻手又沒入水中。

水下又傳來驚天動地的嘶叫聲。

這時波浪滔天，陰風陣陣，寒氣襲人。王大膽兒見此情景又怯了三分。

他挺不起腰桿，只能蹲在河岸邊，瞅著河水發呆。

不一會兒，只見水面上又伸出一隻手來。王大膽兒一看，這手有磨盤那麼大，上面佈滿長長的黑毛，毛管還漓漓落落滴著鮮血。

王大膽兒嚇破了膽，「啊」地喊了一聲，就栽倒地上，昏迷過去。

那隻大手在水面上舞動很長時間，王大膽兒已不可能拋出那把戟了。這時只聽水下悽楚地哀號一聲，那隻手就沉入水下。接著就從水下湧出殷紅殷紅的血水。

風平了，浪靜了，滿河的血水湧流著。

王大膽甦醒過來，見此情景，嚇得面無人色，跌跌撞撞地跑掉了。

那個南方人再也沒有走出西柳河來，人們都說他是讓小泥鰍精吃掉了。

人們又說，那個南方人不知是哪路神仙，由於王大膽兒的失誤，敗死在小泥鰍精手下。

人們的幻想徹底破滅了。年復一年，代復一代，西柳河年年都受水害。人們都懷念那個南方人，埋怨王大膽兒，恨透了小泥鰍精。

渤海王子與琵琶姑娘

　　不知道是渤海國的哪一代郡王，也不知道是唐朝的哪一代皇帝，反正這是很早以前的事情了。當時，人們只知道在忽汗河[1]的上游，在畢爾騰海[2]邊的渤海國，是唐朝的一個屬國，那時稱做忽汗州；渤海國的國王被唐朝皇帝冊封為渤海郡王。這一天，是個數九隆冬的冷天氣，渤海郡王正坐在上京龍泉府的都城──紫禁城內的宮殿的御榻上，一邊烤著柞木炭的火盆，一邊皺著眉頭想心事：黑水靺鞨至今不見派人來朝納貢品，為這個事，他心裡是老大的不高興。

　　原來，黑水靺鞨是東北方向的望建河[3]兩岸的一個很大的部落。它的酋長被中原大國唐朝的皇帝賜為李姓，封為雲麾將軍，兼黑水經略使。黑水靺鞨幾代的酋長都傾心向唐，年年派遣使臣朝貢賀祚，和唐朝的往來十分頻繁。對此，這個渤海國郡王，十分煩惱。去年，他竟然派出兩萬精兵，對黑水靺鞨發動了突然攻擊。黑水靺鞨沒有防備，所屬十六個部落，被攻陷將近半數。在這兵臨城下的危急時刻，酋長召開了部落長會議，決定採取權宜之計，暫時應允每年向渤海郡王進貢。事情過了一年，黑水靺鞨不僅沒有來送貢品，還派人帶著貢品假道契丹，去了唐朝。渤海郡王一邊生悶氣，一邊尋思道眼，怎樣對付這個黑水靺鞨。

　　這時，走進一個人來，跪在他的腳下，連連磕了幾個頭，爾後說道：「稟報聖王，有事相奏！」

　　郡王一瞅是司藏寺的令承，他的言聽計從的心腹慕阿利蒙，於是便換成一副笑模樣說道：「平身，快稟報吧。」

1　忽汗河──即現在的牡丹江。
2　畢爾騰海──即現在的鏡泊湖。
3　望建河──即現在的黑龍江。

慕阿利蒙又磕了三個響頭，站起身來，一鋪一節地述說起來。

事情是這樣的：近幾天慕阿利蒙指揮眾奴僕清理王宮的府庫，在東廂房的旮旯裡，發現一個檀香木的盒子，打開一看，裡面裝著一個物件，任誰也認不出是什麼東西，於是就來向郡王稟報。

郡王命令馬上把這個物件呈上來，他要看個究竟。

慕阿利蒙向身後一擺手，一個手捧茶色漆木盒的奴僕來到郡王面前，雙膝跪地，雙手把木盒舉過頭頂。慕阿利蒙就勢揭開木盒的蓋子。郡王細細看了一陣子，直閂搖頭，這個物件活像一隻長頸蜘蛛，頭頸部繃著四根絲絃。郡王好生納悶，他要解開這個謎團，當即傳下命令，立即召集文武群臣上殿議事。

不大一會兒，文武大臣齊刷刷地排列在左右兩側。郡王讓奴僕捧著這個東西，在大臣們的面前走了一趟，大臣們直白瞪眼珠，都回答不上來。郡王十分惱怒，喝道：「都是些廢物！蠢材！」

這時，從班中站出一個老瑪發[4]，跪在郡王腳下，叩拜後說道：「聖王，為臣不敢實說！」郡王一看，是政堂省的大內相薩勃味。這人雖說官居要職，卻很清廉，心向唐朝，郡王早就看他不順眼了，想找個由子把他罷免，換上他的意中人慕阿利蒙。他見薩勃味吞吞吐吐的樣子，鼻子一哼說：「赦你無罪，據實說吧。」於是薩勃味就說出這個物件的來歷：

「基下，這是一件樂器，名叫琵琶，原出中原大國。那還是中原君主封我渤海第一代郡王以後不久，我國的一個王子去中原學習，他飽學了中原文化，回來時中原君主親賜兩把琵琶和兩名善奏琵琶的宮女。以後，一個宮女因思鄉念親，憂患成疾，不久就離世了；另一個宮女由當時的太妃做主，下嫁給臣子的高祖父。這位宮女徵得當時郡王貴妃的恩准，把心愛的琵琶帶到了臣子家裡，所以至今臣子家裡還保留一把琵琶，跟聖王的這一把是一模一樣。」

郡王問：「你們家有會彈琵琶的嗎？」

4　瑪發──滿語為老大爺、老人家的意思。

「有，就是臣子膝下的沙拉干居[5]，名叫諾婭。」

郡王十分高興，傳下命令，讓諾婭馬上到宮殿來，彈奏琵琶。

諾婭穿戴洗漱停當，騎上家養的扶餘馬鹿，穿過紫禁苑，不一會就趕到宮城門外的五鳳樓前，跳下馬鹿，步行到宮殿前的丹墀下面。

這姑娘油黑的髮絲披在肩上，粉紅色的彩帛衣裙拖地，懷抱一張琵琶，來到宮殿上，跪在郡王面前。郡王見她長得俏麗，心裡也覺快意，就說：「聽你阿瑪[6]說，你會彈琵琶。

你就彈上一曲嘛，讓我和眾位大臣飽享一下耳福。」

諾婭側轉身子，席地而坐，調了調琴絃，輕輕彈撥起來。啊，她彈奏的是從中原流傳來的名曲《漢陽春》。大臣們個個側耳細聽，忘記了這是在宮殿上，好像來到了草木茂盛，花香撲鼻、流水叮咚的山林中……

在大臣的班列中，有個英俊漂亮的青年，他就是當今郡王十分喜愛的大太子大澤淳。郡王已經把他立為副王，待自己百年以後，讓他執掌郡國的朝政。當下副王被諾婭的容貌迷住了，不錯眼珠地瞅著她彈奏琵琶，他簡直是如痴如迷了，自言自語地說：「花兒開了嗎？鳥兒也叫了嗎？中原大地有多好啊！」大澤淳步出朝班，走到諾婭身邊，贊不絕聲地說：「你彈奏得太好了！」

諾婭停止了彈撥，抬頭看了看這個人不禁被他的瀟灑風度吸引住了。諾婭認出大澤淳來，又聽到大澤淳誇讚她，羞得面紅過耳，怯怯地說：「讓王子見笑了。」

大澤淳搶過話頭說：「不，我說的是掏肺腑的話，彈得實在好。我好像真的來到中原大地。將來我一定去領略中原的風光。中原是文明古國，禮儀之邦，是我們效仿的榜樣。我們海東盛國自古就傾慕華風。我們跟中原本是一家，我們應當同心合力，建設好華夏之邦啊！」

5　沙拉干居——滿語為女兒的意思。

6　阿瑪——滿語為父親的意思。

大澤淳忘情地談著，諾婭屏聲靜氣地聽著。他倆都忘了這是在莊嚴肅穆的宮殿上，也沒有察覺到有多少雙眼睛在注視他們，多少雙耳朵在聽他們談話。

大澤淳和諾婭的舉動和表情，慕阿利蒙看在眼裡，急在心上。原來他有個妹妹，貌不出眾，才華平庸，可是慕阿利蒙想要攀個高枝，早想把妹妹嫁給大澤淳，將來大澤淳當上郡王，政堂省大內相的美差可就是他的了，那榮華富貴也就不必細說了。眼下副王和諾婭這樣親密熱乎，他怎能不著急心煩？眼珠子一轉，就想出個主意來。他湊近郡王的耳邊，小聲嘀咕道：「聖王，她彈奏的可是中原之聲啊！」郡王不明他的意思，便回答道：「對，正是！」慕阿利蒙說：「聖王多次發誓，要脫離中原，擴展勢力，稱雄北地！」郡王還是沒回過味來，說道：「對，一點也不攙假。」慕阿利蒙乾脆挑明了：「既然這樣，我們北國豈能容許中原之聲流播？北國百姓，向來就好效仿中原，禁之猶恐不及。如今讓這妖冶女人彈中原之聲，發中原之情，擾亂視聽，煽惑人心，聖王實在應當防範啊！她彈奏的這支曲子，軟綿綿輕飄飄的，兵士聽了，不思干戈，戰馬聽了，不欲奮蹄，聖王又怎能聚集兵馬，席捲北地，背離中原，然後成大業？」郡王聽了，身子輕微顫慄一下，心裡話：「這慕阿利蒙真是高見啊！我怎麼沒想到這一層？」他一邊捋著八字鬍鬚，一邊問：「依你看，該如何發落這個女人？」

慕阿利蒙奸笑一聲說：「驅逐出去，永遠不許她靠近都城，不就一了百了嗎？」

郡王沉吟片刻，連連點頭。慕阿利蒙見時機已到，就高聲嚷道：「肅靜，郡王有旨！」

郡王清了清喉嚨說：

「這琵琶乃是來自中原的妖物，這曲子也是來自中原的穢靡之音。今後凡我臣民，一律不許彈奏琵琶，更不許演奏《漢陽春》！有違反者，定當重罰！」

聽了這話，大澤淳和諾婭都很吃驚，文武大臣們也都直晃腦袋。他們對郡

王的決定，既不理解，也不滿意。

　　但是，從這一天起，大澤淳和諾婭就好起來了。他經常微服出行，來到諾婭的家裡，和諾婭相會。每次相會，諾婭都給大澤淳彈奏琵琶。他們朝夕相處，感情越來越深了。在一個花前月下的夜晚，大澤淳激動地把一枚羽毛插在諾婭的頭髮上[7]，諾婭一頭撲在副王的懷抱裡。他們就這樣定情了。

　　這一天，郡王又召集群臣商議征討黑水靺鞨的事情。大內相薩勃咮起身進諫道：「十多年來，戰端頻仍，烽煙瀰漫，黎民百姓不堪荼毒；況又孤師遠懸，勞民傷財，迄難成功，望郡王熟思明斷。如能化干戈為玉帛，耕田驅策戰馬，煉鐵熔化刀槍，使民休養生息……」他的話還沒說完，郡王就「嚎」一聲吼叫起來：「降服諸部，橫掃賊氛，稱霸北地，抗衡中原，本王已心明力定，這是既定的國策！今後有誰膽敢多喙謗議攻訐征戰者，本王絕不饒恕！」

　　「慢著！」郡王的話音剛落，從朝班中又站出一人來。郡王一看，是自己的太子大澤淳，心下老大不自在，帶搭不理地說：「你有什麼事？」大澤淳搶前一步，跪在郡王面前說：「父王，適才瑪發所言，不無道理。幾年來攻城略地，燒殺無數，實在是耳不忍聞，目不忍睹啊！我們與周圍各部落本應各守本壘，親睦相處，庶幾方可海清河宴，四方樂業。似這等廝殺格鬥，往還不已，終無寧靜之日，一害黎民，二害社稷。再則說唐朝乃是中原大國，兵強力勝，又是禮儀之邦。從前，高麗國王，利慾薰心，不自量力，統率幾十萬人馬，和唐軍作對，結果被打得落花流水，一敗塗地。殷鑑未遠，不可重蹈覆轍。我們應當盡心竭意，與唐朝交好，與中原父老兄弟攜手並肩，共建大業。望父王以百姓為懷，以華夏為重，急思變計……」

　　慕阿利蒙早就得悉大澤淳和諾婭相愛，現在就乘機向郡王獻計說：「副王年富力強，正是建功立業的好時光，萬不可飫甘厭肥，貪圖安逸，不思寸進，無意征伐；果真如此，聖王的宏圖何以得展？海東盛國也難以安寧呀！」郡王

7　搶妻時代遺風，「男以羽毛插女頭，女如持歸，然後致禮聘之」。

連連點頭，把大澤淳叫到面前說：「大澤淳，你的年歲已不小了，不趁現在建功樹勳，將來怎能承擔攝國大任？本王命你帶領左右虎賁將軍和熊衛羆衛將軍，並士卒一萬，不日出境，前去攻打黑水靺鞨。黑水部不征服，決不能收兵。等到班師奏凱時，本王當從厚犒賞眾位將校士卒。望我兒悉心戮力，馬到成功！」

大澤淳只好勉強從命。這一天，他率領隊伍，起身登程了。隊伍越過紫禁苑、八寶琉璃井，踏上九孔石橋，諾婭的住處就在這附近。大澤淳站在橋上，手扯馬韁繩，望著諾婭的木樓，熱淚滾落到臉腮上。他心情抑鬱，真想痛痛快快地大哭一場。突然，耳邊響起琵琶聲，循聲望去，窗戶上閃出了諾婭的身影。她已經打開窗扇，冒著寒風，一邊朝他點頭，一邊疾快彈撥琵琶。這琴音他是多麼熟悉啊！他站在那兒，一動不動地品味著。出征的隊伍都停止了腳步，側耳細聽，有的在彈淚，有的在哽咽。直到日頭偏西了，大澤淳才對木樓招招手，揚鞭策馬，帶領隊伍，向東北方向走去。

但是，戰事很不順利。渤海國的人馬本來就不願出征，自然沒有鬥志；而黑水部落卻早有防備，他們為自己部落的生存，個個驍勇異常，拚力死戰。渤海軍被打得稀里嘩啦，死傷過半，又有許多士卒被俘。大澤淳只帶領百十騎乘，倉皇逃回。

郡王十分惱怒，下令把大澤淳軟禁在玉璧宮裡。慕阿利蒙對郡王說：「副王兵敗如山倒，真有些蹊蹺。聽說副王始終迷戀那個妖婦。就是臨出征那天，他倆還是卿卿我我的，彈琴傳情，揮淚哀嘆。這樣的隊伍，一經陣戰，還能不敗北？英雄志短，兒女情長啊！美人誤國，不乏其例呀！」

郡王皺眉思忖一會，就傳令召見薩勃味。薩勃味到了宮殿，郡王問：「你知罪嗎？」薩勃味說：「臣不知何罪。」郡王說：「你那不肖之女，用中原妖物，發中原靡聲，誘惑副王，撼動三軍，致使這次征戰一敗塗地，這不是滔天之罪嗎？」

薩勃味明知道郡王這是在找邪火，可是他的話就是法令、聖旨，誰敢違

抗？他只得匍匐在地，叩頭道：「臣願聽郡王發落。」郡王說：「念你是世代功臣的子孫，本王擬從輕發落，將你削職為民，你的不肖女兒馬上離開京師，永遠不許返京！」

薩勃味滿含著悲憤，回到家裡。他哭著把郡王的決定告訴了夫人。夫人聞知，氣得號咷大哭。諾婭聽到阿瑪和額娘（母親）的啼哭聲，來到父母的屋內，幾次發問，兩位老人只是淚如泉湧，就是不肯說實話。三星打橫了，夜已交三更了，實在不能再拖延下去了，阿瑪狠狠心，把郡王的決定告訴了諾婭。想不到諾婭聽了，反倒哈哈大笑起來：「這個，兒早已料定。可惜大澤淳未臨王位，力難從心，兒也不抱什麼奢望了。只要副王平安無事，兒願隻身孤影，了此一生。兒就要離開額娘的懷抱，阿瑪的膝下，最後只有三點請求，希望二老能答應。」

「你說吧，阿瑪一定答應。」

「第一，我要隨身攜帶心愛的樂件——琵琶。」

「這個一定。」

「第二，我要騎上那匹心愛的扶餘馬鹿。」

「這個自然。」

「第三，我要把日夜跟我做伴兒的海東青[8]帶走。」

「這個當然。」

諾婭騎著扶餘馬鹿，右臂抱著琵琶，左手托著海東青，來到京城的通衢大道上。她穿著猩紅色綿袍，腳踏猩紅色龍州綢面的木底高跟鞋，圍著紫貂圍脖，通身鮮紅閃亮。她拜別了護國寺、石燈幢等名勝建築後，來到玉璧宮北牆外，把海東青放在鹿背上，懷抱琵琶，彈奏起《漢陽春》來。

大澤淳在玉璧宮裡日夜思念著諾婭，今天，忽然有一股琴音傳進耳鼓，這是他多麼熟悉的琴音啊！大澤淳猛力推開窗扇，向大牆外望去。果然是她，像

8　海東青——一種捕抓水禽野獸的雕，馴養後可成為獵鷹。

一抹朝霞，像一團大火。諾婭也看見他的身影了，她彈奏完《漢陽春》，又彈起自己編作的一支新曲，痛述自己不幸遭遇，抒發對大澤淳的愛戀之情，告訴大澤淳，她被逼無奈，將要隻身浪跡江湖，流落山野。

這一切，只有大澤淳能夠聽得懂，理解得深。他淚流滿面，高聲喊道：「諾婭，我等著你，我的心永遠不變！」她依依不捨地離開玉璧宮，滿臉滾動著淚珠兒向城外走去。

她趟過一條條江河，爬過一座座高山。一路走，一路琵琶聲不斷。這一天，她來到一座高山下，這是不咸山[9]北面最高的哈達瑪[10]。她爬上了山頂，站在哈達瑪上，望著北方和西方。她希望能望見京師，那裡有父老鄉親，有生她育她的阿瑪和額娘，有她的心上人大澤淳。西望中原，她好像看到了中原父老對北國百姓所懷有的骨肉深情。但眼前是降煙起霧的林海，是如波似浪的山峰。狂風夾著雪團，嗷嗷直叫。但她還是不停地彈奏著琵琶。

四面八方各個噶珊的人們搭幫結夥地來看望她，勸說她下山，到噶珊裡去，跟他們共同生活。但諾婭硬是不答應，還是站在哈達瑪上，遙望中原和京師，一往深情地彈著琵琶。附近的一些巴拉人[11]送給她鍋盔、肉乾兒、布匹和獸皮，並在哈達瑪上給她搭了個撮羅子[12]，她就在撮落子裡棲身度日。

一天又一天，一年又一年，人們送來的吃食堆積成山，但她吃不下。她越來越消瘦，越來越虛弱。

有一天，從北方來了一位騎著率賓馬的武士，他自稱是渤海國的義勇將軍，受副王大澤淳的委託，前來看望她，還給她帶來了一些禮物。諾婭又高興又激動，急忙把來人讓進撮羅子裡，詳細詢問大澤淳的情況。來人說，大澤淳

---

9 咸山──即現在的長白山。
10 哈達瑪──滿語為山峰的意思。此山峰即現在敦化市境內的琵琶頂子。
11 巴拉人──指未加入部落聯盟的散逸的靺鞨人。
12 撮羅子──即簡易的馬架子房。

已出了玉璧宮，郡王也沒有廢他另立的意思。郡王衰老多病，大澤淳登基踐位的日子不會太久了。大澤淳還囑咐她，多多保重，到時候一定來接她回京。她高興得哭了起來。送信的人一走，她就打開包袱，裡面的東西真齊全呀。她多少天飯不思水不想，現在她想吃想喝了，她要細細地品嚐一下心上人送來的佳餚。她一邊吃一邊笑，還一邊流著淚。

吃著吃著，她突然覺得噁心頭暈，肚腸絞痛。她明白了，中了奸計了，艾糕[13]裡下了毒藥！她大汗淋漓，胸悶氣短，知道自己是不行了。她對守候在身邊的海東青說：

「我不行了，見不到副王了，你自行方便吧！」

海東青「嘎嘎」長鳴，聲音裡滿含著悲傷和哀愁。

她又對扶餘馬鹿說：「你跟隨我多年，吃了不少辛苦，我去了之後，你也自討方便找一個求生的地方吧。」

馬鹿昂首悲鳴，聲音裡滿含著凄涼和憤怒。

她把琵琶放在身邊，用手摩挲著，在她那長長的睫毛上，掛著兩大滴晶晶瑩瑩的淚珠珠……

這一天，從北方傳來一陣「嗒嗒」的馬蹄聲，一支馬隊踏著雪煙，爬上了哈達瑪，來到撮羅子前。滾鞍下馬，急奔撮羅子走來，為首的一人到了諾婭身邊，俯下身來，高聲喊道：「諾婭，你睜開眼睛看看，你的大澤淳來了。」

諾婭沒有回答，她早已經死去了。

原來慕阿利蒙以為逐走了諾婭，大澤淳就會回心轉意，他就會遂心如願了。哪知大澤淳對諾婭的心一絲兒也沒變。他又惱又恨，想出個毒辣的辦法，派人冒充大澤淳的心腹，毒死了諾婭。他又派人到玉璧宮把諾婭的死訊告訴了大澤淳。大澤淳痛哭流涕，萬分悲傷，發誓今生今世不再聘娶。慕阿利蒙見大澤淳已經鐵了心腸，又想到他心懷漢唐，一朝當上郡王，他是沒有好結果的。

---

13 艾糕——渤海時代的一種糕點。

正好老王病勢轉重，昏昏沉沉的，萬不能錯過這大好時機，就在郡王面前說大澤淳的壞話，建議老王廢黜大澤淳的副王，另立幼王。昏庸糊塗的老王，果真信了他的讒言，將大澤淳副王職位去掉，冊立年紀才十歲的十五太子為副王，並讓慕阿利蒙攝政。但是老王剛剛嚥氣，忠於大澤淳的一些文武大臣，私下放走了大澤淳。大澤淳帶領幾百將校士卒，離開京城，向不咸山奔來。他心裡還存一線希望，他不相信諾婭真的死去了。他要找到她，和她共議大事；即使她真的死了，他也要見上她一面。

但諾婭真的死了。

那隻扶餘馬鹿見到大澤淳，昂首悲鳴，淚流不止；那隻海東青見到大澤淳，「嘎嘎」長鳴，悽楚悲涼。附近噶珊的人們聞訊趕來，把諾婭在這兒的情況，全對大澤淳講了。大澤淳泣不成聲，悲痛欲絕，他對著諾婭的遺體說道：「諾婭，你已先我而去，我活著還有什麼意義？」

他刷地抽出長柄寶劍，剛要自刎，奇怪的事情發生了！諾婭身邊的琵琶忽然鳴響起來。大澤淳舉劍的手慢慢放了下來。他又一次聽到了幾年未曾聽到的《漢陽春》了。那琵琶又唱出一闋短歌。大澤淳把寶劍插入鞘內，自言自語道：「諾婭，你說得對，聯合兄弟部落，依靠中原，剷除內奸國賊，建設好華夏！」

大澤淳把諾婭和那把琵琶就埋葬在撮羅子前面，然後集合人馬，整頓隊容，誓師北上。附近噶珊的許多男女也紛紛趕來，加入了這支隊伍。隊伍走出十多里遠，大澤淳又停下馬來，最後望一眼埋葬諾婭的哈達瑪。他恍恍惚惚地聽到從山峰那兒，又傳來陣陣琵琶聲，那意思，他是清楚明白的：

「海枯石爛，忠貞不變；剷除叛逆，共建華夏！」

從此，這座哈達瑪就稱「琵琶頂子」。每當颱風時，人們就會聽到琵琶的聲音，那是從琵琶頂子傳來的。那麼美妙悅耳，又那麼亢奮激越。人們都說，那是諾婭彈奏琵琶發出來的聲音。

小孩搖車與捆綁手腳

滿族小孩一生下來就坐搖車，母親撫養嬰兒時，都用帶子把孩子的手和腳捆紮起來，還用裝有高粱或蕎沙的硬枕頭給孩子枕上，這叫睡扁頭。為啥有這個習俗？聽說有這麼個故事。

仙女在長白山圓池生下了佛庫里雍順。她不能留在人間撫養孩子，她是仙女，得回到天上，當然更不能把孩子帶回天庭去。

她就扒下樺樹皮，做了個小搖車子，再用籐條纏捆牢固，就把孩子放在搖車裡。於是，滿族小孩就有了坐搖車的習慣。

小孩坐在搖車裡，手腳不老實呀，又蹬又踹的，把搖車弄翻了，不就掉進圓池裡淹死了嗎？於是仙女就從衣服上撕下兩條布帶，把孩子的手和腳捆紮起來。於是，滿族生小孩時，就開始捆紮手腳。這個習俗一直延續到今天，東北地區都有這個習俗。

孩子躺在搖車裡，搖車在水裡老是一頭沉。因為小孩的腦袋沉呀！這不得把孩子淹死嗎？於是仙女就找了塊小木方墊在孩子的腦袋下。這樣，腦袋高了一些，搖車在水裡也平穩了。打這以後，滿族就留下了給初生嬰兒睡扁頭的習俗。

這一切都弄得穩穩妥妥，仙女才放下心來，把搖車放進圓池裡，她自己戀戀不捨地飛回天上去了。

憨王的故事

聽說李成梁當總兵時，修個虎圈，養了些老虎，天天抓一些滿族的小孩子餵老虎。這李成梁可真夠狠毒的了。

這一天，又抓了個小孩來，這就是小憨。小憨才三歲，長得胖乎乎的，又精又靈的，可招人喜愛了。李成梁可不管這些，生撕活拉地把小孩扔到虎圈裡了。在場的人見了這景兒，心裡直折個子，難受呀。可又沒啥法子，這是李成梁下的令，誰若敢違抗，準得腦袋搬家。有個人叫王皋，心術好，又憨厚，想去說情，掂量來掂量去，也沒敢開口，只好眼巴巴瞅著這孩子遭劫難。

可是怪事發生了，那些老虎並不吃小憨，還摟著小憨睡覺哩。第二天又去看看，小憨還趴在一隻母老虎肚子上吃奶哩。

王皋樂顛顛地跑去告訴李成梁，李成梁聽了，沉吟一會兒，心下道：老虎本來是吃人的，今兒個送到嘴邊不吃，還摟著他奶著他，這孩子不同凡響，將來必是大患，他要殺死小憨。

王皋早有心救小憨，只是沒有插言的機會，見此情況，他想了一會兒，就對李總兵：「小孩吃虎奶，吃狼奶，這是常事。虎生了崽子，奶頭發脹，小孩子去吃奶，老虎也就不吃小孩了。」

李總兵聽了，覺得也有些道理，既然老虎不吃他，就把他留下來養育著吧，長大了好幹個營生啥的。

就這樣，小憨撿了一條命。

王皋收下了小憨，精心照料撫養，到底把他養活大了。

所以長白山人都崇拜老虎，稱老虎為山王爺，獵人也不打虎，誰打了虎就不吉利，不是遭災就是攤橫事。

溝鳥、騾子和狗

李成梁要殺小憨，小憨騎著大青馬和騾子逃跑了，他餵養的一條狗也隨他一起跑了。

跑啊跑啊跑到一個地方，大青馬累死了，他又騎上騾子接著跑。這是條母騾子，跑著跑著趴下了，為啥？要下崽子。後有追兵，心急火燎，小憨又急又氣，說：「以後不許你下崽！」他丟下騾子，只好徒步奔跑。

從此以後，母騾子就不下崽了。

小憨跑到一個草甸子，李成梁的人馬眼看快追上了。他只好躺在溝裡，藉著蒿草掩護自己。這時，天上飛來一群烏鴉，落到小憨身上，把他蓋住了。正在這當兒，有一隻鳥叫道：「溝！溝！」小憨又怕又氣，李成梁的兵馬若是聽見了，到溝裡找他，他可就沒命了。他十分恨這鳥，就說：「真不是個物！你只能是百鳥之妻！」於是人們把這種鳥叫溝鳥。這種鳥只是在長白山裡有，比鵝大，肉好吃。自小憨說了這話以後，溝鳥就不分公母了。它落在地上，百鳥在空中飛過，影子碰到它的身子，它就受孕了。溝鳥又肥又大，肉味香美，滿族人都願意捕捉這樣的鳥來燉著吃。

李成梁找不到小憨，就下令放火燒這片草甸子。小憨十分睏乏，此刻正睡得死死的。跟隨他的這條狗叫他扯他，他也不醒，就跑到河裡渾身沾上水，再跑到小憨身邊把身上的水珠撣到小憨的身上。這樣反反覆覆多少次，小憨身邊的草全撣濕了。火沒燒死小憨，這條狗卻累死了。小憨睡醒以後，見此情景，什麼都明白了。他感激這條狗，就用手扒個坑把狗埋上，自己又接著往前逃走了。從此以後，滿族人就不吃狗肉，也不允許戴狗皮帽子的人進屋，尤其不允許戴狗皮帽子的人進西屋。這是因為西屋供著祖宗牌位。

「哼哈二將」顯神威

老沙皇把烏蘇里江以東和南濱海大片土地侵占去了，老百姓知道這碼事，眼珠子都氣紅了。從蘇城大溝，經過海參崴，一直到摩闊崴子這一帶當初都歸琿春協領管轄。這是一塊寶地呀，卻生生地讓羅剎鬼子給搶了去。可是老沙皇的胃口大著哩，他得寸進尺，還想吞併琿春、寧古塔和船廠哩。羅剎鬼子經常從摩闊崴子出來，到琿春一帶殺人放火，姦淫搶掠。咱中國人也不是好欺負的，除了拿土槍土炮跟他們幹以外，地方百姓還自籌經費，買大砲，修砲臺，抵抗羅剎鬼子。

在琿春城住著一個外號叫朗三的小夥子，對修砲臺可熱心了。朗三的家原屬庫雅拉部的鈕呼拉氏，祖祖輩輩在海參崴一帶捕魚打獵。俗話說，打圍靠山，捕魚望海，羅剎鬼子搶占了海參崴，他們一家都不甘心啊！阿瑪和兩個阿烘[1]加入了民眾抗俄隊伍，打死了好多羅剎鬼子。戰鬥中，爺三個相繼犧牲了，連屍骨都沒能收回來，只捎回三根辮子。當時額娘剛生朗三，她痛哭一場，抱著孩子到了琿春城。從朗三懂事那天起，她就給孩子講羅剎鬼子的罪行，講朗氏一家的深仇大恨，教育他長大成人以後，要報國仇雪家恨，一定要奪回江東失地，到祖塋地燒張紙，插炷香。朗三眼含熱淚，連連點頭。

朗三繼承父業，冬天上山打圍，天暖和時就到琿春河、圖們江裡去打魚。他甩懸網可真有點兒硬功夫，網口要圓就圓，要方就方；站在齊脖子深的急流裡，照樣能把網甩出去。他專會打大馬哈魚，幾十斤沉的大馬哈魚，只要扣進網裡，就逃不出去，網衣還不帶撞壞的。

聽說要修砲臺，買大砲，他樂得一蹦老高，把多年積攢的三百弔錢捐了上去。修砲臺這活兒又苦又累，他不嫌乎，自告奮勇地去幹，泥裡水裡地忙活，

1　阿烘──滿語哥哥的意思。

總也不識閒。在琿春城東門和西門各修一座砲臺，那砲臺修得可堅固了。砲臺的台基一丈二尺高，外面還修上土圍子。用煮熟的黏大米攪上石灰和黃泥，築地基打土牆。就這樣足足幹了三整年。

砲臺修好了，又要到船廠去運大砲。朗三心裡樂開了花，一心巴伙地要去運大砲。這兩門大砲可大了，七十二頭牝牛只能拉一尊。人們都喜愛這兩尊大砲，分別給它們起了個怪好聽的名字，一尊叫「哼將軍」，一尊叫「哈將軍」，合起來就叫「哼哈二將」。

這兩尊炮可怪哩，運它們時，弄不弄就耍酒瘋。走著走著，冷不丁就不動彈了，七十二頭牝牛咋使勁兒，甚至牛犄角都抵在地面上了，它蹲在地上，紋絲不動。可是往炮筒裡灌上酒（那酒還不帶灑一點一滴的），炮身馬上就動起來了，七十二頭牝牛拉起來，輕輕飄飄的。朗三跟大夥一起，起早貪黑，風裡雨裡，爬大山過窪地，硬是走了三年，才從船廠運到琿春城。

這兩門大砲一運到琿春城，琿春城像唱大戲一樣，滿街筒子都是人，男公女婦，老人小孩，都從家裡走出來，爭著搶著觀看。「哼將軍」放在東砲臺，「哈將軍」放在西砲臺。安放好了，就開始試炮。裝上十斤藥包，五十斤的鉛彈，「哼將軍」一炮打出九十里，打到岩杵河的後山上；「哈將軍」一炮打出一百多里，砲彈在摩闊崴子裡開了花。老百姓見了，高興得直拍巴掌。

以後，這兩尊炮就交給靖邊軍統領。東砲臺就叫東營，西砲臺就叫西營。自從修上砲臺，安上大砲以後，羅剎鬼子就膽突的，輕易不敢到邊界這邊來挑釁搗亂了。

庚子年的秋天，八國聯軍侵犯中國。駐紮在海參崴、摩闊崴子的羅剎鬼子，趁這個當兒，兵分幾路向琿春打過來了。琿春的黎民百姓放下了秋收活計，也顧不得下河捕魚了，都拿起刀槍，跟羅剎鬼子幹上了。羅剎鬼子自恃他們有洋槍洋炮，越過長嶺子，一窩蜂似的朝琿春城撲來。守衛琿春城的清朝靖邊軍跟老百姓齊忽拉地全上陣了，跟羅剎鬼子打得那才叫勁呢。就在這工夫，設在琿春城的東門和西門的「哼哈二將」響起來了。那炮威力大，打得又準，

炮炮都在鬼子堆裡開花。羅剎鬼子一片片地倒下了。

這時，朗三在東營裡，冒著槍林彈雨，頂著濃煙大火，扛著藥包和槍彈，往砲臺裡邊送。整整一天，他粒米沒沾牙，滴水沒濕唇，累得汗沫流水的，一個藥包十斤沉，他一次能扛三十個；一個砲彈九十斤，他一次能扛三四個，氣不喘，色不改，腿肚子不帶打戰的。他越幹精神頭越足，越幹力氣頭越大。

羅剎鬼子中有個叫庫斯林尼可夫的中校指揮官，揮舞著指揮刀，驅趕著鬼子們往上攻。琿春城裡的土槍土炮「乒乒乓乓」響著，「哼哈二將」轟轟隆隆地吼叫著，打得鬼子血肉橫飛，屍陳遍野，咱中國人見了，可真解恨呀！朗三見了，解開汗褟的釦子，爽心開懷地大笑起來。

正在這工夫，東營的「哼將軍」不響了。羅剎鬼子又衝上來了，這可是較勁的時候呀！朗三急得紅了眼，虎步龍行地闖進砲臺裡，要看個究竟。原來裝藥的布包使完了，現去買布縫製又不趕趟。怎麼辦？能眼睜睜地瞅著鬼子打進來嗎？朗三的眉頭皺成個大黑疙瘩，急得大手掌直搓汗褟的大襟。驀地，他的眼睛亮了，腦子裡閃開了一條縫，辦法有了。他脫下汗褟，把炮藥包上，用魚刀子把心愛的那盤懸網的網繩割下一截，捆上藥包。呵，這藥包比起用針線縫製的還好用呢。砲臺裡的清兵見了，也學他這樣，脫下號衣包裝藥包，再用朗三割下的網繩網衣纏藥包。大砲又響了。這一頓炮打得才叫過癮呢，羅剎鬼子被打死打傷許多，剩下的那些，都夾著尾巴逃跑了。

可是那個庫斯林尼可夫還不甘心啊，他站在琿春城東南方向的碾子山上指揮羅剎鬼子，向琿春城猛攻。在這緊要關節，東砲臺的「哼將軍」又不響了，原來是砲彈打光了。羅剎鬼子也看出這個門道來了，就毫不畏懼地向東營撲過來。人們急得直跺腳。朗三急得直搓手，他四下里撒目著，冷不丁瞧見牆旮旯裡已經沒有了網繩和網衣的那盤懸網的網腳子。原來這盤懸網是朗家祖輩傳留之物。網苗子兩丈高，撒開網腳子，口面一五丈見方，網衣是用上好的八股蠶絲線織成的，再用豬血血過，又灘水又結實。網腳子全是鉛鑄的，足有四十斤重。朗三想，這不也可以當砲彈用嗎？他顧不得想別的了，麻溜把這一塊網腳

子抱來，裝進炮塞子裡，對點炮官說：「開炮吧！」點炮官明白了他的意思，推上膛，安上卡火炮兒，對準碾子山上那個庫斯林尼可夫瞄著，用拍子一砸，那炮就震天動地地響了一聲。只見一片火光噴射出去，碾子山立時就燒起紅通通的大火。羅剎鬼子有的被砸成肉泥爛醬，有的被燒得焦頭爛額。說起來也真神了，興許這一炮的藥包裝多了，也可能是網腳子的堆兒太大，炮聲響過，生生把炮筒子掙去一截。這一截炮筒子紅得發亮，在空中旋轉著，嗚嗚呼嘯著，照直向碾子山飛去，不偏不倚，正正噹噹，正好就套在庫斯林尼可夫的腦袋上。連箍帶砸加上燒烤，庫斯林尼可夫當場就窩老了，連個囫圇屍首都沒找到。

羅剎鬼子沒了指揮官，可就亂了營，又跑又竄又哭又號的。琿春的老百姓乘勢殺了出來，把羅剎鬼子趕跑了。

戰鬥一結束，人們都把朗三圍攏住了，都伸出大拇哥誇他，說他不愧是庫雅拉部的好後代。

鎮妖珠和鎖蛟鈴

圖們江的出海口有個摩闊崴子，崴子的西面和北面是旱沿，就是烏蘇里江上游的南濱海地區。自古以來，漢人、旗人、赫哲人、費雅喀人和虎爾哈人就在這兒居住著。他們祖祖輩輩在這兒種地、打獵、趕海和淘金，日子過得很和美。

一百多年以前，羅剎（老百姓都叫他們老毛子）的艦隊開到了摩闊崴子，賴在那兒不走了。老百姓下海擰的海菜，他們給搶了去；叉的海參，他們給奪了去；捕撈的魚蝦，他們給掠了去。人們太氣憤了，這地是咱中國的地，這海是咱中國的海，他老毛子憑啥這樣霸道？他們派出代表去跟老毛子講道理，老毛子竟然開槍打死趕海的漁民，還向岸上的噶珊開槍開炮。南濱海的土地被血水染紅了，摩闊崴子的海水也變成鮮紅鮮紅的了。

在摩闊崴子的張鼓峰下的一個噶珊裡，有個姓瓜爾佳的小夥子，膽子大，水性好。他可以在大海裡待上三天三夜，也不帶讓海水嗆著的。見羅剎這樣橫行霸道，他的肺都要氣炸了，他恨透了這群老毛子了。小瓜爾佳想，鄉親們被殺的被殺，逃走的逃走，不能種地了，也不能趕海了，反正這日子沒法過了，乾脆跟老毛子拼了。

這一天，他下到摩闊崴子的海水裡，在老毛子的艦艇之間穿行著。那些艦艇都是用鐵甲包的皮，刀扎不透，斧鑿不開，急得他乾打磨磨，就是沒辦法。他向海洋深處泅去，冷不丁眼前通亮通亮的，細細一看，是一處水下宮殿：玻璃瓦放藍光，瓷磚牆閃紅光，朱漆大門敞開著。這是什麼地方呢？

小瓜爾佳進入門過洞，照直向院子走去。院子裡種著四時不敗的花，長著八節常青的草。只見在大殿前的石柱下還臥著一條大黑狗。黑狗見小瓜爾佳進來了，忽一聲跳將起來，呲牙咧嘴地朝他撲來，可是沒跑出幾步就停下了，因為它的脖扣上繫著一條鐵鏈，鐵鏈就拴在石柱上。黑狗的脖扣上掛著一個閃光

耀眼的金鈴鐺，黑狗一跳一叫，帶動那金鈴鐺發出銅鐘一樣的聲響。說也怪，一聽到這鈴聲，那黑狗立刻躺臥在地，眨巴著眼睛，喘著粗氣，看樣子是一點兒力氣也沒有了。小瓜爾佳明白了，這金鈴鐺能降住黑狗啊。他上前把黑狗脖子上的金鈴鐺摘下來，那黑狗忽地跳起來又向他撲過來，他使勁兒一搖晃金鈴鐺，金鈴鐺發出震耳的聲響，那黑狗又迷迷糊糊倒了下來。小瓜爾佳防備黑狗再來追趕，就一邊晃動金鈴鐺，一邊向大殿走去。大殿的門敞開著，是一明兩暗三間屋。他喊道：「有人沒有？」屋裡沒人回答。他就朝東屋走去。東屋的門也開著。進了東屋，屋裡沒人，地上放著兩把太師椅，一張八仙桌，只見牆上寫著五個斗大的金字：「鎮妖鎖蛟殿」。小瓜爾佳一拍腦瓜門兒，想起來了。

聽老人講，老早以前，天下洪水氾濫，沖毀了良田，淹死了人畜。帝堯派鯀去治水。鯀沒能治住洪水，被帝堯斬殺了。帝堯又派鯀的兒子禹去治水，禹向帝堯保證，一定要制服洪水。禹聽人說，原來有一條蛟龍和一個水妖在興風作浪，要制服洪水，除了劈山切嶺，疏通河道以外，必須把這兩個壞傢伙治住。大禹的能耐大著哩，他帶領黎民百姓，制服了洪水，還生生地把蛟龍和水妖擒住了。大禹用鎮妖珠和鎖蛟鈴把這兩個傢伙鎮迷糊了，囚禁在摩闊崴子的老洋裡。從此海清河宴，天下太平。

濱海一帶的人都知道這個傳說，聽說有人還看見過鎖蛟鎮妖的宮殿呢。小瓜爾佳想，原來這宮殿就在這兒呀！不用說，那黑狗就是蛟龍了，這金鈴鐺就是鎖蛟鈴了。那麼水妖在什麼地方呢？

他一邊晃動著金鈴鐺，一邊向西屋走去。西屋的門半掩半開。進去一看，靠北牆有一張閃閃發光的金床，床上掛著半透明的幔帳。一個年輕的女人躺在床上，正在睡覺呢。這女人面如桃花，發如青絲，身材苗條，臉盤兒俊俏。在她的腦袋旁邊，有一張案子，案子上有一塊金盤，金盤裡有一顆鋥明瓦亮的珠子，珠子正在滴溜溜地旋轉著。他伸手把珠子拿出來，那女人就睜開眼睛坐起來，就想要下地；他把珠子放進金盤裡，那珠子又滴溜溜旋轉起來，那女人「撲通」一聲倒在床上，又睡著了。小瓜爾佳明白了，這顆珍珠就是鎮妖珠，

這個年輕美麗的女人就是水妖呀！

小瓜爾佳一手端著金盤（那顆鎮妖珠還在滴溜溜地旋轉），一手晃動著金鈴鐺（那鎖蛟鈴還在轟轟地響著），走出了大殿，把黑狗的鐵鏈解開，就穿過院心，邁出朱漆大門，又游進藍色的海洋裡。

他在老毛子的艦艇間穿過，終於游上岸邊。他舒了一口氣，心裡亮開了一條縫：他打好譜了，就藉助水妖蛟龍，懲治懲治這群羅剎。他站在岩杵河右岸的一座高山上，鎖蛟鈴也不晃動了，把盤子裡的鎮妖珠抓起來，攥在手心裡，眼睜睜地瞅著摩闊崴子，看看會有什麼變化。

這時忽然黑雲翻滾，狂風呼嘯，平靜的海水猛不丁掀起萬丈狂瀾。那海水像開鍋似的，直勁翻騰，黑糊糊的海浪，像一座座高山，擁擠著，撞擊著。就見一個面目猙獰的黑髮女妖，站立在浪尖上，又蹦跳，又甩動胳膊；還見一條黑色蛟龍，在浪峰波谷間，絞扭著身軀，張開黑洞洞的大口，噴吐著黑水濁浪。小瓜爾佳樂得直拍巴掌。為啥？這回可有老毛子好瞧的了。

原來老毛子沒有啥防備。剛才還晴天老日的，怎能料到眨眼間天就翻了臉呢？再說，這樣的狂風惡浪，就是有防備也不頂事呀！頃刻間那些艦艇翻個兒的翻個兒，撞零碎的撞零碎。再一看那些老毛子，可真熱鬧，一個個就像湯鍋裡煮的餃子，「撲通撲通」都掉進了海水裡，拖挲著手，抻著脖兒，嘎巴著嘴，不一會兒就沒頂了。

小瓜爾佳拍手打掌地笑了，老毛子終於得到了應得的懲罰。他又晃動起鎖蛟鈴，把那顆鎮妖珠又放回金盤裡，那珠子又在金盤裡滴溜溜旋轉起來。女妖沒影兒了，蛟龍也不見了。風息了，天晴了，摩闊崴子也風平浪靜了，暴漲的海水全退下去了。

小瓜爾佳又跳進大海，游到水下宮殿裡。那條黑狗躺在院心石柱下，朝他直眨巴眼睛。他上前把金鈴鐺又給它掛在脖子上，然後就把鐵鏈拴在石柱上。他又走進正殿西屋裡，那個年輕美女躺在床上，看樣子睡著了。小瓜爾佳把金盤放在案上，走出了正殿，穿過院心，邁出朱漆大門，又游進藍色的大海裡。

打那以後，羅剎的艦隊有好幾年沒敢到摩闊崴子來。

九曲蓮池

當年西王母率領眾位仙女到東海洗澡。她們沐浴梳理完畢，又從東海向西天瑤池飛去。飛著飛著，一個伺候王母的荷花仙女一不小心，把王母使用的一面銅鏡失落了。這面銅鏡掉在地面上，發出天崩地裂般的一聲巨響，大地顫抖，海水沸騰。待海水平靜，大地安穩之後，王母與眾仙女往地下一瞅，銅鏡已摔得粉碎。王母十分惱怒，喝令荷花仙女下界，把銅鏡的碎片拾起再鍋上，否則就不許回天廷。

荷花仙女來到地面一看，所有的碎鏡片已鑽入地下，凡是鏡片失落的地方都汪出一灣一灣的碧水，哪裡還能拾得起來？這些水灣，最大的就是長白山上的天池，還有圓池、龍灣，落到琿春到海參崴這一拉溜的銅鏡的碎碴兒，就形成了一些大小不一的水泡子，星羅棋佈地點綴在南濱海的地面上。荷花仙女回不了天廷，只得在這一帶待下去。打這以後，這些泡子裡就長滿了荷花，那沉甸甸又大又圓的荷葉，碧翠嬌綠；那嫣紅的荷花，開得熱熱鬧鬧，紅紅火火。泡子裡的水族也繁生起來。人們挖藕採蓮，捕魚撈蝦，日子過得好不美滿。

這一年，英法聯軍打到北京，羅剎鬼子也乘火打劫，硬把烏蘇里江以東大片領土生撕活拉地搶了去。江東的老百姓聽說這事，又氣又恨哪，有的拿起刀槍跟羅剎鬼子幹上了。羅剎鬼子可狠毒了，派出哥薩克匪兵，血洗了江東六十四屯。中國人祖祖輩輩居住的村屯變成了廢墟，連烏蘇里江、綏芬河、圖們江和金角灣、摩闊崴子的水也被鮮血染紅了。這血海深仇咱不能忘，一定得報啊。

說也奇怪，打這以後，被羅剎鬼子搶去的濱海地面上泡子裡的荷花冷不丁就凋零了，連魚蝦都沒有了。而敬信一帶泡子裡的荷花卻長得越發茂盛了，花兒也開得更鮮豔了。人們就把這個泡子叫九曲蓮池。都說那個荷花仙女也遷到九曲蓮池裡安下了家。聽說還有人看見過她哩。

傳說有這麼一天，雄雞剛啼過鳴，敬信屯裡一個老漁翁背著魚簍，扛著魚竿，要到九曲蓮池裡去釣魚。他找好一個窩子，鋪上油布，剛剛坐下，還沒等消上食甩出鉤，藉著月光，就見泡子的水面上湧起一縷縷白濛濛的霧氣，好像騰雲駕霧一樣，他啥也辨不清。忽又聽見笙管吹奏的聲音，悠揚婉轉，悅耳動聽。老漁翁正呆呵呵地看呢，那霧氣冷不丁又消散了，只見在蓮池的當間，蕩著一隻綠色的畫舫，幾個穿紅著綠的少女在上面划槳點篙，吹拉彈唱。畫舫前頭立著一個年輕的美女，頭戴鑲金嵌玉的鳳冠，身披紅地繡著荷花的綵衣，她和著樂聲，低聲吟唱，翩翩起舞……

　　庚子年的秋天，八國聯軍進攻北京，一股羅剎鬼子從摩闊崴子竄到了敬信。這幫傢伙一頭撲向九曲蓮池，把池子圍了個溜溜嚴。一個叫皮切可夫的鬼子官，帶領一大群鬼子，連宿搭夜地守候在蓮池邊上。天剛濛濛亮，白霧散盡，果真見到綠色的畫舫，穿紅著綠的少女和一個年輕的美女。皮切可夫咕嚕一聲叫，早先就準備好的幾百隻小楊木船，唰拉拉同時入水，一起向畫舫衝去。羅剎鬼子聽說荷花仙女到九曲蓮池住下了，他們要把她逮住，弄到國界那邊的荷花泡裡。因為荷花仙女到哪兒，哪兒的荷花就長得茂盛，開得鮮豔，哪兒就風調雨順，五穀豐登。可是就在這時候，忽然風起雲湧，霹靂閃電的，下起了箭桿雨。雨過天晴，日頭冒紅了，皮切可夫一看，畫舫沒了，幾百隻小楊木船全扣了底兒，船上的鬼子都漂了秧兒，全淹死了。皮切可夫這個氣呀，叫鬼子兵往蓮池裡扔手榴彈，打排子槍。一霎時，九曲蓮池糟踐得不成樣子了，斷藕殘花碎葉鋪滿了池面。

　　打這以後，一連三年，九曲蓮池裡的荷花蹤影全無了。老百姓的心裡都縐了個疙瘩扣兒，莫非荷花仙女真就走了？可是到了第四年，羅剎鬼子剛剛退回邊界那邊，九曲蓮池的荷花又生長起來了。人們打心坎上高興啊，都樂呵呵地說：「荷花仙子又回來了，咱們的日子又好過了！」邊界那邊的羅剎鬼子見了這光景，氣得呼呼直喘粗氣，恨得咯嘣咯嘣咬牙根兒。他們站在山頭上，望著九曲蓮池那一塘一塘碧綠碧綠的荷葉，那嫣紅嫣紅的荷花，饞得直淌哈拉子，

惱得心裡直躥火苗子。

　　荷花泡子裡的水族又繁生起來了，人們又到九曲蓮池裡挖藕採蓮，捕魚撈蝦，日子過得好不快樂。

血濺神仙頂子

聽說早些年有一條烏龍，因為行錯了雨，被東海龍王怪罪下來，用鐵鏈子鎖在我國東北角靠海的一座高山上的深潭裡。這深潭是龍王命令另一條龍臨時開鑿的，沒底兒地深。這條烏龍不服管束，使一股蠻勁，從深潭裡衝出來，掙脫了鎖鏈，又逃回東海裡。烏龍跑了，但鎖鏈子還留在深潭裡，又粗又長，另一頭就盤在潭邊的一棵千年古松上，還用一塊萬斤巨石壓著鎖鏈子的頭兒。站在這座山的頂尖兒上，可以望見東海。那時，這地方的老百姓有個風俗：每到端午節這一天，男公女婦都要登高遠望。這座山在海邊一帶是最高的峰巒了，到了這一天，人們都爭相到這座山上踏青遠望。一則這山的南坡有一眼深潭，二則這山尖兒上一罩上霧氣就要變天下雨，所以當地人就稱這座山為神仙頂子，一些文人又稱做「仙峰戴笠」，被列為名勝之一。

這一天，洋鬼子攻進咱們國家裡了。人們聽了，肺子都要氣炸了。神仙頂子有一個滿族部落，在穆坤達（即部落長）和老薩滿（滿族薩滿教的專職人員）帶領下，要跟洋鬼子打個你死我活。

穆坤達和老薩滿帶領一百多人，爬上了神仙頂子。他們早就給各個噶珊（村落）送去用火燎過的雞毛信，並約定見到神仙頂子起烽煙，就說明洋鬼子打來了，各個噶珊作好準備。點起一堆篝火，就說明鬼子向西開過來了；點起兩堆篝火，就說明鬼子向北竄去；點起三堆篝火，就說明鬼子向南撲去。

他們站在神仙頂子上，不錯眼珠地瞅著東海。這一天，他們看見有幾艘兵艦開到了海邊，拋下了錨。第二天，又看見有許多鬼子惡狠狠地向岸上撲來。穆坤達和老薩滿命令馬上點火。方圓幾百里的中國人看見神仙頂子上的烽火狼煙了，婦孺老幼馬上轉移，青壯年作好了戰鬥準備。洋鬼子在大林子裡走著走著，忽然四下裡箭弩齊發，那箭頭就像黃蜂一樣，「錚錚」飛來，把洋鬼子射得人仰馬翻，嗚嗷直叫。等洋鬼子們整頓好隊伍，準備開戰時，中國的弓箭手

卻走得無影無蹤了。有時，鬼子的大隊人馬忽然掉進了地窖裡，被下到地窖裡的地刀和尖木樁穿了個透籠。他們摸進噶珊裡，牛馬豬羊，雞鴨鵝狗，一隻也見不到，找不到一粒糧食，連水井都給填死了。鬼子們餓得眼珠子焦藍，嗓子直冒煙；整天價戰戰兢兢，心驚肉跳的，那滋味可真難受啊！

鬼子的一個中校指揮官心裡直鬥畫魂：「這事怪著哩，中國人咋把咱們的行動碼攏得這麼準？」他愁得眉頭打結兒，心裡直縮扣兒，瞪著眼珠子四處撒目著。他冷不丁瞅見神仙頂子上的烽煙，心裡什麼都明白了：「原來是這樣啊！」他馬上命令鬼子們向神仙頂子撲去。他們用大砲轟擊神仙頂子，然後就一窩蜂似的發起集團衝鋒。神仙頂子又高又陡，往上衝可不那麼容易。鬼子們撅著屁股爬擦到山半腰，忽聽「轟隆隆」震天動地地響，從山頂上飛下無數的滾木檑石，鬼子們還沒弄清是啥景兒呢，就被砸成肉泥爛醬。那個中校指揮官命令鬼子們再向神仙頂子開炮。炮聲一停，一大群鬼子又向山上爬去。眼看快爬到深潭邊兒了，奇怪哩，上面一點動靜也沒有。鬼子們以為中國人全叫大砲給炸死了，就夥開膽子，站起身子，想最後來個衝刺，好占領制高點。可是，就在這當兒，無數支箭頭又向鬼子們射來。一些鬼子倒下了，另一些鬼子號叫著，連滾帶爬地骨碌到山下去了。

那個中校指揮官還不甘心，命令砲兵又向神仙頂子放了一陣排炮，然後指揮大群鬼子，向神仙頂子發起第三次衝鋒。

這時，神仙頂子上的滾木檑石已經用完，箭壺裡的箭簇也沒有了。許多人英勇地戰死了。怎麼辦？活著的人決不後退，他們又撿起石塊，向鬼子們投去；扯起大刀片，向鬼子們砍去。鬼子們衝他們猛烈開槍，有的人倒在地上，有的人跳進深潭裡，沒有一個人逃跑，更沒有一個人舉手投降。穆坤達英勇戰死了。老薩滿負了重傷，失血過多，昏倒在血泊裡。等他甦醒過來以後，才發現自己被鬼子俘虜了。

中校指揮官「嘿嘿」一聲冷笑說：「要想活，你就得乖乖給我們帶路，勸撫中國人放下武器，不許抵抗！」

老薩滿「呸」地啐了他一口，厲聲喝道：「我們祖祖輩輩在這兒捕魚、打圍、開荒種地。為了保衛家園，我們豁出命跟你們拼了！你讓我帶路，那是臨死打咳聲──妄想！」

殘暴的洋鬼子把老薩滿殺了，又架起乾柴，點起大火，把他的屍體焚燒了。正在這時，從空中飛來一隻巨鷹，俯衝下來，把身子在深潭裡蘸滿水，又向火堆撲去。它想把火澆滅。鬼子向神鷹開槍了，神鷹又飛上高空，「嘎──嘎」地叫著，在藍天裡盤旋。這時，老薩滿的屍體已被烈火燒焦，就是那顆心臟，還是那樣跳動著，還是那樣鮮紅鮮紅的，怎麼燒怎麼煉也不死。就在這時，那隻巨鷹又俯衝下來，一口叼起老薩滿的那顆紅心，箭打似的向高空飛去。那紅心在高空中一邊跳動，一邊大聲呼叫著：

「報仇雪恨，打洋鬼子！」

血染金角灣

在琿春城的東門外，有個姓吳的小夥子，名叫巴圖魯。聽說他的瑪發（祖父）十五歲時就跟隨薩布素在黑龍江以北的雅克薩同羅剎打過仗，立過戰功，康熙皇帝親賜一把嵌著東珠的寶劍和頂戴雙眼花翎。他的阿瑪（父親）在新疆屯過邊，打羅剎時犧牲了。現在額娘（母親）拉扯著他和妹妹過日子。巴圖魯時刻記著瑪發和阿瑪的功績，想照著老輩人的樣子去做。這把御賜寶劍，他總是隨身帶著，每逢年節和跳家神時，他都要把這把寶劍供在西屋的祖宗牌位前。巴圖魯當過幾年打牲丁，採珠捕魚，打圍挖參，樣樣精通。妹妹的名字叫莎克莎哈（喜鵲的意思），雖說是個女輩，卻有大丈夫的氣概。她不愛針黹，不喜胭脂，卻熱心於騎射。額娘誇讚她說：「這個沙拉干居（姑娘）要是個男子漢，準能像她瑪發一樣立戰功。」

如今巴圖魯已經不當打牲丁了，但總也不識閒，成年累月地到金角灣（現叫大彼德灣）去摟海菜叉海參。春天一化凍，額娘就給他兄妹倆兒準備黏豆包和小黃米，他倆趕著四軲轆馬車，裝上一隻小獨木船和盛裝大馬哈、青魚的木桶，沿著驛道，到金角灣去。只帶點穀草，不帶馬料，因為馬兒吃大馬哈魚。濱海一帶的河流裡，有的是大馬哈，足夠人吃馬嚼的。到了金角灣，在海邊的沙灘上搭個撮羅子（小馬架房），算是臨時的住處；再在門口支上吊鍋，就可以做飯吃了。

安頓停當，他們倆就架起小獨木船，到大海裡去摟海菜。摟海菜這活計還挺有意思的哩，海菜的葉子漂浮在水面上，用一根帶兩個鐵齒兒的長竿在海菜的根部使勁一摟，那兩三丈長的海菜就給摟下來了，墨綠墨綠的，足有一扁指厚。一個人一天可以摟滿五六小船。摟好了，洗乾淨了，就送到海邊的沙灘上晾曬。秋天是叉海參的季節。他們倆兒架著小獨木船，下了大海。秋天的海水清清亮亮的，水下一條條一團團黑色的東西在白沙上慢慢地咕蛹著，這就是海

參。金角灣裡的海參又肥又大，聞名天下，就為這個，海邊的那個碼頭就叫做海參崴。他們倆兒操起帶鐵釺的長桿，照準水下的黑東西叉去。鐵釺穿滿了，就拽出水面，把海參擼下來，裝到小船裡。船裝滿了，就劃向岸邊，把海參培在沙子裡自然乾燥。海菜和海參夠裝一馬車了，莎克莎哈就趕起馬車，運到琿春城，賣給收購海產品的商號。

巴圖魯好唱歌，他最愛唱《跑南海》《一枝花捎書》和《子孫萬代歌》（都是滿族民歌）。可是這些天他的歌聲不響了，腦袋耷拉著，愁眉苦臉的。為啥？掐指頭一算計，莎克莎哈前幾天就該回來了，莫不是出了啥事情？雖說是驛道，但路上行人稀少，滿眼是降煙起霧的大林子，狼蟲虎豹經常出沒，巴圖魯不能不擔著一份心事啊！最近羅剎鬼子常從海參崴出來，到各地去行兇作惡。想到這兒，巴圖魯的心上又多了一層憂愁。世上的事真沒法叫人想得開，黑龍江以北、烏蘇里江以東的大片土地，本來是中國的，冷不丁硬叫羅剎給搶去了，這口氣實在讓人難嚥呀！聽額娘說，當年瑪發曾經到韃靼海峽的哈吉灣（現在叫蘇維埃港）和宗谷海峽趕過海，那裡的魚可真多呀，還有海豹和海象。如今庫頁島也叫羅剎奪去了，連金角灣的黃島、青島也成了沙皇的了。聽說羅剎鬼子動不動就搶劫中國老百姓的海參、人參、貂皮、珍珠和沙金，強姦中國婦女，槍殺中國的老百姓。巴圖魯恨透了這些羅剎鬼子。

正在這時，忽聽遠處響起「叭——叭——」的皮鞭聲。巴圖魯手搭涼棚，臉上有了笑模樣。他熟悉這鞭聲。只有莎克莎哈才能夠甩出這樣的鞭聲。這鞭聲響亮、脆生、乾淨、利落。只見西天邊的驛道上，煙塵滾滾，一輛四輪馬車，「咣噹咣噹」地響著，向撮羅子的方向跑來。

莎克莎哈跳下馬車，照直奔撮羅子走過來，見到巴圖魯，咯咯咯地笑了起來。

巴圖魯問：「怎麼才回來？」

「路上出點事。」

「出了什麼事？」

原來莎克莎哈趕著馬車路過牛圈時，遇上兩個羅剎鬼子。這兩個傢伙攔住馬車，硬逼著莎克莎哈把馬車上的海參、大馬哈魚卸下來，說這兒的土地河海是沙皇帝國的，不許中國人拿走一草一木。莎克莎哈火了，跟他們爭論起來：「這山是中國的山，這海是中國的海，你們生撕活拉地給搶了去，我們老百姓不答應！」羅剎鬼子一聽語聲，知道她是個女的；再一打量她，見她高鼻樑大眼睛，瓜子兒臉，濃眉毛，身材窈窕，動作灑脫，是一個好標緻的美人兒。這兩個傢伙立時起了邪念，也顧不得搶東西了，一起撲過來，要把莎克莎哈往大林子裡拽。莎克莎哈的手中只有一桿皮鞭，又是個女的，終究敵不過這兩個傢伙。她激憤得又喊又罵。正在這當兒，忽聽「啊」一聲慘叫，一個傢伙應聲栽倒地上；又聽「呀」一聲號叫，另一個傢伙倒在地上直打滾兒。莎克莎哈一看，兩個傢伙的心口窩上各插著一支箭頭。這時忽聽馬蹄聲「嗒嗒嗒」叫響，帶過一陣風來，一個騎著白馬的青年小夥子來到莎克莎哈面前，大聲喊道：「快，快趕車，跟我跑！」

莎克莎哈一甩紅纓長鞭，喊了一聲「駕」，四輪馬車就像狂風一樣飛馳起來，不一會兒就跑出幾十里路，來到了蛤蟆塘。

青年小夥子在驛道邊停下馬來，說：「放心走吧！打這兒往裡，就沒有羅剎鬼子了！」

莎克莎哈打量這人一眼，不禁暗自稱奇：「好個一表人才！」這個小夥子劍眉豹子眼，身材魁梧，看樣子渾身有使不完的力氣頭兒。聽語聲是山東人。莎克莎哈跳下馬車，向小夥子打個千兒，說：「大哥，這救命之恩不知怎樣報答才好！」小夥子侃快地說：「談什麼報答？羅剎鬼子欺負咱中國人就是不行！」這話真說到莎克莎哈的心窩子裡去了，她氣憤地說：「這筆賬一定得算！」小夥子說：「決不能便宜了他們！」

他們一邊往前趕路，一邊說著談著。從談話中莎克莎哈知道這個小夥子名叫陶海，原籍山東，前幾年跟隨叔叔大爺們來到江東，冬天上山打圍，夏天下河淘金。他騎術好，箭法精，為人機靈，大夥就公舉他辦交涉，往琿春城運送

售賣貂皮、人參、東珠和沙金，再從琿春城給大家帶回日用必需品。他們在蘇城大溝、綏芬河兩岸挖參捕貂。最近又到青島去淘金。

巴圖魯聽完莎克莎哈的講述，端量一眼莎克莎哈，打了個咳聲嘆了口氣說：「難得的好人，可惜是個漢人！」

莎克莎哈聽明白了巴圖魯的意思了。當時是「旗民不交產，滿漢不通婚」啊！她對陶海雖說動了心有了意，可也不敢往那上面想。聽哥哥這一說，她的心「咯噔」一下，哥哥咋跟自己想到一塊兒去了呢？可她卻裝作惱怒的樣子，揚起紅纓皮鞭，追趕巴圖魯：

「再瞎說，叫你爛舌頭！」

巴圖魯一邊跑一邊求饒地說：

「不說了，不說了。不知怎麼的，我順口就咧咧出來了。好妹妹，說真格的，這人夠朋友，我早晚得見見他。」

第二天，響晴響晴的，沒有一絲兒風，也沒有一絲兒游雲，這正是叉海參的好時光。金角灣裡小木船連成片，人們一邊唱著《跑南海》，一邊叉著海參。不一會兒他倆就叉滿了一小船。這時，就見打海參崴那兒開來幾艘兵船，照直奔這些小木船撲來。兵船衝進小木船群裡，橫衝直撞。許多小船被撞翻了，海參扣進水裡，人也掉進大海裡，在水裡撲騰著，想游到岸上去。兵船上的鬼子們一邊朝落水的人群開槍，一邊咧開嘴丫子哈哈狂笑起來。血水把金角灣的海水染紅了。

巴圖魯和莎克莎哈的小獨木船也被撞翻了，船幫子被子彈打穿了兩個洞，巴圖魯的右胳膊受了槍傷，眼看著就要沉進海底去了。

就在這時，從青島那兒，箭打似的飛出一艘舢板，向他們倆奔來。小舢板迎風劈浪，疾速飛馳。舢板上的幾個人每把槳都搖成了弓形。來到他們跟前，一個人「撲通」一聲跳進海水裡，先托起莎克莎哈，又舉起巴圖魯。舢板上的水手們把他倆拉了上來，安頓妥當。跳下水的那個人在水中一個鯉魚打挺兒，悠地一下跳上舢板。他的動作十分敏捷，舢板只輕輕地搖晃了一下。水手們打

了一聲呼嘯，奮力搖槳，小舢板就向青島方向飛去。

到了岸上，水手們把他倆兒安頓在撮羅子裡。巴圖魯的傷勢很重，躺在地鋪上，昏昏沉沉的。莎克莎哈睜眼一瞅，面前的這人，就是跳進波濤洶湧的海水裡把他們兄妹倆救出來的那個人。莎克莎哈站了起來，她真想跪在地上，給他磕幾個響頭，答謝這救命之恩。但是她愣住了，她認出來了，站在她眼前的這青年小夥子原來就是陶海呀！她上前一步，不管不顧地拉住陶海的手，喊了一聲「陶哥」，就哽哽咽咽地哭了起來。陶海也認出她來了，激動得手直哆嗦，他說：

「莎克莎哈，原來是你們兄妹呀！」

這時巴圖魯已經甦醒過來，剛才的話他都聽見了。他顫巍巍地伸出雙臂，一手拉住莎克莎哈，一手拉住陶海，一邊喘息一邊說：「兄弟，滿漢是一家，旗民是親骨肉啊！莎克莎哈的心事我知道，我把她交給你了，讓她跟隨你一道去打羅剎鬼子！」他放下莎克莎哈的手，解下佩帶在腰上的御賜寶劍，遞給陶海說：

「帶上它，用它去斬殺羅剎鬼子，給我報仇，給中國人報仇！這江海土地是老祖宗給咱們留下的，一尺一寸也不能丟掉啊！」

巴圖魯死了。大夥把他埋葬在青島的樹林子裡。人們聚集在他的墳前，舉起了義旗，拉起了上千號的抗俄隊伍。他們派人到各個噶珊（部落）村屯去，到金場、圍場、漁場去，聯絡漢人、旗人、費雅喀人、恰卡拉人、虎爾哈人、赫哲人、鄂溫克人，馬上到海參崴附近聚齊，共同計議如何攻打海參崴，消滅盤踞在那裡的東西伯利亞邊防營。

玉皇大帝和王母娘娘

　　從前有這麼個人，姓張，叫張友仁，人送外號叫張百忍。他是個大財主，人緣好，尤其對窮人更好，誰有個為難遭窄處，求到他，從不打撥回，他還把邊邊角角的土地送給無房無地的窮苦人。

　　當時，天上還沒有玉皇大帝。偌大個天庭，沒一個主事的怎麼辦？眾神開會，太白金星說：「我到下界去選一個來。」

　　太白金星來到民間微服私訪。眾人都一哄聲地說張友仁是好人，心術正，辦事公道。太白金星決定當面試試這個張友仁，看他到底是不是真能忍百忍。他化裝成個要飯花子，病得快要死的樣子，來到張家大門口。門人報告給張友仁，說門外有個要飯的。張友仁叫門人給他點吃的，打發他走。門人出去不大一會兒回來說，這人不能走了，病得挺厲害。張友仁告訴門人那就把他領回家來。這個要飯的被領到張家，張友仁把他安排到自己的屋裡，讓他睡在自己的褥子上。張友仁不知這人病得啥樣，上前用手放在他的鼻孔前，試試他有氣沒氣，沒想到這要飯的卻咬了他一口。他又去摸他的手脖，試試有脈沒脈，沒想到這要飯花子順手打了他一拳。他還是沒惱沒火。他又去摸他的腳脖，要飯花子又踢了他一腳。張友仁在地當間犯了尋思，他想備不住這人中了邪祟，得破一破。他就叫夫人王氏把家藏幾代的寶劍拿出來，以驅關邪祟。這是把女媧開天闢地時用的神劍，關妖怪，鬼神見了它也得現原形。

　　太白金星到底現了原形，說出了自己的根底。他說：「我是天上的神仙，下界選玉皇大帝的。這把劍丟了多少年，原來在你這兒。我是來請你上天去當玉皇大帝的。」張友仁聽了，說：「我在這兒活得挺好的，何必上天去當什麼玉皇大帝？」他不想幹。他的夫人王氏聽說了這事，就說：「還是上天庭去吧。」張友仁平素就愛聽老婆的話，現在老婆這麼說了，他也只好依從了。不過他還擔著心事，就問太白金星：「我這兒可是什麼都有，天庭能有我這麼得

兒嗎？」太白金星笑笑說：「你放心好了，地上有什麼東西，我全給你搬到天上去。」張友仁這才點頭答應了。

他們商議妥當，第五天就上天。

太白金星先回天庭，第五天早上就又下來了，接張友仁夫婦上天，還把張家所有的東西都搬到天庭去。正好這天家中的豬圈壞了，豬都跑了，結果就把豬落到了人間，天宮也就不可能有豬了。天蓬元帥犯了天條變成豬八戒那也是在人間投錯了胎的結果。

再說這張友仁上了天庭果真就當上了玉皇大帝。他秉公辦事，執法甚嚴，待人和氣，待下方的黎民百姓也好，人們都佩服他感激他。所以在他的生日——正月十五那天，都焚香燒紙擺供祭祀他。祭祀時，人們都買一疙瘩豬肉，做熟了，上面插兩雙筷子，擺在供桌上。為啥這樣？天上沒有豬呀！他的夫人王氏就成了王母娘娘。

藥王是怎麼死的

聽說藥王能嘗各種藥，知道哪樣東西有毒，哪樣東西沒毒；哪種東西能治病，能治什麼病，哪種東西不能治病；還知道哪種藥同哪種藥配合一起有毒，哪種藥同哪種藥配合能治什麼病。藥王為啥有這麼大的能耐？原來藥王的肚子上長一面鏡子，頭頂上長兩根犄角。他每吃下一種東西，就低下頭看肚子上的鏡子，通過鏡子能看出這種東西能不能治病，有沒有毒。若是有毒，他用手一掰頭上的犄角，有毒的東西馬上就吐出來了。就是這樣，藥王發現了千百種能治各種病的藥物。

這一天，有人給藥王送來一隻鶴。那鶴的腦袋上長著一個肉疙瘩，鮮紅鮮紅，怪好看的。藥王尋思，這鶴頂紅八成是一味藥，應該嘗嘗。他用針扎破了鶴頂紅，鮮紅的血冒了出來。藥王麻溜接了一酒盅，一仰脖，喝了下去。鶴頂紅落下了肚裡，藥王覺得直攪動，低頭一看，哎呀，只見五臟六腑直翻騰，腸胃都變黑了。藥王說聲「不好」，急忙伸手去掰頭上的犄角，可是已經晚了。原來鶴頂紅血毒性大發作快，藥王生生被毒死了。從此留下一句諺語：「鶴頂血，陽魚針，最狠不過淫婦心。」

藥王死了，成了神，被封為藥王。人們打心眼裡感激他，不呼他名姓，都叫他藥王。

滾牛石

湖北省有個叫大貴寺的地方，大貴寺附近有個地方叫滾牛石村，滾牛石村就在三龍潭沖邊。為啥叫這麼個名？聽說有段故事哩。

早些年，有一條牛成精了，天天半夜子時到這地方來禍害莊家，在泥地上打滾兒，吃秧苗，但人們還見不到它的影子。人們重新插上秧苗，但第二天莊家又被禍害了。人們就找當地放牛的人，要他們看好自家的牛。但是，第二天到地裡一看，秧苗還是被禍害了。問放牛的人家，都說牛拴在家裡，根本就沒放出去。

這就怪了，有一個人，晚上也不睡覺了，就到田裡要看個究竟。

到了晚上，就見山坡上一塊大石頭往山下滾動，落地後就變成一頭牛，就禍害莊家，就滿地裡打滾兒。這人嚇了一跳，就大喊一聲。再一打眼，牛卻沒了。

人們知道這事，就買香紙蠟燭，祭奠牛神，求牛神別來禍害莊家。煙灰就衝上天，玉皇大帝見了，知道人間有事情了，就叫太白金星到南天門去看望一下。太白金星到南天門一看，見是一怪物禍害農民的莊家，農民求玉皇大帝為民降妖除害。

太白金星如實秉報了玉皇大帝。玉皇大帝就派雷公電母下界除妖。

雷公電母下到人間，圍著三龍潭又下暴雨又打雷，最後一個響雷打在那塊大石頭上。大石頭被雷亟後，就往下滾，就落入三龍潭中。從此它就不再禍害莊家了。從此人們就把這地方叫滾牛石。

孔子的故事（外一篇）

夫子洞

孔子的父親叫紇，人稱叔梁紇，孔子的生身母親叫顏徵在。顏徵在是個很賢惠的女人，又很勤勞。她已經懷了身孕，還上山去幹活。

這一天，她到離曲阜城五十里的尼丘山幹活，冷不丁覺得肚子疼。她知道是要臨產了。顏徵在朝東一望，見石崖下面有個石洞。她一步三挪地來到石洞前。這地方在尼丘山河東岸，她就在這兒把孩子生下來了。這是個小男孩，就是孔子。

顏徵在生下孔子不久，全家就搬遷到當時魯國的都城曲阜去住了。

後人為了紀念孔子，就把孔子降生的那個石洞叫做「夫子洞」。孔子因此名丘，字仲尼。

斷子河

來到孔林，走進孔林門，便是千百年來人們傳說的「聖水」──洙水河。

據說，孔子帶領弟子周遊列國，這一天又回到曲阜的北城門。孔子站在城門外，端詳一下地勢說：「這地方風水好，我死後就葬在這裡吧。」子貢看了一下地勢，搖搖頭說：「地方不錯，就是沒有水。」孔子笑道：「沒關係，以後秦人會送水的。」弟子們聽了面面相覷，不知其中奧秘。孔子死後，弟子們都給他服喪，子貢在這兒結廬守了六年墓。

秦始皇統一天下後到處巡遊，這一天，來到了曲阜。秦始皇最恨儒家，一定要到孔墓去看看。秦始皇化裝成普通老百姓，來到孔墓，這時，不少孔門弟子都聚集在孔墓附近。秦始皇就叫孔門弟子給他看相。一個孔門弟子給他相了一面說：「你雖然穿著百姓的衣服，但有天子之氣，不是一般人。」秦始皇聽了，暗暗吃驚，心下道：「孔門弟子都這麼了不起，他的兒孫更不可忽視了。

怎麼辦？好了，我叫他斷子絕孫！」於是他就命令在孔子墓前挖了一條溝，通了水，叫斷子河，在河上還修了一座橋，叫斷子橋。誰知這水一通，孔家的人丁倒越來越興旺了。

小米倉子

　　范丹老祖有兩個徒弟，大徒弟抓尖賣快，挺直的，二徒弟老實厚道，挺聰明的。一天，范丹老祖說：「我要燒點無煙之柴。」大徒弟說：「這好辦。」就上山砍些乾柴回來。老祖說：「不對！」二徒弟說：「我能弄回來。」就上山砍濕柴，燒成炭，一燒只有火星，只爆火花，沒有煙兒，老祖高興。這一天，老祖又說：「我想吃江裡來水裡去的東西。」大徒弟說：「這好辦，我去弄。」他就去河裡抓幾條魚，燉熟了，端給老祖。老祖說：「不是這個。」二徒弟說：「我去弄。」他抓把黃豆泡在水裡，拉磨做成豆腐，說這就是漿裡來水裡去。范丹老祖說：「對了，就是這個。」

　　范丹餓了，叫徒弟去討米。大徒弟說：「這好辦。」就到一家人家去了。這家的主人坐在屋內正在喝茶。大徒弟到門前，見門柱各釘一個釘，上搭一根莛桿。這就是門，擋小人不擋君子。大徒弟沒敲門，一腳踢倒莛桿就進屋。當家的人不高興，說：「為什麼不叫門？你有什麼事？」大徒弟說：「借糧給我師父吃。」當家人說：「我出個對你能對上就借。」大徒弟說：「你說吧。」當家人說：「什麼多什麼少，什麼歡喜什麼惱？」大徒弟說：「這好猜！星星多月亮少，娶媳婦歡喜發喪人惱。」當家人說：「不對。」大徒弟說：「咋不對？」當家人說：「就是不對。」

　　大徒弟只好回去說：「沒借到。」老祖說：「那我去吧。」二徒弟說：「還是我去吧，我一定能答上。」

　　二徒弟就去了那戶人家。他先敲敲門柱，人家叫他進來他才進去。當家人問：「你有什麼事？」二徒弟說：「我師父多日無糧，想向你借點糧食。」當家人說：「糧食有，但得回答個問題，答對了借，答不對不借。」二徒弟說：「你說吧。」當家人就說：「什麼多什麼少，什麼歡喜什麼惱？」二徒弟回答道：「小人多好人少，借了歡喜還了惱。」當家人說：「答的對，借！」就取

出兩個鵝翎管，管裡裝十來粒小米，外面用堵頭塞上，說：「千萬別打開，到了家，把米櫃蓋錯開一條縫放進去，米就永遠也吃不了。」

二徒弟高興地走了。走在路上心裡犯合計，這幾粒米夠誰吃的。就打開堵頭，就見那米粒往出冒，冒得有山那麼高。周圍很多人都來取糧食，總也取不完。

這鵝翎管就叫小米倉。有的人胳肢窩長肉揪兒，如小米粒，一捏裡面還有白心。這就叫小米倉。人長了這樣的肉揪，主貴，一生一世不帶缺吃的。

這當家人就是李靖，以後范丹老祖與他結拜為兄弟。

張果老成仙

　　有這麼個地方，叫張家沖。沖裡有個財主，姓張。張財主家的前輩有的當過州官，有的當過縣官。張家的鄰居見張家這般發旺，就眼紅，就妒忌，就找風水先生來看，是什麼道理。風水先生看完後說，是張家的風水好。原來張家的土地、房屋、墳墓全在一個簸箕型的窩拉兜裡。這個鄰居送走風水先生，就偷偷地用土把簸箕口給墊高了。張家門前的水流不出去，房屋和墳塋地泡在水裡，地也澇得不長莊稼了。於是張家就同鄰居打起架來，一失手竟把鄰居家的人給打死了。鄰居家就告狀打官司。張家犯了人命案，要以命抵命，全家人都被斬首，只剩下一個小男孩，連宿搭夜地逃走了。這個小男孩就是張果老。

　　這一天，張果老逃到竹林沖。竹林沖有個竹林寺，寺裡有兩個和尚。老和尚這日還在打坐，忽然進來一個五十多歲的財主，跟老和尚寒暄幾句，就提出要和老和尚下一盤棋。這財主的棋走得好，老和尚連輸好幾盤。老和尚暗暗吃驚，自己的棋術較精，遠近出名，今天這是咋的了？再一打量這人，見他仙風道骨的，心裡就明白了七八分。這財主不是凡人，是個精靈。老和尚心裡就來了主意，趁那財主專心下棋之時，他就把紉上線頭的針偷偷別在財主身上，下完這盤棋，天光不早了，那財主便起身告辭。老和尚也沒怎麼挽留，那人就走了。

　　那人一走，老和尚就跟著線兒追了下去，在竹林寺東側的泉水邊，那線停下了，那針正別在一棵何首烏上。老和尚就回寺裡取來鍬鎬，把何首烏挖了出來。這棵何首烏足足有一斤重，身子、腦袋和四肢長得齊齊全全的，連眼睛、鼻子、嘴巴、耳朵都長全科了。

　　老和尚知道這是寶，心裡樂得無可無可的。他把何首烏帶回寺裡，洗巴洗巴就摁進鍋裡煮上了。煮了一頭午，這何首烏就是不爛，還越煮越硬挺。正在這時，另一個寺院的小和尚來傳話，師父請他去吃飯。老和尚急著要去赴宴，

見這何首烏還像石頭那般硬，心想不是什麼寶物，就叫小和尚把何首烏舀出來，扔到廟外。

小和尚沒啥事就到廟外邊去玩耍，這時見到一個跟他一般歲數的小男孩躺在草地上。這小男孩就是張果老，他走得又累又餓，沒一絲囊勁，想到廟上去要點吃喝，還沒等走到廟裡，就昏了過去。廟裡正好也沒什麼好吃的，小和尚急得乾拍巴掌就是沒有轍兒。張果老這時把扔到廟外的那棵何首烏揀了起來，放進鍋裡添上水，重新燒火重新煮。只翻了一個開兒，何首烏就熟了。合該他有這口頭福。這何首烏噴噴香，又面又爛。張果老吃了何首烏，連湯也喝乾淨了，當時就覺得身子輕飄飄的。

張果老就這麼成了仙了。

張果老為啥倒騎驢

　　張果老有個挺要好的朋友，姓李。這天，兩人商定，某年某月某時共同到黃河去溜躂溜躂。這事定下以後，張果老就騎著驢去周遊天下了。

　　張果老在外面遊動，他心裡可沒忘了與朋友的約會。他按約定的日子提前兩天回來了。回來一打聽，那姓李的朋友已在三天前死了。張果老好難過，就到朋友的墳地去看看。來到墳地，他數落著說：「咱都講好了的事你怎麼卻死了，你還講不講信用？」他就扒開墳，要親口問問他。棺材打開了，屍體還沒壞。他就把朋友的心臟取出來，對心臟說：「咱倆定好要去黃河玩玩，你怎麼不講信用？」就見那心臟連著跳了三下。於是張果老就領著朋友的心臟去黃河了。

　　張果老騎在驢上，心裡卻犯了難：讓心臟在前面走，它沒有眼睛，看不見路；讓心臟在後邊走，又怕照應不到叫貓狗給叼了去。張果老尋思了一會兒，有主意了：他倒騎毛驢，時時照看在地上滾動的心臟。

　　就這麼走啊走啊，這一天真就到了黃河。張果老對心臟說：「這就是黃河，你好好看看吧。」

　　哪知那心臟跳了三下就不跳了。心臟死了。

　　這就是不到黃河不死心。

　　從此以後，張果老就倒騎驢走路了。

魯班尺

木匠祖師魯班用的尺原來是直的，有二尺半長，以後咋變彎了？聽說跟張果老有關係。

這一天，張果老騎驢來到洛陽橋。這時魯班正在修橋，眼看快完工了。張果老問魯班：「你這橋結實嗎？」魯班不認識張果老，也沒把他放在心上，就說：「結實。」張果老說：「我騎驢在橋上走，能不能把這橋踩塌了？」魯班說：「牛車馬車走都沒事，還在乎騎這一條小草驢？」張果老就騎上毛驢上了橋。走在橋上，他特意使勁晃悠，真就把那橋壓得搖搖晃晃。魯班大吃一驚，說聲「不好」，趕忙拿出木尺頂著橋墩。只聽嘎巴一聲響，木尺被壓彎了。

張果老騎驢過了橋走了，魯班收起木尺，上下端量，忽然高興地笑了，就這麼用正好，一邊長一尺短，還有個直角，更方便。從此木匠就不用直尺，而用角尺了，一直用到現在，人們都稱之為魯班尺。

坐馬

　　坐馬，又稱木架，是木匠用來截木頭的工具。傳說這是魯班發明的。

　　在以前，魯班截木頭時，就叫他老婆來幫忙。怎麼幫呢？他老婆坐在凳子上，用大腿根和雙臂抱著木頭，使木頭固定，魯班才能下鋸。這一天，他老婆不在家，沒人摟抱木頭，還急等著截木頭，這可急壞了魯班。他忽然想起老婆抱木頭的姿勢，腦子冷不丁開了竅，用三根木頭交叉接隼固定住，上橫一根木頭，就可以把木頭鋸斷了，這就是坐馬，也叫木架。魯班還給它起了個名字，叫「比妻強」。

四王子塔

遼寧省凌源縣有個四王子塔。四王子塔坐落在四王子山前。塔高六十四丈，塔粗也六十四丈，八層八角，角角都掛著銅鈴鐺。據說，早些年有個四王爺死在山前，於是就叫這山為四王子山，這塔也叫四王子塔，又叫大明塔，何朝何代所修不得而知。

據說修塔時還有段傳說。

第一層塔修成了，在修第二層時工匠們可就犯了難。往上再怎麼起高？誰也想不出轍。

這時走來一個白頭髮白鬍子老頭，手執糞叉子，挎著糞筐子，溜溜躂躂在賣呆兒。老人問這是幹什麼？眾工匠說是修塔。老人問：「怎麼停工了？」工匠們說：「沒法再起高了。」都說人老經驗多，何不請教老人？有個工匠就問：「老人家，你可有辦法？」那老人卻嘆了口氣說：「我土埋脖頸了，能有啥法？」

說完這話，老人一閃身不見了。一個聰明的工匠說：「老人家這是叫咱培土修塔啊！」眾人一尋思，是這麼一碼事。

於是工匠們就修一層塔培一層土，直到把塔修完，再撤土。

據說這白鬍子白頭髮的老人就是魯班爺。

韓信問卜

韓信小時候挺窩囊，老受人欺負。他沒家沒業，日子混得挺艱難。這一天，他到集市上溜躂，看不少人到卦攤前爻卦問卜。韓信也湊了過去，掏出兜裡僅有的幾個小錢，遞給爻卦的老先生。老先生問了他的生辰八字，這麼一算，就直皺眉頭，又給他相了相面，最後嘆了口氣說：「你的生辰八字不濟，你的面相也不好，尖嘴猴腮，主賤。你這一生不會有什麼福享，是個窮命人。」韓信聽了，心裡直折個兒，心想這一輩子就算完犢子了。他蔫頭耷拉腦地走了。晚上睡不好覺，越尋思越傷心。也恨那個爻卦先生嘴太黑了，把我這碗涼水看到底了，又不大服氣，天沒亮，他就跑到集市上。這時趕集的人還沒到，集市上一個人影都沒有，他就蹲在擺卦攤兒的那地兒拉了一泡屎，提上褲子就跑到附近的一棵大樹後影起來，要看個究竟。日頭爺出來了，趕集的人陸陸續續來了，那個擺卦攤的老先生也來了。那老先生見到一泡屎，先是一愣一惱，接著就跪下來，衝著這泡屎就磕起頭來，一邊磕嘴裡還一邊叨咕：「貴人哪，貴人哪！」韓信在大樹後看得清清楚楚，忙走上前說：「老先生，你還認識我嗎？」老先生抬頭一看，說：「認識認識，你是個窮命賤骨之人。」韓信哈哈大笑說：「老先生，這泡屎可是我拉的呀！」老先生看看韓信，又看看那泡屎，搖了搖頭，說：「看樣子你拉不出這泡屎來。」韓信說：「這泡屎真是我拉的，不知我這泡屎有什麼說道？」老先生看看韓信，說：「這泡屎真是你拉的，你可就是富貴之人了。」韓信問：「這話怎麼說？」老先生說：「你這屎拉得有講究，屎橛子是從下往上撐著勁兒盤著的，再看你這屎冒的這氣兒，也是撐勁兒往上冒。你有福，以後必成大事。」說著就跪下給韓信磕頭。韓信沒耳乎，以為是閒打嗙，沒影兒的事。拉起老先生，嗙了幾句嗑，就走了。

以後，韓信真就成了統帥百萬大軍的大將軍了。

趙匡胤葬父

從前，有個姓趙的員外，家裡有個姑娘，被狐狸所戲，就懷了孕了。姑娘把這事對娘說了，娘就把這事告訴了她爹。爹詳細問明了狐狸來的時間和細枝末節，就準備了一些五穀雜糧。做啥？聽說五穀雜糧能關邪祟。這天晚上，剛交三更，狐狸精真就來了。藏在姑娘房裡的爹，衝狐狸精撒去五穀雜糧，就把狐狸精打倒了，打死了。他就把狐狸精拖出去，在河邊的沙灘上摳個坑，埋上了。

住不多日子，姑娘就生下一個男孩，這就是趙匡胤。

又過了幾年，姑娘的爹媽先後去世了，日子一天天敗亡下去。

趙匡胤自小就不學好，不讀書不幹活，遊遊逛逛的。日子越過越窮，他啥營生也不會幹，就天天下河摸魚，賣幾個錢，母子倆對付著苦度日月。這一天，天氣挺冷的，河裡結了冰。他沒法下河，就沿著河岸溜躂著。他發現在河的上游有個洞，洞裡的水不結冰，魚在裡邊直翻花。於是他就天天到洞裡去抓魚，到城裡賣，城裡有個姓楊的財主，專買他的魚。

這楊財主見趙匡胤冬天還能抓這麼多這麼大這麼鮮活的魚，覺得挺奇怪的，就問趙匡胤。趙匡胤就把在暖水洞裡抓魚的事原原本本地說了。楊財主心裡明白，這暖水洞一定是風水寶地。正巧他老媽死了，他把老媽的屍體煉了，裝進骨灰匣子裡，就去求趙匡胤，把他娘的骨灰匣子塞進暖水洞裡。

趙匡胤心眼多靈通啊，他立刻亮就明白了這裡的來龍去脈。他回家就問娘，他爹是誰。他娘說啥也不告訴他。他說，你不告訴我，我只有一死了。他娘一聽害怕了，就把事情的前前後後全說了。

趙匡胤聽說了，心裡馬上來了主意，麻溜來到河邊沙灘前，用鎬頭刨，用鐵鍬挖，真就把狐狸精的骨殖掘出來了。他點上一堆火，把狐狸精的骨頭棒子煉了，也打了個小火匣子，把狐狸精的骨頭渣子裝裡面了。

他帶著兩個骨灰匣子，來到了暖水洞口。他原打算把楊家的骨灰匣子先塞進去，再把自家的骨灰匣子壓在楊家的上面。沒成想，著急忙慌的，拿錯了骨灰匣子，把狐狸精的骨灰匣子先塞了進去。剛塞進去，水洞立時就長死了，沒一點空隙。還剩一個骨灰匣子咋辦？他就到山上扯一把籤條，把骨灰匣子和一塊大石頭捆綁在一起，扔進了水裡。

從此，趙家就占了風水寶地，趙匡胤到底當上了皇帝。

而楊家呢，只有保趙家的份兒，稱為「挎甲將軍」，就是楊家將的先人。

康熙找爹

　　康熙皇帝逐漸長大了，有一天問他母親，他的父親是誰。母親告訴他，他的父親就是順治皇帝，出家當和尚了。康熙聽說了，決定去找他爹。

　　康熙化裝成平民百姓，到深山大川的廟宇裡去找爹。問誰誰都說不知道。這一天，康熙在一個溝裡遇見了一個老和尚。康熙上前施禮說：「老人家，打聽個人。」那和尚說：「請說無妨。」康熙就說出要找爹的故事。那和尚聽了，瞥了康熙一眼，說：

　　「啊，你找的是八乂和尚呀，他不知去向何方了。」

　　康熙辭別了老和尚，只好回京城了。到了後宮，對母親說了找爹的經過。母親聽了，說：

　　「那和尚就是你爹呀！」

　　康熙十分不解。

　　母親說：「你想想，八乂加在一起，不是個『父』字嗎？」

　　康熙恍然大悟，也後悔不迭。他不死心，立馬追車又走了，一定要找到爹。

　　這一天，康熙來到一座大廟前，遇到了一個老和尚。康熙上前施禮說：

　　「老人家，打聽個人。」那和尚說：「請說無妨。」康熙說要找八乂和尚。那和尚聽了，瞥了康熙一眼，說：

　　「八乂和尚多了，有東八乂，西八乂，南八乂，北八乂，這麼些八乂和尚，你找的是哪位？」

　　康熙聽了，心下沒數，只好告別了老和尚，往京城回走了。到了後宮，對母親說了找爹的經過。母親聽了，連連嘆氣，說：

　　「那和尚就是你爹呀！」

　　康熙十分不解。

母親說：「你想想，八乂是父，『父』字下面加個『多』字，不還是『爹』嗎？」

康熙恍然大悟，後悔不迭。他不死心，立馬追車又走了，一定要找到爹。這回他心下打好了譜，只要見到老和尚，提到八乂，就跪下磕頭，那人準是他爹。

他又來到那座大廟前，那個和尚沒有了。他又走遍名山大川，始終也沒找到那個和尚。這以後，康熙也打消了找爹的念頭了。

乾隆東巡的故事

　　一年，乾隆皇帝帶領大隊人馬，到長白山大清的發祥地來了。那時長白山還是封禁地區，很少有人煙，只有卡倫和封丘，駐有旗丁，看守著祖宗陵寢和龍興之地，不許人們進山狩獵、挖參。在吉林烏拉一帶，有清廷內務府設置的打牲烏拉，專門給宮廷採東珠、挖人參、抓蛤蟆、採蜂蜜、捕黑貂、打鱘魚。乾隆來到這一帶，他吃的是長白山的名珍佳餚，心裡好不高興。他本想到天池去祭祖，可到這一瞅，路途那麼遙遠，眼前是降煙起霧的大林子，立陡的懸崖，湍急的河流，雖說是騎馬坐轎，那旅途的勞累，早把乾隆嚇得眼暈了，說啥也不去長白山了，就蹲在吉林烏拉的西山一帶，磨磨蹭蹭，就是不動地方。天快冷了，眼看按原來打算的歸期快到了，還上什麼長白山？隨從的文官武將甚是著急。內中有一位跟隨乾隆多年的太監看出了皇上的心意，這小子心眼來得快，馬上想出了個鬼點子。這天早上，他跪在乾隆面前，大聲啟奏道：「皇上，奴才聽說西面那座又高又陡的大山就是長白山，眼下正可以登山祭祖。」這話真說到乾隆的心坎上了。他當然知道長白山離這兒還有近千里的路程，這哪是什麼長白山？可這位太監的話，真給他解了圍，賺了臉。在這兒祭祖，名正言順，順理成章，誰還能說他不忠不孝？當下大隊人馬就直奔那座山而去。說起來這山又矮又平，可隨從們都說這是直插雲霄的長白山。乾隆心裡明鏡似的，也來了個就坡騎驢，就在這熱熱鬧鬧祭祀了一番。由此，皇上的祭祖活動就告結束。有心計的文官馬上打圓場，就把這叫長白山。因為這座山實在低矮平坦，無法與長白山媲美，後來人們就稱這座山為小白山。打這以後，就留下了規矩，每當皇上和朝臣要到東北祭祖時，就在小白山擺開場面，熱鬧一陣子。

　　話說乾隆皇帝祭完了祖，就登上吉林烏拉西邊的一座山，觀看江城的景色。康熙皇帝當年東幸時，曾到過吉林烏拉。當他看見松花江裡戰艦連檣，兵精將銳時，十分喜悅和激動，曾揮筆寫下了著名的《松花江放船歌》。康熙是

乾隆的爺爺。康熙皇帝當年揮旌北上，大敗沙俄，收復雅克薩城。這個，乾隆比誰都清楚。可這咱乾隆歸心似箭，恨不能立刻回到北京，哪還有心思在這逗留？這一天，他站在松花江北岸的一座山峰上，瞧了一陣松花江和吉林烏拉城，心情非常冷漠，手拈著鬍鬚說：「琵琶城，王八灣，哈哈哈，沒啥可看。」從此，吉林烏拉就有了「琵琶城」的稱號。

而乾隆站腳的那座山，人們就稱之為歡喜嶺。

乾隆一行人馬要打馬回朝了。那真是旌旗蔽天，矛戈映日，鼓樂喧鬧，人喊馬鳴，好不氣派，萬分熱鬧。這一天就來到了邊牆的第九個邊台（即現在的九台縣）南邊的五虎霸王莊。他們在這兒住下了。乾隆問：「為啥叫五虎霸王莊呢？」當地人告訴他，早些年這個莊裡有家姓李的，哥五個，有錢有勢，橫行鄉里，十分霸道，所以叫「五虎霸王莊」。乾隆聽了，手拈鬍鬚，很不高興。他想，真是豈有此理，天下只有我才可以稱王稱霸，你個平民布衣算老幾？再有錢有勢，怎能跟朝廷抗衡？有心想發作一下，顯顯皇上的威風，又一打聽，才知李家已經破敗，後人早已東逸西散。乾隆真就找不到出出火氣的地方。沉吟半天，才說：「什麼五虎霸王莊？如今天下太平，國泰民安，就叫太平莊吧。」於是，五虎霸王莊就改名叫太平莊了。

乾隆在五虎霸王莊住了一夜，第二天中午又動身西行。快到天黑時，大隊人馬來到一條大河邊上。沒有橋，舟楫又不多，大隊人馬一時無法過河，只好在河邊搭起穹廬似的帳篷住下了。晚上月明星稀，河水嘩嘩流淌，乾隆皇帝煩躁不安，翻來覆去，說啥也睡不著。他坐了起來，叫來隨身侍從人員，問這是什麼河。隨從找來當地人詢問，回稟乾隆說：「這條河叫鬧龍河。」乾隆一聽，差點把鼻子氣歪了。他心裡想，我說咋睡不著呀，這名兒不吉利，得馬上改名。叫什麼名好呢？乾隆皺起眉頭，犯起尋思來。這時，帳外傳來一陣馬鳴聲。乾隆心裡一亮，想起來了。剛到這條河邊時，隨從們曾經把馬趕到河邊飲水來。好，就叫飲馬河吧。於是，鬧龍河就改成了飲馬河了。

第二天，乾隆早早起身，命令速速啟程，他不光一夜沒睡好覺，還打心裡煩惡這條河，就是因為它的名叫鬧龍河的緣故。

三弟鎮守遼陽

　　乾隆時代，朝廷內有個奸臣，名叫和珅。這傢伙要多壞有多壞，要多損有多損。這一年，他去遼陽閒逛。鎮守遼陽的一員武將為人耿直，不聽邪，當然就半拉眼珠看不上和珅。和珅是當朝重臣，他表面不敢得罪，但也不附庸巴結。和別的地方官相比，這就等於輕侮了和珅。和珅又氣又恨，可又抓不到什麼把柄。和珅的鬼點子多，殺人不見血。他一回京城，就勾結宮內一個太監，想出了個狠毒的辦法。

　　乾隆有個習慣，退朝和晚膳後，好獨自一人到御花園溜躂。這一天，正走著，就覺得背後有腳步聲。那時，皇帝是真龍天子，行有行狀，坐有坐樣，講究著哩。攔一般人，可以回頭望望，可當皇上的就不能探頭縮腦，交頭接耳。乾隆就當沒事一樣，溜躂一圈，回去了。第二天，乾隆又去御花園遊玩，後邊又傳來刷拉刷拉的腳步聲，顯然身後有人。乾隆有抻頭，沒吱聲，更沒回頭。第三天，乾隆又去御花園遊逛，身後又傳來腳步聲。乾隆覺得挺奇怪，沒說啥，又回去了。他馬上叫太監傳喚和珅，有話說。和珅來了，跪在地上，一副虔誠崇敬、誠惶誠恐的樣子。乾隆叫他起來，平身說話。乾隆就把這幾天逛御花園遇到的蹊蹺事說了一遍。和珅沉吟好一會兒，才說：「依臣之見，皇上就應問他一聲才好，只是不必轉身側目，還保持人君的尊嚴。」乾隆聽了，微微點頭。

　　第四天，乾隆正在御花園裡觀賞景物，心裡可裝著事，時時側棱耳朵聽著。果不其然，又傳來腳步聲。乾隆輕咳一聲說：

　　「身後何人？」

　　只聽身後一人答道：「二弟雲長。」

　　乾隆一聽，心下直畫魂，為啥？身後是關雲長，那麼自己就是劉備了。他又驚又喜，便又問道：「三弟呢？」

身後的聲音回答道：「三弟鎮守遼陽。」

乾隆挺迷信，尤其聽說自己是劉玄德轉世，樂得連自家老娘的姓都忘了。他想，既然三弟在遼陽，我也要像劉備那樣，待他情同手足，一定要重用。於是他傳下聖旨，速發金牌，召遼陽那位武將進京面聖。下一道金牌，乾隆不放心，又下了第二道金牌，金牌下過了，心裡還覺得不踏實，又下了第三道，第四道……一連下了十二道金牌。

再說鎮守遼陽這位武將，一天連得十二道金牌，先是發驚，後是發毛，最後就害怕了。他一想，壞了，準是得罪了和珅，和珅這老小子在皇上面前說了他的壞話，皇上一定十分震怒。他要去京城，自己被殺頭不要緊，還得禍滅九族。這位武將仰天長嘆一聲，就吞金自殺了。

乾隆左等三弟不來，右等三弟不到，最後來了消息了，說鎮守遼陽的武將吞金自殺了。乾隆後悔得直跺腳，埋怨自己性兒太急了。他只好下旨厚葬了這位武將，武將的子孫也加官晉爵。

和珅就這樣借乾隆的手害死了這位武將。乾隆還蒙在鼓裡，以為自己真是劉備轉世。從此讓各地修了不少關帝廟，供奉祭奠，香火十分旺盛。他哪裡知道，他逛御花園時，和珅特意命令一個太監偷偷地跟隨著。這一整套計謀全是和珅設計出來的，連怎樣回答乾隆的問話，和珅都教好了。

牛上房，車上樹

紀曉嵐的遠祖原來住在山西。那時河北、山東因戰爭災荒頻起，人們走死逃亡，已成千里無人之地。不少山西人就往河北、山東遷移。紀曉嵐的遠祖率領一家人也往河北遷徙。

走到半路，遇見一個算命打卦的，紀曉嵐的遠祖就求一卦，看在何處落腳是好。算卦的人告訴他：「牛上房，車上樹，就是落腳處。」紀曉嵐的遠祖並不信以為真，亙古至今哪見過牛能上房、車掛樹上的？

他們繼續往東走。來到山區，見有人順山坡挖洞修屋，洞口上還安裝門窗，洞裡住著人。這就是窯洞。正晌午時，見一女人紡完線，把紡線車子掛在樹上就回窯洞裡做飯去了；又見一頭牛在窯洞頂上的山坡上吃草，紀曉嵐的遠祖立刻明白了，這就是「牛上房，車上樹」，正是落腳的地方。紀家就在這兒住下了，日子也一天天發旺起來。

紀曉嵐就出生在這兒，屯堡名叫崔爾莊。紀家的住處是四合院，二進的，有影壁，房子全是磚瓦結構的，這住處在河間府獻縣，又稱直隸獻縣。紀曉嵐也自稱「河間氏」。因當地有「牛上房，車上樹」的奇特景觀，並且出現了一代人傑紀曉嵐，所以民間就流傳這麼一句口頭禪：上有天堂，下有蘇杭，數了北京數南京，接著就數崔爾莊。至今在崔爾莊一帶還流傳這樣一首歌謠：上有天堂，下有蘇杭，數了北京數崔爾莊。崔爾莊九門九戶九關廂，十字街頭跑開馬，南花園子立穀場。

林則徐的故事

幼年林則徐是個聰明伶俐的孩子。這一天，家中來了位客人，林則徐的父親照例給客人拿來煙槍、煙燈，摁上煙炮，讓客人抽大煙過過煙癮。當時盛行抽大煙，來了客人，都用大煙招待，就像用茶招待客人一樣。

幾位客人都躺在煙榻上「嘶嘶」地抽大煙。內中有一個客人說啥也不抽，怎麼讓，他也不上煙榻，只抽火煙。林則徐的父親問他為啥不抽，這位客人抻悠老半天，也不說。眾人再三催問，他還是不說原因，卻給大家講了個故事。

傳說有這麼一天，一位商人乘船，路過一座高山。忽然河水揚波，船體搖動。這位商人走出船艙，要看個究竟。剛上甲板，就覺得浮浮搖搖，站不穩腳跟，身子踉踉蹌蹌，不一會兒就懸空起來，身子起了空。他覺得有股風力吸著他，他身不由己，就朝那座大山飛去。他覺得好生奇怪。飛啊，飛啊，他瞧清楚了，原來在山崖上有一條瓦缸粗的大蛇，正張著大口吸他呢。商人立刻亮兒明白過來了，大蛇是要吃他啊，說啥不能讓大蛇吃掉呀！正在這夾當，他飛到一棵又粗又高的大樹上邊。他一側棱身子，伸出胳膊，就手拽住一枝樹丫。他拽得死死的，說啥也不能鬆手。還真管用，大蛇吸不動他了。他的身子就勢貼在樹幹上。他害怕呀，怕大蛇下山來吃他。怕啥來啥，只聽呼一陣風，大蛇一眨眼工夫就來到樹下，抬起腦袋打量著他。他雙手扯住樹丫，身子抖得篩糠。就見大蛇把尾巴一掄，一下子就把他的身子捆在樹幹上了。大蛇在地上張開大口，用尾巴梢先戳他的左鼻孔，又戳他的右鼻孔。他的兩個鼻口立時淌出血來。那血像躥箭似的，嘩嘩直淌。大蛇張開嘴巴，就接血喝。商人明白過來了，大蛇是要先喝他的血，後吃他的身子。他心裡尋思，這下這條命算完了。自己死了就死了，可商號的賬目還沒交代呀，以後家裡人怎麼結賬呀。他順手摸摸衣兜，一本賬簿還在。他掏出來扔在地上，準備以後家裡人來找時興許有用，又摸，兜裡還有兩個煙炮。好呀，這煙泡就給大蛇吃吧。他掏出兩個煙

炮，扔進大蛇的嘴裡。大蛇沒辨出啥滋味，抿拉抿拉嚥下去了，接著還喝他的血。喝著喝著，就見那大蛇眼皮麻達了，嘴巴張開著直淌哈拉子，身子亂顫亂抖。不一會兒，大蛇「撲通」一聲掉下地來，長拖拖地倒在地上，一動也不動。商人很害怕，心裡沒有底，沒敢下樹。待了老半天，見大蛇沒啥動靜了，才悄默聲地爬下樹來，撒丫子往河沿跑，終於找到自己的那艘船。這大蛇咋死的？保準是那兩個煙炮給毒死的。所以這大煙是毒藥，萬萬吸不得呀！

林則徐的父親和客人們聽了，面面相覷，當下就撅折煙槍，砸了煙燈，燒了煙炮，再也不抽大煙了。

這事在林則徐的腦瓜裡打下了很深的烙印，大煙有毒，不能吸。林則徐長大當官以後，也絕不吸大煙。以後他到廣州，見英國人大量往中國販賣鴉片煙，他又氣又恨，把英國商人的鴉片煙搜出來，一把火全燒了。

金鈴公主

　　清朝皇帝統一天下後，實行「北不斷親，南不封王」的政策。順治皇帝的妹妹雍穆公主就嫁給了科爾沁一個王爺皮里塔格爾。一次平定叛亂的戰鬥中，皮里塔格爾王爺不幸戰死，這時康熙皇帝已經登位，他給戰死的皮里塔格爾王爺，也就是他的姑父封位謚號，皮里塔格爾就葬在科爾沁草原，葬禮十分隆重。

　　雍穆公主是清朝皇室的格格，又是康熙皇帝的姑姑，自從皮里塔格爾死後，康熙皇帝就讓她在北京定居下來。雍穆公主年紀輕輕的就守了寡，心裡很是清冷寂寞。她是個出了名的美女，又很風流，難耐寂寞，就和一個貝勒的兒子好上了。她是皇上的姑姑，連康熙皇帝都讓她三分，她自己又不加檢點，由著性子，不管不顧，和那個小貝勒明來暗往，最後甚至形影不離，明鋪明蓋，難捨難分。這事在京城裡哄揚開了，人們都說皇上的姑姑不正派，偷漢子，傷風敗俗。康熙皇帝的臉上掛不住。這事不好直說，更不好阻攔，怎麼說自己還是個晚輩的。康熙皇帝犯愁了。

　　這時有個貼身的大臣對康熙說，皮里塔格爾的陵墓就在科爾沁草原，眼下無人照看，公主理應到科爾沁去居住。康熙一聽，這辦法高明，表面上是照顧姑父的陵墓，實質上是斬斷雍穆公主與那個小貝勒的關係，他也就賺回了面子。真是一舉兩得，這事就這麼定下了。

　　雍穆公主聽說了，打心眼裡不高興，又是哭又是鬧的。她不好明說不願意去科爾沁，卻繞著彎子說在科爾沁生活不習慣，吃不慣那裡的飯菜，住不慣蒙古包。康熙皇帝雖然才二十來歲，但十分聰明機靈。他知道她的真正用心是什麼。他得把她打發走，留在北京實在不好擺弄，就降下聖旨：在科爾沁草原給雍穆公主修建兩個住處，再派去漢、滿等民族的能工巧匠一萬人，隨公主去科爾沁草原。這些能工巧匠可夠全科的了，有會蓋房修屋的，有會打鐵鍛造的，

有會烹調做菜的，有會剪裁縫衣的，有會診病開藥的，反正幹啥的都有，都是去伺候雍穆公主的。這些能工巧匠就在科爾沁草原定居下來，以後都入了蒙古籍，成了蒙古族人。不信你去查訪一下，不少科爾沁蒙古人說，我們老祖先是山東人、河北人，是漢族，會打鐵，會炒菜，是隨公主來的。就是這個意思。

雍穆公主見這一招沒難住康熙皇帝，就又想出一招，說喝不下科爾沁草原上的水，吃不下哲里木當地出產的糧食和蔬菜。這也難不住康熙皇帝，他下了命令，公主吃的水和米、面、魚、肉、水果、蔬菜，全從北京運去，還特意撥了個千里馬運輸隊，專為公主從北京往科爾沁草原運送東西。

公主沒招兒了，只得捏著鼻子到科爾沁草原去了。

雍穆公主有個愛好，在衣裳的下襬繫一些小金鈴鐺，走路騎馬，一路上叮叮噹噹響聲不斷。連伺候她的使女丫鬟穿的衣裳下襬也繫上了銅鈴鐺。

雍穆公主來到哲里木，乍開始還新鮮興奮一些天，每天騎著馬，後邊跟隨丫鬟使女，在大草原上瘋跑，好不熱鬧。過了不久，她的心病又犯了，她還是想念那個小貝勒。天數一多，竟茶飯無心，身子也漸漸消瘦起來。

再說那個小貝勒，跟公主本來挺有感情的，公主一走，把他閃了一下，得了一場大病。老貝勒尋醫求藥，總算治好了他的病。他說要出去散散心，老貝勒也就答應他了。沒想到他竟偷偷地來到科爾沁草原，照直朝雍穆公主的住處奔去。兩人見了面先是抱頭痛哭，接著又是狂笑又是流淚。從此兩人整天廝守在一起，一步也捨不得離開。他陪著公主，今天到這個住處玩，明天又騎馬到另一個住處樂。科爾沁草原地大人稀，又遠離京城，公主的膽子更大了。她和小貝勒天天騎著馬在大草原上飛跑，或者坐著勒勒車在草原上玩耍。金鈴鐺叮叮噹噹響，他們玩得好痛快。

雍穆公主的風流韻事馬上就在草原上哄揚開了，很快就傳到康熙皇帝的耳朵裡。康熙皇帝著實生氣了，他想，這不是成心丟我的臉嗎？他派人到科爾沁草原把那個小貝勒抓回北京，祕密處死了。

雍穆公主聽說小貝勒死了，難過得又哭又叫，得了一場大病，不吃不喝，

連藥也不嚥了。她就這麼哭哭啼啼，悲悲切切地混日子，不到五十歲就死了。
她死後，康熙皇帝下令把她和皮里塔格爾王爺合葬在一起。因為她生前喜愛金
鈴鐺，死後人們就稱她為金鈴公主，她的墓就叫公主陵。

斧劈椴樹精

　　這還是早先年的事情呢。在長白山的一個木場子裡，有一個姓萬的木把。這萬木把是山東人，別人都叫他「山東萬」。他長得五大三粗，渾身是勁兒。

　　有一天，雞叫頭遍，把頭們正在工房子裡睡覺，大師傅做好飯，正在搶鍋[1]。這時，就聽見一個甕聲甕氣的聲音說：「大大攘一團給我老段！大大攘一團給我老段！」大師傅一撒目，好傢伙，只見從窗口伸進一隻毛烘烘的大手，那手活像小簸箕，又大又厚。大師傅可嚇麻爪兒[2]了。可那傢伙仍伸著大手，一聲接一聲地喊叫著。大師傅沒法兒，只好撐著膽硬著頭皮，鏟了一大木鍁飯倒在那隻大手裡。那隻大手縮了回去，聽得見「吧哧吧哧」吃飯聲。不大工夫，大手又伸進來了，又喊：「大大攘一團給我老段！」沒法子，大師傅又舀一大盆飯倒在那隻大手裡。不大工夫，那隻大手又伸進來，喊叫開了。大師傅只好又舀又倒。飯吃光了，那傢伙也走了。

　　那傢伙一走，大師傅就把木把們喊起來，把前前後後的經過一說，木把們聽了又是驚又是奇。現做飯不趕趟，把頭們不管你吃沒吃飯，催著趕緊上工。大夥兒又憋氣又窩火，只好空著肚子去上工。做了一天木頭活兒，粒米沒進，有些人幹不動了，倒在地上不能動彈。山東萬見了這光景，心裡真難受。他袖子一挽，說了聲：「俺才不管老段老柳的，今兒黑間兒看俺的！」

　　這天黑夜，山東萬就搬到廚房炕上躺著。雞叫頭遍，大師傅搶鍋時，那隻大手又伸進來喊：「大大攘一團給我老段！」聽它一喊，山東萬就悄默聲兒地下了炕，摸到窗前，那傢伙一聲迭一聲地叫著，山東萬一個高兒躍起來，一把就握住了那隻大手。那傢伙一見手叫人抓住，就往回拽。可山東萬的大手就像

1　搶鍋：刮鍋裏的糊嘎巴。
2　麻爪兒：驚慌，恐懼狀。

老虎鉗子似的，扣得緊緊的，哪能拽得出？山東萬往裡拉，那傢伙就往後掙，拉啊掙啊，只聽「喀嚓」一聲，山東萬一傢伙坐了個屁股蹾兒。一看手裡攥的，哪是什麼大手，原來是棵老粗老粗的椵樹杈子。

這天早上，木把們吃了頓飽飯。打這以後，這傢伙再也不敢來搗亂了。

過了好些日子，一天晚上，三號工房的木把們一個拉胡琴，一個就哼著京戲。正唱著，門「吱嘎」一聲大揭大開，隨著閃進一個人來。那人進來就甕聲甕氣地喊：「快當啊，師傅！」大夥兒抬眼一看，呵，好一個黑大漢，身子足有七尺高，腰足有四五抱粗，兩眼好像兩盞小燈籠，臉蛋黑得像鍋底。冷眼一看，像座鐵塔。這傢伙一動步，地都直顫悠，往炕沿兒上一坐，壓得碗口粗的炕沿兒忽悠忽悠直顫，眼看就要壓折了。深山老林子裡哪來的這路人？房裡的木把們嚇得目瞪口呆，說不出話來。

他坐好了，就甕聲甕氣地說：「拉拉唱唱給我老段聽聽，拉拉唱唱給我老段聽聽！」大夥一聽又是「老段」，嚇得頭皮都發麻，但也不敢不照辦，只好一個拉一個唱。那些人就你瞅我，我瞅你地陪著，拉啊唱啊，一個時辰，又一個時辰。它側棱[3]耳朵一個勁兒地聽，還不讓歇著，一歇著，他就甕聲甕氣地喊。一直鬧騰了一宿，雞叫了兩遍了，他才站起身，甕聲甕氣地說：「下黑兒我老段還來！」說完就通通地走了。

天大亮了，木把門一夜沒闔眼，還得照舊去做木頭活兒，哪有力氣呀？這還不算，這傢伙晚上還要來，還得一宿不能睡覺。這樣下去，不嚇死也得熬死。大夥兒一合計，就去找山東萬想辦法。

山東萬一聽，二話沒說就答應了。晚上吃了晚飯，他就拎起斧子來到三號工房。他一個高跳上炕，在裡邊盤腿大坐，把大斧頭坐在屁股底下。不大一陣工夫，只聽「呼通呼通」地響，門又「吱嘎」一聲開了，那個黑大漢又閃了進來，甕聲甕氣地喊：「快當啊，師傅！」因為今兒晚上有山東萬在場，大夥兒

3　側棱：往一邊斜的意思。

膽子都壯了，都按著山東萬的吩咐，齊聲回答：「快當，快當！」黑傢伙往炕沿兒上一坐，又甕聲甕氣地說：「再拉拉唱唱給我老段聽聽！」拉的人唱的人也爽爽快快地回答：「好！」就又拉又唱起來。拉得有板有眼，唱得清脆響亮，黑傢伙張著大嘴側棱耳朵聽得入了迷。

就在這節骨眼兒上，山東萬悄悄站起身，摸起大斧子，湊到黑傢伙背後，把大斧子一輪，使出全身力氣，照準黑傢伙的腦袋，著著實實地劈了下去。只聽「噗嗤」一聲，「嗷」地一聲吼叫，山東萬的大斧子怎麼也拔不出來了。就見一溜兒火線，直奔屋門衝出去，把山東萬也拽了個跟頭。那傢伙撞倒了牆，沖毀了大門。在外面還「唔唔嗷嗷」直叫喚，那聲音真嚇人。

山東萬說：「俺這一斧子劈得可真差不離兒，它再也不敢來了，大夥兒睡覺吧。」這一宿大夥兒可真睡了一夜好覺。

第二天，大天四亮了，木把們起來一看，屋裡滿地是血。山東萬跟大夥碼著血蹤往前追。過了一道道山，過了一條條澗，呵！在一個立陡的大青石砬子上，長著一棵又粗又大的椵樹，山東萬那把大斧子還在樹身上揿著，只有斧把兒露在外面。原來是這棵老椵樹成了精，在興妖作怪呢。

山東萬一步躥上去，扯住了斧把兒，三搖兩晃，就把大斧子拽了出來。他就著勁兒掄起大斧，呼呼一陣風，乒乓地砍起來，只聽那樹「唔唔嗷嗷」叫，還往外吱吱冒血。只聽「轟隆」一聲山響，老椵樹倒了。一看，是棵雙心子樹，山東萬幾斧子就砍下了樹頭。他又拿出全身力氣，幾大斧就把大椵木骨碌劈開了，只見裡面有黃橙橙的苞米子粒兒，還有不少人骨頭。山東萬跟木把們，籠上一堆火，把老椵樹扔到火堆裡，只一會兒工夫，就燒成一堆白灰灰兒。

何首烏

　　早先，在長白山的大林子裡，有一個二十戶人家的小屯堡。屯堡南邊有個荷花灣，灣裡的水冬暖夏涼，清明淨亮。一到了秋天，灣裡的荷花，開得火一樣紅。在荷花灣當間，長著一棵又粗又高的何首烏，無冬論夏，都是那麼新鮮水靈。吃這荷花灣水的人，個個都長壽健壯。有的老頭，都五六十歲了，臉兒還是紅撲撲的，身子骨硬實實的，頭髮鬍鬚烏黑油亮的。人們種田、打圍、放山、網魚，日子過得幸福、愉快。

　　有一年，一個州官走到這裡，見到這裡的景兒和這裡的人，好生納悶，就帶領人馬在這兒紮下營房住了下來。這傢伙天天打聽，日日尋啊。這兒的人知道這傢伙心術不正，沒有一個跟他說實話的。天長日久，他也看出門道來了。他見荷花灣當間的那棵何首烏長得特別，就入心了。這天晚上，夜深人靜，他帶領幾名隨從，搖著小舢板，直奔那棵何首烏划去。到了跟前，幾個人扯住何首烏的秸子就往出拽。原來他看出這棵何首烏是寶，他想摳回去栽到自己家的水塘裡，他們全家吃上這水塘的水，定會長生不老；或者送給皇上，皇帝得了這樣的寶貝，還能虧待他？少說給他幾萬兩銀子，多說嘛，備不住弄個宰相噹噹。他們幾個人拽啊拽啊，只聽「轟隆」一聲響，何首烏被拽出來了。可是卻打地底下冒出一股子水來，咕嘟咕嘟直往外躥，那浪花一下子把小舢板沖翻了，州官和那幾個隨從都落水淹死了。

　　這水花躥了一整天才停下。不久，灣裡的水越來越少了，那荷花都葉碎梗折，何首烏再也不見了。如今一提起這事，人們還痛恨那個州官。

竹林寺

在河南省的汝州（現在的臨汝縣）內，有個又深又大的水坑，傳說這就是竹林寺的遺址。

聽人說，當年這兒有座廟，廟裡住著一個老和尚和一個小和尚。廟裡養著一條驢，老和尚就叫小和尚天天拿著鐮刀上野外割草餵驢。這一天，小和尚正在割草，就見打對面跑來一個小孩兒。這小孩兒圓臉盤大眼睛，戴著紅兜肚，頭上紮著乖乖角。小孩挺黏人，小和尚就和他玩起來了。小孩問：「你來幹啥？」小和尚說：「割青草。」小孩問：「割青草幹啥？」小和尚說：「餵毛驢。」

於是小孩就幫助小和尚割草。小孩帶領小和尚到一個山豁口處，這兒的草很青，又水靈又嫩蔥。他們割了一大背。小和尚高高興興背著青草走了。從這以後，他天天到這兒割草，天天能見到小孩，天天和小孩玩耍一陣子。這草可怪哩，今天割了，一宿工夫，又長得跟原來的一模一樣，還是那麼青的，還是那麼水靈嫩蔥。天天都是這樣。

老和尚先是挺高興，待些天就搖頭晃腦地納悶，這一天就直接問小和尚。小和尚先是不肯說，架不住老和尚又打又罵又哄又騙，到底把事情由頭到尾地說了一遍。

老和尚聽了，眉毛一揚，眼珠子瞪得像鈴鐺，「嘿嘿」一笑，說：「你就跟他經常玩耍吧，都是孩子娃娃，哪個不貪玩？我還教你個玩的辦法。」說著，老和尚就拿著一個線團，一頭紉上針，對小和尚說：「再玩時，你悄默聲地把針別在他的兜肚上。」小和尚答應了。

第二天，小和尚就帶著線團來到山豁口處草地前，那小孩也來了。他們在一起又痛痛快快地玩了起來。玩夠了，小孩說要回家了，小和尚趁他不注意，把紉上線的針別在小孩的肚兜上。小孩走了，小和尚背著青草又回到廟裡了。

原來老和尚見小和尚走了，帶著頭就尾隨著來到山豁口。他見到那個小孩了，樂得心兒「怦怦」直跳。他見小孩一眨眼工夫就上道了，就迎了上去，讓小和尚背著青草先回廟，他一會兒就回去。小和尚走了，他就走到草地前，就見地上的線團滴溜地轉。他碼著線往前找去，那線奔向青草地就不見了。

老和尚往手上吐了口唾沫，貓下腰，掄起頭就刨了起來。刨著刨著，就見到一個黑東西，往細一看，是何首烏，有六七斤重，像個小孩兒，有胳膊有腿兒，眉眼都長齊全了。

老和尚樂顛餡了，扛著頭抱著何首烏回廟了。他拿破碗碴把何首烏的皮刮淨，然後就放到鍋裡，添上水，煮起來。越煮越香，香味直衝鼻子。煮好了，老和尚把何首烏撈出，放進陶壺裡，走出門兒，想找幾個相好的山主一塊兒消受消受。臨走時，他囑咐小和尚說：「千萬別動陶壺裡的東西。」小和尚點頭答應了，老和尚這才安心落意地走了。

老和尚走了，小和尚聞著屋子裡有股香味。他找來找去，香味就是從陶壺裡冒出來的。打開陶壺一看，裡邊裝著個東西，細一瞅，是何首烏，越聞越香，忍不住就揪下一塊吃了，放進嘴裡一嚼一品，真香呀，就又揪著吃起來。不一會兒，就全吃完了。吃完了，忽然想起老和尚臨走時囑咐的話來。他害怕了，怎麼辦呀？把湯淘出來，潑在廟外，把陶壺也砸了，陶壺裡剩下的湯流了滿地。

正在這時，老和尚回來了。小和尚見老和尚快進廟門了，心中無底，不知如何是好。就覺腳下飄動，那廟忽然起空了，飛走了，地上留下個大水坑。小和尚見老和尚滿臉惱恨的樣子，心裡害怕，無路可走，正好瞥見那個水坑，就一頭跳進水坑裡。忽然覺得身子發輕，也飄了起來，他就勁兒飛進起空的廟跟前，進了廟裡。

老和尚見眼前這大水坑，那水漆黑碓青，深得沒有底兒，心裡害怕，就沒敢往水坑裡跳。

就這樣，那廟越起越高，小和尚也成了神。老和尚貪生怕死，沒能成神。

一直到現在，那水坑還在，但廟宇卻沒有了。可人們仍稱這地方為竹林寺，因為這廟飛上天以前，廟前廟後長滿了竹子。有時，天道響晴時，人們還能恍恍惚惚地看見，在天空中，有一座廟宇，有時還隱隱約約傳來鐘磬聲。這廟就掩映在綠竹之中，可美了。

魚山廟

在遼寧省凌源縣內有座山，叫魚山。魚山不太高，山形奇怪，長得像條游動的魚。據說，多少年以前，魚山還真就會游動。魚山南邊二里地遠有個水泡子，這魚山游動到泡子裡就會出大事，說是能出一個新皇帝。

這事就傳到當朝皇帝的耳朵裡。他十分著急害怕。他想，我就是當今皇上，再出個皇帝我往哪擺？他就問眾大臣，有何辦法破解此事？

朝中有個大臣，懂得陰陽地理五行八卦。他走出班列，叩拜皇上說，我能破解這塊風水寶地。皇上龍顏大悅，就點頭同意了。他拾掇拾掇就出發了。

他來到魚山，前後左右走了幾遍，仔細勘探地勢，決定在魚山的魚頭那疙瘩修座廟，把神魚固定在那兒。當下就行動，用了一天一夜的工夫，修成了一座石頭廟。

魚山的風水就這樣被破了，自然也出不了什麼皇帝。但自此以後這地方出了不少唱戲的，扮假皇帝的尤其多。

魚山上產片石，不少人到那撿片石盤炕砌牆，不少人還撿到古代魚形化石。

晉王城

唐朝時有個姓李的晉王，受奸臣陷害，被派到邊疆與叛軍打仗。叛軍所在之地地勢凶險，又兵強馬壯，奸臣以為他此番出兵凶多吉少，必死無疑。

李晉王是個有韜略的人，他派人偵探好叛軍所在之地的山川地形和兵馬佈置情況，就是出了一套策略。

他命令每個士兵都準備兜子，撿拾馬糞，裝進兜子裡；又命令士兵跑步到河上游，把馬糞全倒進河水裡。一霎時，滿河面上飄滿了馬糞。叛軍將士們見這光景，先就膽突的，不知對方發來多少兵馬。於是急忙撤退。李晉王的軍隊乘勝追擊。

追到一個險要地方，叛軍停下了，他們要憑藉這的天險，與李晉王的軍隊決一死戰。

李晉王的兵馬本來就不多，硬頂硬地打，肯定要吃虧。李晉王按兵不動，在思謀對策。

這一天，兩軍對陣。只見李晉王的軍隊裡一個士兵拋出一根鐵桿，被另一個士兵吃力地接住了，並插進地裡。接著士兵們互相拋鐵桿。其實只是先頭那根鐵桿是鐵打的，之後的那些全是刷上鐵色的竹竿。叛軍士兵就回陣去報告主帥說，李晉王的士兵力大無比，拋鐵桿如同拋竹竿。叛軍主帥一聽，十分膽怯，就捨棄天險，繼續撤退。李晉王的軍隊又乘勝追擊。來到一個高山陡砬子前，叛軍又停下了。李晉王知道，叛軍是要在這兒擺開陣勢，要打大仗了。

李晉王就叫士兵們縫牛皮球囊。一個皮球囊裡裝鐵球，足有幾十斤；另幾個皮囊裡裝牛毛馬尾。只見一個士兵踢出裝牛毛馬尾的足球，另一個士兵接過，換上裝鐵球的足球，甩到一邊，再把裝牛毛馬尾的足球向南邊踢去，單單把個鐵足球忘到後邊。士兵們互相踢足球，顯得十分輕鬆自如。踢了一陣子，李晉王的士兵收起足球，回兵營了。

當時中國人就發明了足球，叫「蹴鞠」。李晉王的士兵愛踢足球，叛軍士兵也愛踢足球。現在眼見對方士兵回兵營，在場地邊上還落下了一個足球，叛軍的探子就把這個鐵球用布袋背了回去，交給主帥，並說了親眼所見的過程。叛軍主帥用手一掂量，這足球邦邦硬，有幾十斤重，先自嚇出一身冷汗。心下道，李晉王的士兵個個是鋼身鋼骨，無法抵抗，於是挑起白旗投降了。

　　李晉王征服了叛軍，就在這修了一座城，叫晉王城。現在外城已毀，裡城還留有痕跡，人們有時還可以拾到銅錢、珠子、玉石墜兒。

　　朝中那個奸臣幹的壞事太多，終於東窗事發，被革職查辦。皇上見李晉王平判有功，就下聖旨調他回京，另有重用。稍事安頓，李晉王就率兵回朝了。

▌殺雞河

　　樺甸市有條河叫殺雞河，河水像血一樣紅。傳說早先這地方有只神雞，這神雞的羽毛五顏六色，金光閃閃，冠子紅彤彤顫巍巍的。神雞是窮苦人的寶雞啊。每天天剛亮，它「喔——」一叫，人們都起來進山下地幹營生，從不誤時。每年正月初一，它叫一長聲兩短聲，就表示今年水多雨潦；它叫兩長聲一短聲，就表示今年水少天旱。莊戶人就根據這個，輪種各種作物，年年都大豐收。山牲口來禍害人糟踐莊稼，它「喔——」一叫，翅膀一扇呼，飛過去就把山牲口啄死。莊稼人都愛這只神雞，它飛到哪，哪兒的人就揚五穀雜糧給它吃。

　　這一年，有個皇帝來巡邊，山山水水的，好個遊逛。來到這地方，早累得精疲力盡了。他進了行宮，大酒大肉吃了個夠，就臥在棉被錦褥的床鋪上。臨睡前還降下一道御旨：「有吵鬧呼號攪擾朕睡眠者斬！」皇帝老子是金口玉牙，說啥是啥，誰敢違背！

　　皇帝老子睡了一夜好覺。可是天剛放亮，神雞又「喔——」地叫著報曉了。正在夢鄉里的皇帝被吵醒了。皇帝十分惱怒，叫太監傳出聖旨給縣官，查問是誰在吵鬧。縣官接了聖旨，忙不迭地打發衙役下去追查。衙役就去追問老百姓。神雞是大夥的命根子，誰肯說出來？衙役惱火了，就暴打老百姓。怎麼打，老百姓就是不說。衙役上稟縣官，縣官又稟報了皇帝。皇帝一聽，那火就來了，破口大罵：「真是豈有此理！如此目無皇上，罪在不赦，全給我斬首！」一聲令下，隨從的御林軍全員出動，不管大人小孩老人婦女，一律砍殺。直殺得喊聲四起，血流成河。

　　正在這時，就見一隻五顏六色、金光閃閃的神雞展開翅膀，在皇帝的頭頂上打著旋兒飛著，「喔——喔——」地叫著。皇帝一看，更加惱火：「原來就是你戲弄朕！弓箭手，給我射！」

幾千張強弓硬弩照準神雞齊射。只聽得「嘎──嘎──」大叫，撲楞楞山響，神雞就打空中翻滾著跌落在地上。神雞身上被射穿了幾個窟窿，猩紅猩紅的雞血噴泉似的咕嘟咕嘟直躥。雞血混著人血，越流越多，形成小溪，匯成大河。河水又深又急，一眨眼工夫，溝溝岔岔都是血水，皇帝的行宮給沖塌了，皇帝和他的隨從人員都淹死的淹死，沖走的沖走。

　　水退了，這兒就留下一條河，河水是紅色的，那水流得平平穩穩，滋潤澆灌著兩岸的莊稼。人們為了紀念這只神雞就將這條河取名為「殺雞河」。又因為這條河裡出金子，不少人下河沙金，人們叫來叫去就把這河叫成「沙金河」了。

生爾奇與達戶屯

松原市扶餘縣四馬架鄉有個屯堡叫生爾奇，翻譯成漢語就是「公主屯」的意思。聽說這和康熙皇帝有關係。

這一天，康熙皇帝微服私訪到了松花江北岸。當時這地方十分荒涼，沒多少人家，人們的生活也挺苦的。康熙當時也六十多歲了，走得又飢又渴的。天挺熱的，康熙皇帝汗流浹背的，來到一個小屯堡邊。他要找水喝，恰好見井邊一個姑娘正在打水。康熙就奔了過去，扳起水桶要喝水，姑娘說：「天這麼熱，水這麼涼，要坐病的。」就把康熙請到家，燒點開水，熱上窩頭，沏上米水，端給康熙。康熙吃得槓槓香。吃飽喝足了，就說話了：「你這人心眼挺好的，怎不見你父母和兄妹？」姑娘說：「就我一個人支著門戶。」康熙說：「你一個人過日子挺艱難的，我就收你做乾女兒吧。」姑娘挺高興的，當下跪下磕了三個頭，就認了這個乾爹，並問：「爹，你老這麼大歲數，來這兒幹啥？」康熙說：「我家住在京城，是到這兒做買賣的，我在北京還開著店哩。以後你有事就到京城找我。」姑娘說：「北京那麼大，到哪去找你？」康熙說：「你找北京最大的店，就能找到我。」

康熙當天就走了。姑娘照舊過日月。

第二年，為佔園子的事姑娘與鄰居爭吵起來。她人單勢孤，還是個女兒家，打不過人家，心裡窩著一肚子氣。順著好吃橫著難嚥，這口氣一定要出。她就想到乾爹，到北京找乾爹，打贏這場官司。

她來到北京，找個小店住下了。就問掌櫃的，北京城哪個店最大。掌櫃的說了幾個，她去了，也沒找到乾爹。回到店裡又問掌櫃的，掌櫃的說，再就是金鑾殿最大了。她問明了方向路徑，就去了金鑾殿。把門的攔擋她，問她是幹啥的。她說家住松花江北岸，到這兒來找乾爹的。把門的通報了上去，康熙聽說了，很高興，說：「我姑娘來了，叫她進來。」

她進了金鑾殿，見到乾爹，才知道他是康熙皇帝。康熙問她有什麼事，她就把與鄰居爭園子的事說了。康熙說：「這點小事不值得生氣，給你搬個地方，你就到松花江南岸去住吧。」姑娘在北京住了些日子，怪想家的，一定要回來，康熙就同意她回去了。還派了不少隨從人員護送她回到松花江邊。原來在松花江南邊的生爾奇這地方早已給她蓋好了房屋，並給這地方起名叫生爾奇。離生爾奇不遠，有座兵營，全是錫伯族，是保護這個姑娘的。這座兵營的士兵及家屬以打魚為生，於是這座兵營就改名叫達戶屯，也就是姑娘居住的生爾奇的陪屯。這兩個屯堡已有三百多年的歷史了，生爾奇有二百多戶，達戶屯有三百多戶，全是錫伯族人。

十大泉眼

伊通縣南，有東花樓和西花樓，東西花樓的北邊有個萬寶山，萬寶山下有個地方，叫十大泉眼。你到那兒一看，有十個泉眼，水清清亮亮的，喝起來還有股藥香味兒。據老人說，當初這十個泉眼曾經往外噴藥水，以後雖然不噴了，但藥香味還沒斷。關於藥泉，這地方流傳著這樣一個故事。

早先，有母子二人從山東到東邊外來逃荒。母親已經七十多歲了，因為吃不飽穿不暖，加上長途行路，身板子折騰得很虛，偏又得了場重病，又沒錢看大夫，眼看著就一日不如一日了。兒子名叫萬寶，他含著眼淚，背著快要嚥氣的老母親，在深山老岳裡，艱難地走著。母親渾身燒得滾燙，嗓子眼兒直冒煙，直喊要水喝。兒子萬寶只好把母親放在松樹下的石砬子上側臥著，自個兒找水去了。

眼前是一層層的山和立陡立陡的石砬子，密密的老林子，望也望不到邊。哪兒有水呀？沒有泉眼，沒有水溝，有的澇窪塘裡汪著點水，也是渾漿漿的，長滿了青苔，紅糊糊的，散發著一股腥臭味，這怎麼能喝？萬寶又往前走，走著走著，只見山坡前石砬子下有個石香爐，裡面汪著多半下清水，還有一條小白蛇在裡面游來游去。萬寶實在再也找不到水了，心想：「快要離世的人了，不管咋的，就叫她老人家喝了這口涼水吧。」就折了棵樹棍，把小白蛇挑出來，說：「小白蛇，小白蛇，你到山林裡去玩吧，我的老母親病很重，幾天沒撈著點糧食吃，也沒喝上一滴水。這點水就叫她喝了吧。」

說也怪，小白蛇一到了地上，身子骨就咯嘣咯嘣響，一眨眼工夫，就變成了一條瓦缸粗的銀光閃閃的大白蛇，朝他點了點，忽地颳起一陣風走了。

萬寶看得呆了，定了定神，見大蛇走得沒影沒蹤了，才端起香爐，碼原道回去了。

老母親實在渴得要命，香爐裡的水，她咕咚咕咚都喝了。說也奇怪，自打

喝了這水以後，心裡像打開了兩扇門，亮亮堂堂的，覺得真舒坦。渾身也有了力氣，也能挪動腳步了，立時，疾病好得一乾二淨。母子倆那樂呵勁兒，你就甭提了。

萬寶山下土地又黑又暄，長得一片好莊稼；山上有數不盡的寶物，人參藥材採不完挖不盡。這真是養窮人的寶地啊！就是有一宗，這兒水不好，人們好得病得災，好長大脖子和大骨節，用啥法也治不好。真苦了這一方黎民百姓了。

萬寶母子就在這地方落了戶。兒子虎實實的，是個幹營生的行家；母親紡得一手好線，織得一手好布。母子倆靠兩雙手，日子過得也滿好的。

老母親還會釀酒，這地方寒冷，鬧病的多，人都不離酒。萬大娘釀的酒也真是好，金黃色的老酒，又香又濃。不光味兒美，醇濃，清香可口，而且還能治病去災呢。氣喘的，頭暈的，喝了她的酒，立即就好；長大脖子的，喝了酒，脖子立時跟好人的一般粗細；長大骨節的，喝了這酒，大骨節慢慢就消除了，也能行動能幹營生了。這一下子可出了名，幾百里地以外的人，都來求酒。他們從不多賺錢，只給個酒本兒就夠了。遇上窮人拿不起錢，他們就乾脆送給他一點。在這地方，一提起萬寶母子，沒個不誇讚的。

酒為什麼能治病？他們也不摸底。

一天晚上，萬寶去蓋酒缸，只見一條小白蛇伏在缸沿上，醉了。他覺得好熟，又見它長得金翅銀鱗，心裡十分喜愛，就叫醒了小白蛇，說：

「醒醒，別睡了！」

小白蛇醒了。只聽它身子骨咯嘣咯嘣響，一眨眼工夫，就變成一條銀光閃閃的大白蛇。說也怪，一眨眼，大白蛇又變成一個身穿白衣的小夥子。萬寶看得呆了，問：「你是誰？」

白衣小夥說：「我是東海的小白龍，因為行錯了雨，被貶到龍灣裡三百年，多虧你救了我。」

萬寶這才知道，小白蛇原來是小白龍。他又問：「你來幹啥？」

白衣小夥卻說：「你的酒為啥能治病？」

這可把萬寶難住了。白衣小夥又說：「這是我做的事。我隔三岔五來一次，幫助你們做藥酒。治病去災。明天我就要回東海了，我不能忘了你，你說吧，你需要什麼，我都能辦到。」

萬寶說：「我啥也不要，只愁你走後，沒人幫我做藥酒；酒不能治病，窮哥們得了病可咋辦？」

白衣小夥尋思半天，才說：「這好辦，我給你些冰片，放進酒缸裡，那酒就能治病。」

萬寶聽了，真是高興。只見那白衣小夥又變成大蛇，張開嘴，吐出些晶瑩鋥亮的冰片，一吐吐了十多塊。吐完了，就朝他點點頭，忽地一陣風，往東飛走了。

萬寶得了冰片，放在酒缸裡，可真不假，人喝了，照舊治病。

萬寶家的藥酒更出了名。遠近的人，成群結夥地來買。以後，在山下有人發現了一個泉眼，萬寶心一動，想：「造酒又費勁又費糧，窮哥們還得花錢買，不如把冰片扔到泉子裡，泉水海海的，誰用誰來舀。」他就從泉眼提了一桶水回來，把冰片扔進桶裡，水給病人喝了，還一樣有效。萬寶可真高興啊！就把一塊冰片扔進泉眼裡。可是取藥人越來越多，這眼泉水也不夠用。萬寶在附近又找了九個泉眼，又跟父老們一起，把泉眼掘深挖大了一些，把所有的冰片一個泉眼一塊地投了進去。這法子真好，藥水有的是，真是取不盡用不竭，一時治好了無數的病人。

東花樓有個老財主，是個出名的地頭蛇。他勾結官府，無惡不作。在這一帶，他說一不二，誰也不敢惹他。等萬寶母子相繼去世後，他看這十大藥泉是來錢之道，就帶領狗腿子，把十大泉眼強行霸占了去。他花了不少銀子，僱人用磚砌成高高厚厚的院套，把十大泉眼圍了起來，不許人隨便取藥水。要用藥水就得拿錢買，一碗藥水一兩銀子。

可是，事不從心，第二天，泉水就沒藥味了，也不能治病去災了。老財主

賠了不少銀子搭了不少工，到頭來卻弄了個兩手空空。氣得他得了場大病，一病好幾個月。

這以後，十大泉眼的水雖不能治病，可是還可以聞到淡淡的藥香味兒。大家為了紀念萬寶母子，就把那架大山起名叫萬寶山。

葉兒

從前，有一家獵戶，家裡有個姑娘叫葉兒，年方十八，長得如花似玉，十分俊俏。這一天，葉兒正在菜園子裡蒔弄菜地，忽然飛來一隻葫蘆蜂，在葉兒的頭上一勁兒盤旋，一邊飛一邊哼哼道：

嗡嗡嗡，嗡嗡嗡，
問問大姐中不中？

一連好幾天都是這樣。

這一天，葉兒跟媽媽說了，媽媽尋思老半天，也沒猜出個子午卯酉來，就對葉兒說：「它再來嗡嗡，你就說『中』！」

葉兒答應了。這一天，葉兒正在菜園裡幹營生，那隻葫蘆蜂又飛來了，在她頭頂上盤旋著，一邊飛一邊哼哼道：

嗡嗡翁，嗡嗡翁，
問問大姐中不中？

葉兒說：「中啊！」

葫蘆蜂聽她這一說，又哼哼道：

嗡嗡嗡，嗡嗡嗡，
謝謝大姐好心情。

葫蘆蜂飛走了。

第二天，葫蘆蜂又飛來了，一邊飛一邊哼哼道：

嗡嗡嗡，嗡嗡嗡，

三天婆家娶過門。

葉兒聽了，臉兒羞臊得通紅，一口氣跑回屋裡，把葫蘆蜂的話對媽媽說了。媽媽聽了，心裡直折個兒，感到摸不著頭腦。不信吧，葫蘆蜂這樣說了；信吧，又沒根沒袢兒的。再說果真是那樣，婆婆家裡是啥樣人家？姑爺子又是怎樣的一個人呢？越想心裡越窄巴，越想心裡越沒底兒，沒法子，只好聽天由命了。

第三天到了。一家人從大清早晨就起來了，側棱耳朵聽動靜，不錯眼珠地瞅著大門外。天頭快晌午，乍巴[1]還晴天老日的，忽拉巴[2]地就天昏地暗起來，狂風呼呼地刮著。不一會兒，風停了，天晴了。全家人一看，啥也沒損毀，單單少了一個人，那就是葉兒。

媽媽放悲聲哭，爹爹不住地淌眼淚，哥哥擦眼抹淚地直抽搭。

一天過去了，葉兒沒回來；一個月過去了，不見葉兒的影子；一年過去了，沒聽到葉兒的音訊。媽媽想葉兒，眼淚哭乾了；爹爹想葉兒，臉上朝天價掛愁雲；哥哥想葉兒，搓手跺腳的，恨不得立刻把妹妹找回來。

哥哥央求爹和媽，要去找葉兒。爹爹媽媽沉悠老半天，終於點頭答應了。

哥哥帶上弓箭，背上乾糧，收拾好行裝，動身上路了。一路上忍饑挨餓，辛苦勞累，自不必說。他翻過了九九八十一座山峰，什麼樣的鳥獸都見到過，什麼樣的花草都碰到過，就是沒見到妹妹葉兒的影子。

這一天，他吃完乾糧，趴在石崖下一個泉眼邊上，咕嘟咕嘟喝起了清泉

1　乍巴——方言，剛開始的意思。
2　忽拉巴——方言，忽然、意想不到的意思。

水。喝完了水，直起腰，剛要拔腿站起來，不提防一隻腳把泉邊一塊石頭踢蹬滾落了。那石頭順著山溪，在山澗裡轟轟隆隆地滾動著，山澗裡發出震天動地的迴響。響聲過後，冷丁傳來一個女人的說話聲：

「是誰揚沙子眯了俺小孩的眼？」

這聲音好熟悉，多麼像妹妹葉兒的聲音啊！他循聲向山澗走去。走不過一百步，就見溪水畔有一個石洞，洞口不大，僅能鑽進去一個人。他鑽進石洞，走不過五十步，裡面就亮堂起來，寬敞起來。在一座青磚灰瓦房前，一個青年女人正在哄孩子。他奔上前，還沒等搭話，冷不丁驚呆住了，那不正是妹妹葉兒嗎？葉兒也認出來了，站在她面前的這個人，正是自己的親哥哥呀！她把孩子放在地上，扯著哥哥的手，傷心落淚地哭起來。

「葉兒，你怎麼到這兒來了？」

葉兒哭著說：「那一天，一陣狂風把我刮到這兒來了。這股風是羆虎精的。它硬逼著我和它成親，不的話，吃了我不說，還要禍害咱們全家。」

哥哥啥都明白了，細細一看地上的孩子，是一頭毛毛烘烘的小虎崽子。

哥哥說：「葉兒，自打你走以後，爹天天想，媽日日念，全家人都是丟肝少肉的，心裡真難受。今兒個好容易找到了你，快跟我回家吧。」

葉兒說：「我夢裡日裡都想家裡的人，巴不得立刻亮地就站在爹媽的身旁。哥哥你就領我回家吧。只是這只羆虎精……」

哥哥說：「我弓箭在手，怕它什麼？」

葉兒說：「它能行風，會播雨，能耐挺大，恐怕你我二人奈何不了它。」

正在這時，外面呼呼風響。

葉兒說：「它回來了，怎麼辦？」

哥哥說：「我先躲一躲，再見機行事。」

外屋地扣著一口大泥缸，葉兒把缸掀起來，哥哥鑽了進去。

羆虎精一進屋就咕噠咕噠鼻子，嗡聲嗡氣地說：

「有生人氣，有生人氣！」

葉兒說：「我不就是人嗎？」

羆虎精說：「這不是你的味道。」

葉兒見瞞不住了，就說：「是我娘家哥哥來了！」

羆虎精問：「在哪兒？」

葉兒說：「扣在大泥缸裡。」

羆虎精說：「孩子大舅來了，這是貴客，怎麼扣在缸裡頭？快請出來。」

葉兒搬開大泥缸，哥哥出來了。羆虎精問了好，以禮相待。它叫葉兒快擀面打餅，炒菜熱酒。酒菜上齊了，羆虎精就跟哥哥一杯一杯喝起來。

哥哥說：「老人想葉兒，讓我來領她回去住幾天。」

羆虎精不假思索地說：「中！你在這先住幾天，我送你們回去。」

哥哥在這兒住了兩天，天天都是大酒大肉地侍侯著。第三天頭上，哥哥說該走了。羆虎精讓葉兒收拾上路。牠捨不得離開小虎崽，不讓葉兒把虎崽帶走，叫葉兒今天去，明天就回來。葉兒和哥哥一口答應了。羆虎精作起一陣狂風，葉兒和哥哥懸起了空，不一會兒就落在自家門前的大碾盤旁邊了。

媽媽見到葉兒，一把摟到懷裡，端詳又端詳，眼淚瓣兒直滴嗒。爹爹見葉兒回來了，滿臉的愁雲散淨了，張羅著殺雞抹鴨子，犒勞葉兒。

媽媽說：「葉兒，可想死媽了。這一年多，你上哪去了？」

葉兒抽抽噠噠地哭著，述說著一年多的經過。媽媽聽說羆虎精還想讓葉兒回去，心裡又氣又惱，說：「這回別走了，就待在媽的身邊！」

葉兒說：「媽，我說啥也不走了，就怕它來禍害咱們一家子。」

爹爹說：「生，生在一起；死，死在一塊。爹說啥也不能讓你往火坑裡跳。」

第二天，葉兒沒動身。

第三天，葉兒還沒動身。

天快晌午了，外面颳起一陣風，羆虎精來了。它一沒進屋，二沒動武，只是抱著小虎崽，坐在門外的大碾盤上，嘴上叨咕道：

毛孩奶[3]，毛孩奶，
毛孩奶了回家來！

葉兒家的大門、屋門緊關著，沒人吱聲。

天黑了，羆虎精抱著虎崽子走了。

第二天，羆虎精又來了，坐在碾盤上，一邊搖晃著唔唔哇哇哭叫的孩子，一邊叨咕著：

毛孩奶，毛孩奶，
毛孩奶了回家來。

葉兒家的大門、屋門還是緊關著，沒有人吱聲。天黑了，羆虎精抱著虎崽子又走了。

一連好幾天都是這樣。

哥哥和爹爹想了個辦法：第二天快晌午天時，把化好了的膠水澆在碾盤上，又關上大門、屋門，躲進屋裡不出聲。

羆虎精又來了，抱著虎崽子，坐在碾盤上叨咕著：

毛孩奶，毛孩奶，
毛孩奶了回家來！

大門、屋門還是緊關著，更沒人接話茬。

天黑了，羆虎精又要回去了。它一抬屁股，屁股讓膠水黏在碾盤上了。掙，掙不開；走，還拖不動。羆虎精慌神了，一邊使勁抬動屁股，一邊叨咕

3　毛孩奶——可能為「給孩子吃奶」的意思。

著：

腚溝腚溝欠，

二斗面，

腚溝腚溝起，二斗米。[4]

可是那屁股和碾盤黏得嚴絲合縫，釘棒鐵牢，屁股說啥也欠不開，身子說啥也立不起。

這當兒，哥哥瞄準時機，拉滿了硬弓，「嗖嗖嗖」連發三箭，三箭都摜在羆虎精的心口窩上。羆虎精怪叫一聲，死了。那小虎崽子也被箭蔟穿死了。

從這以後，葉兒又和家裡人一起，歡歡樂樂地過日子了。

4　二斗麵、二斗米──此為用二斗米、二斗麵作代價的意思。

河郎

有這麼個姑娘，名叫珍珍，身材苗條，臉盤兒嫵媚俊俏，十里八村的人都誇她心靈手巧長得美。自然，來提親保媒的天天有，珍珍的父母不是嫌男家家境不富，就是嫌男方長得不漂亮。就這樣，珍珍的婚事就拖下來了，一晃兩年過去了，珍珍都二十歲了，還沒有婆家。

珍珍家住在大河邊。那河又寬又深，白花花的大浪嘩嘩山響。珍珍看慣了大河，聽慣了河水的聲音。她經常到大河邊洗衣涮筐，高興了，還對著大河唱起歌來。是她的容貌美，還是她的歌聲甜？反正，她一到大河邊，就有無數的魚兒躍出水皮兒，嘴兒翕動著。是在跟她搭話，還是在聽她唱歌？誰也不知道。

這一天，珍珍又端著木盆到大河來洗衣裳。大河邊有幾塊洗衣石，她像熟悉自己手掌的紋路一樣熟悉它們。今天卻多了一塊石頭。圓咕隆隆的，青青的石面上，還有紋路。她坐在這塊青石上洗起衣裳來，又舒服又穩當。從此，她就專用這塊石頭洗衣裳了。鄰里的姐妹和自家嫂子都知道這個，一見珍珍來洗衣了，就主動把這塊青石讓給她。

有這麼一天，珍珍同姐妹嫂嫂們正洗衣裳，忽然覺得青石頭在晃動，還沒等她喊出聲來，那大青石就出溜到大河裡了。珍珍喊叫了一聲，姐妹嫂嫂們也在呼叫她。這時，就見河水一分兩半，閃開一條路，那塊大青石卻變成一隻大海鱉，馱著珍珍向大河深處爬去。一眨眼的工夫，河水又封合了，卻沒了珍珍的影子。

珍珍沒了，父母哭，嫂嫂哭，哥哥哭，鄰里都在惋惜。

過了有半年光景，一天早上，珍珍又回家了，穿得新嶄嶄的，擦胭脂抹粉，頭上插朵大紅花。珍珍出脫得又新鮮又美麗。媽媽拉著珍珍的手哭，嫂嫂拉著珍珍的手笑。父親、哥哥都樂得掉下了眼淚。問珍珍這半年來的光景，珍

珍笑得咯咯響，說日子過得和美又舒心。全家人聽了，又放心又高興。問她日子到底咋樣和美遂心？新郎官咋個樣？珍珍只是笑，就是不答話。

　　珍珍在家住了七整天，這天早上收拾收拾要走了。父母不放心，就叫哥哥送她回去。珍珍頭前走，哥哥提著包袱跟在身後。他們來到大河邊。珍珍站在河岸上，兩手握成喇叭形，放在嘴邊，對著大河高聲喊：

　　「河郎開門！河郎開門！河郎開門！」

　　一眨眼的工夫，就見河水一分兩半，閃開一條路。珍珍領著哥哥順著這條路往前走。走不過一里路，前面就是一幢青堂瓦舍，黑漆的大門樓，紅漆的大門扇，好富貴的人家呀！只聽大門「吱嘎」一聲響，一個小夥子走出大門來。這小夥長得眉清目秀，細高身材。他先笑著對珍珍說：「你回來了？」珍珍說：「回來了！」珍珍指指身後的哥哥說：「河郎，這是咱哥哥！」河郎朝哥哥畢恭畢敬地行了禮，說：「請哥哥到家。」

　　他們到了家裡。屋裡金光耀眼，富麗堂皇。哥哥頭回到這樣的地方來，簡直有點兒眼暈了。河郎對哥哥招待得可熱情了，吃的是山珍海味，稀世佳餚。哥哥在這一住三天，頓頓吃的都是好飯好菜，天天喝的都是名茶美酒。第四天早上，哥哥要回家了。河郎說：「你妹妹到這兒，我不會虧待她。今天你走，我沒啥好送你的，就送一筐豆芽給你吧。」

　　哥哥表面沒說啥，心裡卻老大不高興。他想：真吝嗇啊，你家金銀堆成山，卻給我一筐豆芽菜。他只好挎起筐走出大門。門外的河水又一分兩半，閃開一條路。他順著路走了出去。一跳上河岸，回頭一看，河水全封上了，河又那麼寬那麼深了，白花花的大浪還是那樣嘩嘩山響著。望著大河，再看看筐裡的豆芽，他就氣不打一處來，一揚胳膊，把一筐豆芽全拋進河水裡。看著這挎筐，編得挺精緻美麗的，沒捨得扔，就挎了回去。回到家裡，對全家人說了送妹妹的經過。母親聽了，特意看著這挎筐。這筐雪白的地，嵌著紅豔豔的花和綠瑩瑩的葉，細一看，不是柳條編的，也不是箸條編的，卻是一隻珊瑚筐。在筐的縫隙中還夾了一根豆芽。拿下一看，卻原來是金豆芽。哥哥這才知道妹夫

給了一筐金豆芽，可惜全拋進大河裡了。他難受得直跺達腳。父親、母親和老婆也難受得直打咳聲。

轉眼一年光景過去了。父親和母親想珍珍，哥哥嫂嫂叨念珍珍。這一天，珍珍真就回來了。穿的還是嶄新的衣裳，臉上還是那樣喜盈盈的，見了家裡人，連眉毛都笑彎了。她給父親帶來了珍饈佳饌、綾羅綢緞，好貴重的禮物呦；她給哥哥嫂嫂帶來了金鐮子銀元寶。父母誇姑爺好，哥嫂誇妹夫知情達理。

珍珍一回到家，除了幫父母兄嫂幹活兒，就是到接壁鄰右家串串門。這一天，她又出去串門了。嫂子在家裡尋思起她這幾天的舉動，有點異常。啥異常？珍珍回家時帶了一個紫檀木方盒，用紅綾布包著，一天到晚稀罕巴叉地打開來看幾遍。這紫檀木盒是她的命根子，誰也不許看，誰也不許動。嫂子覺得挺奇怪——木盒裡裝的是啥呢？她瞅珍珍不在家，就從擱板上把紫檀木盒夠下來，打開蓋要看個究竟。木蓋打開了，裡面鋪著綿子墊，墊上趴著兩隻小鱉崽子。嫂子見了，「噗哧」一聲笑了，自言自語地說：「這丫頭，還孩子性兒。都結婚找主了，還過家家玩。玩啥不好？偏玩兩隻小王八。」她操過剪子，嘎噔嘎噔兩聲響，把小鱉崽子的腦袋剪下來了。隨後又把鱉腦袋對在鱉脖子上，放在綿子墊上，蓋好木蓋，放在擱板上。

珍珍串門回來了，照例又從擱板上夠下紫檀木盒，打開一看，見兩隻小鱉崽子全被鉸死了。她「啊呀」喊了一聲，說：「壞事了，闖下大禍了！」接著就嗚號號地哭了起來。正在這時，響晴的天立刻湧起烏雲，接著就颳起風，下起雨來。忽聽外面有敲門聲。哥哥馬上去開了門，一看，是妹夫河郎來了，就讓進屋裡。

河郎進了屋，臉兒冷落落的，啥話也不說，給飯也不吃。他在炕沿上坐了一會兒，站起來，臉兒沖珍珍，冷冷地說：

「收拾收拾回去！」

珍珍啥也不敢說，只得打點東西，準備走。

媽對姑爺說：「他妹夫，天兒不早了，還颳風下雨的，你輕易不來一趟，就住一宿吧。」

河郎說：「不了，馬上就走！」

家裡人只好依了他。

珍珍膽怯怯地跟在他身後，往外走去。

他們來到大河邊。家裡人也送到大河邊。只見河水忽然一分兩半兒，閃開一條旱路。珍珍跟隨河郎碼著這條路向大河走去。一眨眼工夫，河水又封合了。

父母哭，兄嫂叫，沒有回音。

接著，就見河水泛起拍天大浪，翻滾不息。

父母哭了，兄嫂也哭了。

從這以後，珍珍再也沒回家來過。

黑虎窩

有個年輕媳婦，閒來無事在家唱小曲：「桃花開，杏花落，誰趕馬車來接我？」

這小曲被羆虎精聽到了。

羆虎精就趕著車馬來接她了。

她就帶著孩子坐上車走了。

傍晚，車在一家門前停下了。這時，從屋裡走出來幾個年輕婦女和男人來，嘻嘻哈哈笑著，順手把孩子抱回屋裡。

這時，走出來一位老太婆，說是姑娘、小夥子們的媽。

不久就開飯了，擺上好幾個炒菜。吃著吃著，這媳婦發現盤子裡有半截小孩手指頭。她害怕，尋思自個兒的孩子準是被害了。她就要孩子：「快把孩子抱過來。」姨姨說：「麻花、火燒餵著，不會餓。」叔叔說：「孩子玩累了，正在睡大覺。」

晚上快睡覺了，還不見孩子。她和那老太婆睡在一鋪炕上。給老太婆枕銀枕頭，給她枕木頭墩。她一躺下，什麼都明白了：孩子被害了，自己八成也難逃這一劫。怎麼辦？怎麼辦？老太婆的呼嚕打得她煩躁。冷不丁就想出個計策：把自己的木頭墩跟老太婆的銀枕頭倒騰個個兒。外面一個男人在霍霍磨刀，她問：「哥，你磨刀幹啥？」那男人說：「給老媽媽宰殺雞和鴨。」

半夜了，那男人以為她睡著了，就溜進屋，摸黑摸到了木頭墩，舉起明晃晃的侵刀，只聽「噗」一聲響，就切下老太婆的腦袋瓜。

她趁屋裡亂鬨哄的機會，溜了出來，順手拿了一把竹筷子，還撿了一根臘木棍兒提溜著。她闖出大門，向來的方向跑去。這時，只聽吵吵嚷嚷聲，扭頭一瞧，燈籠火把齊閃耀。是妖怪們追上來了，它們全都是羆虎精。

她每走一步，就扔一根筷子；羆虎精就停下來爭搶筷子。筷子丟完了，天

也大亮了。恰巧遇到一個打圍的。小媳婦沖打圍的跪下了，說了經過，求他搭救自己。

打圍的說：「你就躲進樹窟窿裡，看我怎麼懲治它們。」

見到打圍的，羆虎精們又變成了人形兒，內中一個男的上前問道：「大哥，大哥，你見到個小媳婦沒？」

打圍的問：「是什麼樣的人兒？」

「耳朵戴的燈籠墜兒，腰上捆著件小圍裙兒，腳上穿的木頭底兒，手上提溜根臘木棍兒。」

打圍的說：「見到了，你往那兒瞅。」

這些傢伙扭頭撥拉腦袋正撒目呢，打圍的舉起槍筒沖它們摟了火兒。幾個傢伙應聲倒在地上，細一瞧，全是羆虎精。

紅馬兒子

有這麼一家，就兩口子，開個小店。有一天，店裡住個貨郎子。兩口子見這人挺闊的，就起了歹意。晚上吃飯時，店家用酒把貨郎子灌醉，用繩子勒死了，屍首就扔在門前的水泡子裡。

不久，妻子懷孕，九個月就生下一個兒子。兒子長得挺俊俏，就是身體不咋好，一年到頭總是病快快的。

這一天，兒子對父母說：「你們把圈裡的小紅馬殺了，我的病就好了。」

這匹紅馬長得賊精神壯實，有人遞過五十兩銀子都沒捨得賣。只要兒子的病能好，兩口子豁出去了，忍著痛把小紅馬殺了。

小紅馬死的第二天，兒子也死了。

兩口子這個傷心難過呀！天天想念兒子，都快要瘋了。

有一天，兒子的同學捎話說：他得場大病才好，曾到過陰陽府，還見到過他們的兒子。他們的兒子捎話，只要到陰陽府，就可以見到他。

店家掌櫃的就去陰陽府。所謂陰陽府就是地府和人間搭界的地方，人鬼可以相見處事，還有買賣家和店家。

店家掌櫃的就去了陰陽府，找了一家客店住下。

第二天，兒子真就來看他，並告訴他：「我晚上還來看你。」

兒子一走，陰陽府店掌櫃的就問他：「這人是誰？」

「是我兒子。」

陰陽府店掌櫃的既是人還通曉鬼事。他對這人說：「什麼是你兒子？分明是被勒死的貨郎子！他今晚上是要來殺你的。」

他給陰陽府店掌櫃的跪下了，求他幫忙搭救自己。

陰陽府店掌櫃的說：「我能救你，但你能從此改惡向善，不再幹壞事嗎？」

他叩頭如搗蒜說：「我再也不敢做壞事了。」

陰陽府店掌櫃的說：「你去買只紅花大公雞，他晚上來叫門，你不要開門，你就拍紅花公雞。」

他照辦了。

晚上，兒子果然來叫門。他不給開門。兒子敲門，他就衝門戶拍紅花公雞；兒子敲窗，他就沖窗戶拍紅花公雞。兒子進不了門，就破口大罵：「你害了我，使我妻子與兒女流離失所，無人管顧，我要來報仇雪恨！」

罵到天亮了，兒子才走了。

陰陽府店掌櫃的打開房門，說：「你脫了這一劫，還有無數劫難，他還是要殺你。」

他又給陰陽府店掌櫃的跪下了。

陰陽府店掌櫃的拉他起來，說：「你快去買把棗木梳子，買把篦子和一根銀簪，趕緊離開這兒。他一定要追趕你，你先扔梳子，再扔篦子，最後扔銀簪。千萬記住了。」

他一切照辦了，就趕緊離開陰陽府客店。

走出不遠，後邊追趕來一人。他回頭一看，正是被他害死的貨郎子，脖子上還搭著一股套繩。眼見快追上了，他把梳子撇了出去，梳子立時變成一片棗林。貨郎子就費勁巴力地穿棗林。

看看又快追上他了，他又把篦子撇了出去，篦子立時變成一片竹林。貨郎子就費勁巴力地穿竹林。

看看又快追上他了，他又把銀簪撇了出去，銀簪立時變成一條大河。這下貨郎子過不了河，就站在河岸上大罵他：「你害了我，使我妻子和兒女流離失所，無人管顧，我要來報仇雪恨！」

他見貨郎子過不了河，就氣喘吁吁地說：「我管你妻子、兒女吃穿住，我好生埋葬發送你。」

聽他這樣說，貨郎子用手背擦著淚水，唔唔號號哭著回陰陽府了。

他逃回家，妻子問他：「見到咱兒子了？」

他說：「哪是什麼兒子？是咱害死的貨郎子呀！」

他得了場大病，差點丟了命，店也黃鋪了。他求告借貸辦完了答應貨郎子的那幾宗事。誰知以後活得咋樣呢？

嗓葫蘆成精

一個男人上山砍柴，見一個女人趴在石砬子上嗚嗚哭。

男人問：「大妹子，哭啥呀？」

女人說：「我沒有男人沒有家，日子實在難打發。」

男人見她可憐，就把她領回家當媳婦。

這女人又能幹活又孝順婆母，左鄰右舍都誇她。

男人的舅舅出家當道士，修煉出一雙慧眼一身法術。這天，男人的舅舅來串門，一打眼就看出這女人是個鬼。背地裡他就對姐姐說：「這個外甥媳婦不是人。」

他姐姐不信。

他說：「你放一根高粱稈在門檻上，再叫她給我倒碗水。」

他姐就說：「媳婦，給你舅倒碗水。」

媳婦答應一聲，倒杯水，就往屋裡走。走到門檻，就是邁不過這根高粱稈。

舅舅忙打圓場說：「外甥媳婦步子小，把高粱稈撤了吧。」

撤了高粱稈，媳婦真就端著水進了屋。

不過這女人就懷疑舅舅識破了她。

第二天，天剛放亮，舅舅叫姐姐看外甥媳婦在幹啥。婆母啞默雀動地了門，舔破兒子屋的窗戶紙，往裡一瞅，見兒媳婦手捧兒子肚臍眼，往嘴裡吸著什麼。兒子睡得死死的，全不知覺。再一瞅，兒媳婦嘴上沾滿了鮮血。她是在喝兒子的血呀！舔完了血，兒媳婦又把自己個兒的頭蓋骨拿下，用舌頭舔著頭髮。

婆母被嚇得「啊」地叫一聲，就倒在地上。兒媳婦聽到聲音，就衝出來，拉起婆母，問是怎麼了。

婆母說：「不小心摔倒了。」兒媳婦這才放下心，把婆母攙回屋裡。

婆母問舅舅：「這事可怎麼辦？」

舅舅說：「它害死外甥，下一個就是你。不過，我會制服它。」

舅舅回到道觀，做了些準備，又來到姐姐家。他敲門，婆母知道是弟弟來了，就叫兒媳婦去開門。

兒媳婦老大不願意地去開了門。舅舅一個張手雷，把鬼打死了。

男人知道這女人是鬼，怕得要死。今天舅舅把鬼打死了，全家都很高興，就用火焚了這個鬼。

可是由於沒燒盡，還剩下一個嗓葫蘆頭，又變成了鬼，跑別處又幹害人的勾當。

舅舅不除掉這鬼，誓不罷休，就四處尋找這嗓葫蘆鬼。

這一天，來到一個屯堡，就見到了這個鬼。不過它又變成一個男人，給一戶人家當長工。

舅舅就對這戶人家說：「你雇的長工不是人。」

那戶人家吃了一驚說：「我們這個長工才來不幾天，活兒幹得可好了。」

舅舅說：「不信你叫他去挑水，再在大門口放根高粱稈，他就進不了門。」

當家的喊：「夥計，去挑擔水。」

夥計痛快答應了，拾起水筲出去挑水。他一出去，當家的就把一根高粱稈橫在大門口。那人挑回水，怎麼也邁不過高粱稈，進不了大門。那人把水筲一摔，氣橫橫地說：「當家的，我不幹了，算賬！」

當家的就給他結了賬，他當時就離開這戶人家。

舅舅在這家住了一宿，第二天就離開了，剛出門，鬼就追上來了。他要和舅舅拚個死活。鬼追上來了，舅舅沖鬼的面門就打了個張手雷，立刻亮兒就把鬼打死了。再一瞧地上，真就見到一個嗓葫蘆頭。

當下，舅舅就拾柴生火，把嗓葫蘆頭放火堆裡煉了。嗓葫蘆頭被燒得吱哇亂叫，不一會兒就變成灰兒。

從此，這地場再也不鬧鬼了。

腰段屯

　　一個男人總嫌乎自個兒的妻子，連妻子剛生下三個月的兒子也嫌乎。他妻子百般忍耐著，為的就是讓他回心轉意，好生過日子。這也沒能打動男人的鐵石心腸。

　　這天男人說：「我要出去做買賣，得三年二載才能回來。」男人臨走時就給她留下三斤白面，以後的日子可怎麼熬！

　　女人又憋氣又上火，想不開，就一根麻繩掛上房樑，死去了。

　　這男人在外面混了三年，吃喝嫖賭，啥事都幹了。臨了，兩手空空，就剩下一匹他常年騎的白馬。

　　他沒轍了，就想回家看看，興許能有什麼出路。

　　他家住在一條山溝裡，孤丟丟的，周遭也沒有鄰居。

　　他來到家門前，見門還是那麼虛掩著。他推開門扇，只見院里長滿荒草野蒿，把門窗都糊住了。他把馬牽進院，聽任牠吃草。

　　他一推門，門從裡面插著。他就敲門，只聽屋裡有人問：「誰呀？」

　　他聽出這是妻子的語聲，就說：「快開門，是我，我回來了。」

　　只聽女人響響快快地答應：「等著，我就來。」

　　說話之間，房門拉開了。他一見這女人，還是三年前那樣，只是面色焦黃，披頭散髮的。

　　他就有點膽兒突的。

　　他進了屋，見那孩子包在褓子裡，還放在原來的炕當央；窗檯、炕面、櫃面落滿了塵土；樑上、牆上掛滿了蜘蛛網。

　　他就有些犯尋思。這時女人說話了：

　　「你還沒吃飯吧？」

　　男人答道：「沒吃。」

「好，我就給你擀麵。」女人說。

他看打開的麵袋，都生了蟲子，還是他三年前臨走時留下的那三斤麵。他就斷定是活見鬼了，但又不知怎麼脫身。

就見女人忙著和麵、擀麵。

這時就聽外面白馬嘶嘶叫著。他正想趁這機會好抽身，就說：「馬餓了，我出去看看。」

可女人攔著他，不讓他出去。他說看看馬就回來。女人才允許他：「出去一會兒，快回來。」

他一出去，白馬一口叼住他，用嘴把他甩到馬背上，就往外跑。

女人發現他跑了，就放下手裡的活計追了出來。女人邊追邊數落道：「你個狠心的白眼狼，扔下我們母子出去躲清淨，我饒不了你！」

鬼比馬跑得還快，連馬也慌不擇路了，不知怎麼就跑進一片樹林子裡。樹高林密，藤蔓橫生。馬只顧跑路，就沒見到半空中有什麼物件，只聽「媽呀！」一聲慘叫，男人摔下馬來。原來他被一棵百年籐條攔腰勒住，由於馬跑的速度過快，生生把男人攔腰勒斷。

這時，那女人也追了上來，抱起男人上半身，一邊撲打，一邊嚷叫：「還我兩條人命！還我兩條人命！」

從此，這個地方就叫「腰斷」。後來，這兒人多了，還立了屯堡。大家覺得「腰斷」不吉利，就改成了「腰段屯」。

人參與金條

　　有個老頭，八九十歲了，從山裡出來，過年那天，正趕上下大雪。他到郭家屯，找郭財主，要求留個宿，在櫃上住一宿就中，他說：「我若死了，你弄口棺材把殯巴了，埋亂屍崗，東西就歸你。」當家的挺苛狠，說：「大過年的，不留人。」硬是給攆走了。老頭走不多遠，見到一座廟，叫磚廟。廟前有石桌，石桌上供著香爐。廟不大，門也不大，屬於農村的土地廟，死人時報廟送漿水用的。他把背夾子先放廟裡，人進不去，就把頭和身子拱進去，腿露在外面。他想歇歇，不想就凍死了。

　　再說，過年了，郭家人在當家帶領下來請廟堂。見一雙腿。拽出來一看，人硬了，人已死，是老頭。再一看背夾子，挺沉挺沉的，打開一看，有十多根黃橙橙的金條，還有七兩和八兩重的兩根人參。

　　郭當家的把東西收下，把老頭拽到廟前，正好有條河，河套被雪飄滿。他叫人把雪挖個坑，把老頭埋在雪裡。

　　第二年，雪一化，老頭的屍體就順水漂走了。

　　東西他拿家去了。自此以後，他家就瘟人，凡是姓郭的都死，外姓的一個也不死。死的人太多了，連棺材都買不迭當，只好六七個人裝一口棺材往外抬。只有三個人逃出去，撿了條活命。

　　這是窩子病，快當行。別姓的人去他家看屋，見過年的凍餃子用苙子圍起，裝滿滿登登一苙子，這幾個人就可勁兒吃餃子。

　　心眼歹毒的人，就應當是這樣的下場！

縣官變蝨子

　　從前，在咱長白山裡，有個縣官。這傢伙要多壞有多壞，要多凶狠有多凶狠。這小子平時愛花愛鳥又愛打圍，他自己養了幾個圍幫，專供他打圍取樂。

　　一個炮手打了一隻頭排老虎，縣官自然喜歡的了不得，一個獵人從虎身上抓了一隻蝨子，足有雞蛋黃那麼大。縣官玩花玩鳥早就玩膩了，見了這只大蝨子，真打心眼裡喜愛。忙叫木匠用最好的烏木，精雕細刻，整整花費了半個月工夫，做了一個裝蝨子的木盒子。他每天親自喂三遍，走坐起居都帶在身邊，輕易不讓別人靠前。這蝨子盡喝鮮紅滾熱的雞血鴨血，飛快地長，一年就有一斤多沉。它一頓得喝一大海碗，一個月就得殺幾十隻雞鴨。就這樣一年一年地餵養，蝨子一年一年地長大，十多年就長得有二盆口大小，三十多斤重了。

　　有一年冬，縣官到下邊去搜刮民財。天氣寒冷，蝨子又重，攜帶行走都不方便，縣官決定把蝨子留在家裡。臨走時他再三囑咐老婆，一定要好生餵養看管，千萬不能虧待了它。

　　縣官不在家，他老婆在家裡天天接納賄賂，忙進忙出，有一天，就把喂蝨子的事給忘了。蝨子一天沒吃東西，大鼓鼓肚子也餓癟了。縣官老婆一看，這還了得，慌手慌腳地，一傢伙就喂了一大盆血。蝨子正餓得慌，冷不丁見了血，就沒命地喝，一陣工夫，就把一大盆血喝了個一乾二淨。你猜咋的了？只聽「噗哧」一聲，大蝨子撐兩半兒了。

　　縣官回來一看，心愛的大蝨子死了，痛哭了一場，不忍扔掉，就把蝨子的五臟扒了出來，找個皮匠，又熏又熟的，就製成一面大皮鼓。這面鼓，做得很精緻，鐵箍銅環銀抓手，搖起來「丁零丁零」地響，敲起來洪亮亮地鳴。縣官樂壞了，就天天敲打著皮鼓，消磨時間。

　　玩了幾個月，又膩了，扔了又可惜，虧他又想出一個巧道道——他把知道這面鼓的底細的人，都關的關起，殺的殺掉，然後就把這面鼓掛在城門樓上，

還貼出了告示，誰能猜出這面鼓是啥皮製的，就給黃金二兩；誰要猜錯了，就得倒貼白銀二兩。

告示一貼出去，城門樓下擠滿了人。有的是賣呆看熱鬧的；有的是貪便宜來猜皮鼓的。這個猜是羊皮的，那個猜是驢皮的，另一個猜是狗皮的。各種各樣的皮都猜完了，臨了誰也沒猜著。縣官可發了大財，銀子像流水似的，天天直往銀庫裡淌。經過幾個月，來的人就稀稀拉拉的，既然猜不著，誰還硬往上搭銀子呢？

縣官還不解渴，又貼出告示：力逼黎民百姓挨家挨戶來猜鼓；沒銀子就拿東西，像山裡的人參啦，鹿茸啦，山羊血啦，紫貂皮啦，啥都行。他搜刮得人們好苦啊。有的待不下去了，就撇家捨業地往外處逃；留下來的，也是半死不拉活地苦挨著。大家都恨透了這面鼓，更恨透了這個縣官。

一天，來了個白鬍子蹀躞的老頭兒，背著個沉甸甸的褡褳，來到縣衙門裡，在公堂上打開褡褳，拿出二十兩黃燦燦的金子，說：

「咱賭個大輸贏！我猜錯了，這二十兩黃金就白給你；我若是猜對了，你就給我二十兩黃金！」

縣官一看這金子，早就花了眼，又一想，這面鼓的底細沒人知曉，心下覺得十分牢靠，就一口說定了，還當堂立了字據。開始猜了。頭一回，白鬍子老頭沒猜對，縣官贏得二十兩黃金，把他樂得大嘴丫子都閉不上了。

第二天，白鬍子老頭又來了，這回背了個死沉死沉的大口袋。他到了公堂，解開口袋，攤出二百兩白花花明晃晃的白金，說：

「咱一不做，二不休，要打賭就來它個大的。今天，我若是猜錯了，這二百兩白金就輸給你；猜對了，你就給我二百兩白金！」

縣官一看，這麼老些金子，早就鬼迷心竅，樂不可支地連聲說：

「好！好！好！」

只見白鬍子老頭兒一捋銀鬍，長嘆了一口氣，說：

「鼓啊！鼓啊！你害了多少命，坑了多少人？誰能想到你是三十斤重的大

蝨子！」

縣官一聽，臉色鐵青，眼珠發直，要他拿出二百兩白金，那比抓他的肝撬他的心還難受啊！他沉悠老半天，忽然眉頭一皺，心中生出一計，只見他面孔一板，冷笑一聲說：

「不對！」

白鬍子老頭說：「保準兒對！」

縣官說：「真是豈有此理！哪有這麼大的蝨子？來人哪！拉下去給我重打四十大板！」

只見老頭把白鬍子一抖，高聲說道：

「且慢！你敢說沒有這麼大的蝨子？」

縣官斬釘截鐵地說：

「敢！敢！敢！」

白鬍子老頭把手一揚，說：

「好！你瞅著！」

只見他手指縣官，對縣官吹了口氣，縣官立時就讓白濛濛的一層霧氣罩住了。

就在這工夫，白鬍子老頭也沒影沒蹤了。等到霧氣消散後，大家一看，縣官不見了，在縣太爺的太師椅上，卻趴著一隻大蝨子。這大蝨子有二盆口大，三十多斤重，渾身漆黑漆黑的。

原來，這只大蝨子就是貪婪成性、殺人不眨眼的縣官變的呀！

▍淨肚和尚

　　有一個人，許多天沒吃飯，肚子餓得慌，覺得肚子和腸子在打仗。這個人說：「我餓還沒咋的呢，你們打什麼架！」他就用刀把肚子切開，取出腸子和肚子，扔掉了，然後縫上皮肉，就長好了。從此他就不再餓了，以後他去了五台山，出家當和尚，最終修成了正果，被封為「淨肚和尚」。

大頭魚和大口鰊

　　據說，當初大頭魚的嘴巴不像現在這樣大，大口鰊的長相也不像今天這樣眼睛和嘴巴歪歪在一起。牠們變成現在的這個樣子，聽說有這麼一宗有趣的故事。

　　小大頭魚一年年地長大了，牠的父親也就多了一份心事，心下暗道：「兒子也該娶媳婦了。」有一天，他對兒子說：「你也老大不小了，有沒有娶媳婦的意思呀？」兒子一聽，心裡很高興，嘴巴張開了，只是沒好意思說出「高興」二字。父親見牠似乎默許了的樣子，就接著說：「如果你有娶媳婦的意思，我就給你找一個滿不錯的姑娘。我看大口鰊的姑娘漂亮極了，我想把牠娶來給你當媳婦。」

　　兒子越聽越高興，嘴巴也就越張越大。但它仔細一想，心兒又有點不落體，就對父親說：「聽了你這個想法我很高興，只是咱們不送重禮，恐怕人家不會答應。」

　　父親略思片刻，點頭說道：「當然！當然！不送大禮怎麼能夠辦成這樁美事呢？」

　　於是，牠就打開庫房，把積累起來的金銀財寶翻騰出來，爺倆背上，便往大口鰊家趕去。大口鰊聽說大頭魚父子來了，就走出大門口歡迎，說：「你們來了，我非常高興，請到屋裡吧！」

　　牠們父子進了大口鰊的家，寒暄一陣子，父親便說明來意，並把金銀財寶亮了出來。大口鰊一看它們帶來這麼多禮物，心裡十分高興，馬上就答應了大頭魚的請求，收下聘禮，並擺設酒宴款待牠們父子。

　　吃完了酒席，大口鰊就找女兒說道：

　　「孩子，我給你定了親事。這門親事可真是好啊！家裡趁貨，小夥子也不錯！」父親的話還沒說完，就見女兒把身子一撐蹬，嘴巴一歪扭。這分明是表

示不高興的樣子。但糊塗的大口鰊卻誤解了，以為女兒是願意了呢，於是就說道：「孩子，想必你是同意了。」

女兒見父親曲解了牠的意思，又生氣又著急，但當著客人的面又不好意思說什麼，於是又把眼睛和嘴巴使勁兒地歪扭一下。

這回，大口鰊終於明白過來了，心裡十分惱火，但不好發作，只能這樣壓著怒氣說道：「這樣富裕的家門和這樣漂亮的小夥子你還不願意，那麼你到底要找個什麼樣的？」

女兒並不回答父親的回話，卻一擰蹬身子，跑到後院去了。父親追到後院，又絮叨了一陣子。女兒見無外人，就說話了：「爸爸，我實在不同意這門親事。」

父親不解地問：「為什麼？」

「牠們家固然有錢，但這又能當得了什麼？你看那父子倆，挺大的腦殼，多難看？再說，我和牠們的生活習慣也不一樣，這日子怎麼過？爸爸，你若看牠們好，你就嫁給牠們吧！」

父親聽到這話，心裡直躥火苗子，又歪眼睛又擰嘴巴。

這門親事就這樣告吹了。

大頭魚父子聽到這消息，十分吃驚，張著嘴巴呆愣老半天。

就是從那時開始，大口鰊的嘴巴和眼睛就歪扭在一起了，那是氣的呀！大頭魚的嘴巴也變大了，那是因為先是樂的後是呆的呀！

李龍得採錄，于濟源整理

狐狸和鹿

有一天，一隻老虎在森林裡遇見一隻梅花鹿。牠頭一回見到梅花鹿，梅花鹿頭頂上那兩束若箭似刀的角，很令牠膽怯。於是牠小心翼翼地湊到梅花鹿跟前，低聲地問：「你頭上長的那是啥？」

梅花鹿認識老虎，還知道牠非常凶殘，牠沒驚慌，也沒恐懼，而是從從容容地大聲說道：「這是扎槍！」老虎疑信參半地又問：「很鋒利嗎？」梅花鹿說：「鋒利異常！連千年老樹幹，它都可以給錐出窟窿。」梅花鹿特意兒把腦袋一撥弄，那鹿角映著太陽發出青幽幽的光來。老虎信以為真，趕忙翻蹄亮掌地踅開了。牠跑啊，跳啊，足足過了兩個時辰，在一個平台上停下步來，回頭看看，沒有梅花鹿的影子，這才把懸著的一顆心落下地來，坐在地上，張著大口直喘氣。

正在這時，從草叢裡躥出一隻狐狸，灰白的毛色，拖著一丈多長的大尾巴。牠走到老虎近前，十分恭敬地說：「虎叔叔，什麼事累成這個樣子？」

老虎冷不丁見到狐狸，禁不住要把肚子裡的恐懼和疑慮說出來：「可別提了，險些丟了身家性命！」

狐狸不解地問：「到底是怎麼回事？」

於是老虎就把遇到梅花鹿及逃脫出來的經過說了一遍。狐狸聽了，彎腰大笑起來：「虎叔叔，你受騙了！那是梅花鹿！牠頭上長的那是角，是毫無用處的角，根本不是什麼扎槍！」

「是嗎？」老虎餘悸未消地問，「不可能吧？」

狐狸卻斬釘截鐵地說：「錯不了！不信你我同走一趟，去把牠咬死，再乾乾淨淨地吃掉！」

老虎很擔心地說：「這不妥當吧？倘若……」

狐狸不屑一顧地說：「你時什麼時候把膽子嚇破的？你是百獸之王，還怕

個啥？」狐狸見老虎還是疑疑遲遲的，就又說：「你是信不實我吧？那好辦，咱們倆就把尾巴繫在一起，這回你總該放心了吧？」

於是老虎就和狐狸把尾巴拴在一起，共同去找梅花鹿。

再說梅花鹿正在吃樹葉，忽見老虎和狐狸雙雙來到，料定是為自己而來的，要不為什麼把尾巴繫在一起呢？不過，牠既沒驚慌又沒恐懼，在剎那間，又想出個辦法來。牠揚起頭，一撥動腦袋，那長長的茸角映著太陽發出青幽幽的光。老虎見了，不由得又是一陣心跳。這時，梅花鹿對狐狸憤怒地斥責道：「沒臉皮的狐狸，你總該不會忘記，你爺爺在世時，從我這借去三百張虎皮，至今沒有返還。今天你才拿來一張虎皮，還差二百九十九張呢。你說，何時能還清？」

老虎一聽，以為狐狸是要拿它來還賬呀，就扭轉身子，撒開四蹄跑了起來。狐狸本想解釋一下，開導開導老虎，別聽信梅花鹿的胡言亂語，但老虎已撒野跑起來，連帶把牠也拖走了。牠直覺得眼前發黑，渾身疼痛難禁，哪還有說話的份兒？只能「吭昂吭昂」地又哭又叫。

老虎不顧命地又跑又顛，渡了三條河，翻過了三架山，跑得實在沒力氣了，才停下步來。回頭一看，狐狸的尾巴斷了，脊背被磨得確青的。狐狸養了一百天，傷才好了。不過從這以後，它的尾巴變得短多了，脊背也變成了青色的，弄不弄就「吭昂吭昂」地哭叫，意思是「我的傷可真不輕乎呀！」

李龍得採錄，于濟源整理

不打鳴的公雞

　　從前，一家人家養活一隻公雞，為的是讓牠天天啼鳴報曉。每天天還沒亮，這只公雞就高聲叫道：「高基喲！高基喲！」這樣叫過三次，天就亮了。村子裡的人們都起來漱洗吃飯，下地去幹活。公雞站在屋頂上，看見人們在聽了牠的報曉後分別勞作的情景，忽然產生愜意和驕傲的心理：「是呀！我的存在對人們的意義是多麼重大啊！我三聲鳴叫天就得通亮。人們都去幹活，而我自己呢？並沒有得到半點好處。」想到這，牠又有些灰心和生氣：「我每天生活的意義就是為了別人，為了把天喊亮。世界沒有我，將是不可思議的事情。從明天開始我就不啼鳴，人們的生活將是一塌糊塗。我要看看笑話！」

　　第二天，公雞果然沒有啼鳴。

　　但奇怪的事情發生了，天還是由朦朧變得通亮，太陽出來了，人們照舊下地去勞動。

　　這是怎麼回事？公雞簡直糊塗了。但牠不甘心，心想：「看明天的！」

　　明天，牠又沒啼鳴，但太陽照常上升，人們也照常生活和勞動。

　　公雞憤怒了：「看明天的！」

　　接連好些天，公雞也沒打鳴，世間的一切還是照常運行。公雞既感到空虛又覺得憤恨。

　　這一天，這家來了客人，主人說：

　　「公雞不打鳴，是有病了吧？留牠沒啥用場，殺了招待客人吧！」

　　當公雞的脖子被主人握住時，牠是多麼後悔啊！牠真想搧動一下翅膀，揚一下脖頸，高高地鳴叫一聲，好讓主人知道牠是會打鳴的。但是事情已經遲了，牠已經喘不上氣了，更鳴不出聲來。

李龍得採錄，于濟源整理

▌布穀鳥蓋房子

布穀鳥要蓋一幢房子，牠又拾樹棍又和泥，累得汗巴流水的。這時，一隻麻雀飛過來，落在房場附近。牠見布穀鳥是在蓋房子，就說：「布穀鳥哥哥，你這是要蓋房子嗎？」布穀鳥抬頭一看是麻雀，就笑著回答道：「麻雀老弟，你說得很對，我正在蓋房子。」麻雀說：「布穀鳥哥哥，我看你這房場不好。」布穀鳥不解地問：「為什麼？」麻雀說：「這兒正是路邊，你下蛋、抱崽可是容易受害呀！」布穀鳥吃驚地問：「是嗎？」麻雀用肯定的語氣回答道：「當然是這樣的！」布穀鳥說：「謝謝你！」牠覺得麻雀的話很有道理，於是就決定不在這兒蓋房子了，而是到森林深處的大樹上去蓋房子。

布穀鳥又拾樹棍又和泥，累得汗巴流水的。這時，一隻貓頭鷹飛了過來，落在房場附近。牠見布穀鳥是在蓋房子，就說：「布穀鳥弟弟，你這是要蓋房子嗎？」布穀鳥抬頭一看是貓頭鷹，就笑著回答道：「貓頭鷹哥哥，你說得很對，我正在蓋房子。」貓頭鷹說：「布穀鳥老弟，我看這房場不好。」布穀鳥不解地問：「為什麼？」貓頭鷹說：「房子蓋在樹上，位置太高了，風可以刮掉它，雨可以淋濕了它，雷電也可擊毀了它。」布穀鳥吃驚地問：「是嗎？」貓頭鷹用肯定的語氣回答道：「當然是這樣的！」布穀鳥說：「謝謝你！」牠覺得貓頭鷹的話很有道理，於是就決定不在這兒蓋房子了，而是到大樹的下面去蓋房子了。

布穀鳥又拾樹棍又和泥，累得汗巴流水的。這時，一隻啄木鳥飛了過來，落在房場附近。牠見布穀鳥是在蓋房子，就說：「布穀鳥朋友，你這是要蓋房子嗎？」布穀鳥抬頭一看是啄木鳥，就笑著回答道：「啄木鳥朋友，你說得很對，我正在蓋房子。」啄木鳥說：「布穀鳥朋友，我看這房場不好。」布穀鳥不解地問：「為什麼？」啄木鳥說：「房子蓋在樹底下，位置太低了，天旱草木乾，起山火時，可是先從地面上著啊！」布穀鳥吃驚地問：「是嗎？」啄木

鳥用肯定的語氣回答道：「當然是這樣的！」布穀鳥說：「謝謝你！」牠覺得啄木鳥的話很有道理，於是就決定不在這兒蓋房子了，而是到別的樹木較多的地方去蓋房子了。

布穀鳥又拾樹棍又和泥，累得汗巴流水的。這時，一隻黃鸝飛了過來，落在房場附近。牠見布穀鳥是在蓋房子，就說：「布穀鳥叔叔，你這是要蓋房子嗎？」布穀鳥抬頭一看是黃鸝，就笑著回答道：「黃鸝侄子，你說得很對，我正在蓋房子。」黃鸝說：「布穀鳥叔叔，我看這房場不好。」布穀鳥不解地問：「為什麼？」黃鸝說：「在樹多的地方蓋房子，有許多不利的地方。冬天樹招風，這兒很冷；夏天又密不透風，這兒很熱。況且，樹林裡毒蛇多，這對你很有威脅呀！」布穀鳥吃驚地問：「是嗎？」黃鸝用肯定的語氣回答道：「當然是這樣的！」布穀鳥說：「謝謝你！」牠覺得黃鸝的話很有道理，於是就決定不在這兒蓋房子了，而是到別的地方去蓋房子了。

牠又拾樹棍又和泥，累得汗巴流水的。

……

無論多聰明的木匠，他若是沒有主意，總聽別人不負責任的話語，就是三年他也蓋不成一幢房子的。布穀鳥也是這樣，從春到夏，從秋到冬，為蓋房子的事而東奔西走，但總也沒能蓋成一幢房子。為什麼？因為牠沒有個人的主見，總聽別人的閒言亂語。

李龍得採錄，于濟源整理

鵪鶉的尾巴和狐狸的鼻樑

原先，鵪鶉的尾巴是長長的，狐狸的鼻樑也不像今天這樣有一疙瘩青。之所以發生了變化，據說有這麼個故事。

有一天，機智伶俐的鵪鶉從草叢裡飛了出來，狡猾的狐狸看見了，就緊跟著趕了上來。鵪鶉很頑皮，好惡作劇，牠早就知道狐狸的心眼壞，今天就想使個法子調理狐狸一下。於是鵪鶉就對狐狸說：「狐狸叔叔，你到哪兒去？」狐狸答道：「我沒啥事可幹，正閒得慌呢！」

鵪鶉轉動一下圓圓的小眼睛說：「那麼咱倆去看兩個有錢人互相撕打怎麼樣？」

狐狸是個「十處打鑼九處到，哪有熱鬧往哪跑」的角色，聽了鵪鶉的話，心兒禁不住別別地跳，忙說道：「那可太好了！」

「那麼咱就走吧。」

鵪鶉在前面飛著，狐狸在後面跑著，不一會兒就來到一座山坡前。牠們趴在道邊看著，不一會兒兩個有錢人趕著兩輛牛車走過來了，車上裝滿了沙缸泥盆。鵪鶉撒目好了，就「突」一聲飛到前面那輛車上，蹲在缸上裝做打盹狀。後面的有錢人眼瞅著鵪鶉，就動了心思，他想一棍子打死這只鵪鶉，帶回去好做酒餚。於是他就舉起木棍，照準鵪鶉，狠狠地掄了下去。他不知鵪鶉早有準備，還沒等有錢人的棍子落下，牠早就「突」一聲飛跑了。結果牛車上的沙缸泥盆被打碎了不少。

前面那個有錢人聽得「巴嚓」一聲響，回頭一看，車上的陶器被打碎了許多，不由得心裡頭躥火苗子，大聲怒斥道：「你憑什麼打碎了我的泥缸沙盆？」不由對方分說，他掄起木棍，把後邊有錢人車上的陶器也打得稀巴爛。

於是這兩個有錢人就互相揪扯著打了起來。

這時，鵪鶉早已飛到狐狸跟前，見此光景，心裡十分得意，就說道：

「狐狸叔叔，怎麼樣？他們打得很熱鬧吧？」

「真熱鬧！太有意思了！」

「狐狸叔叔，熱鬧已經看過了，那咱們就回去吧？」

「回去幹啥？我的肚子餓得咕嚕咕嚕叫，總得找點吃的東西呀！」

鵪鶉又轉動一下那圓圓的小眼睛說：

「狐狸叔叔，您吃過黏米飯和雞肉湯嗎？」

「我什麼時候吃過這麼好的東西來？」

「那好，您就跟我走吧！」

「到哪兒去？」

「您有所不知，今天村子裡有一個大糧戶派人給他的長工到地裡去送飯，準有黏米飯和雞肉湯。」

「即使有黏米飯和雞肉湯，但我們怎麼能夠吃得到呢？」

「我自有辦法。」

「那麼我就跟著你去吧。」

鵪鶉在前面飛著，狐狸在後面跑著，不一會兒就來到一片平地上，果真就看見一個姑娘頭頂食盒走了過來。鵪鶉「突」一聲飛到道邊，停在那兒一動不動。姑娘見這只鵪鶉很可愛，想逮住它，就放下食盒去追鵪鶉。姑娘往前撲，鵪鶉就往前飛，眼看快抓住了，但使勁往前撲，卻又撲了個空。就這樣，姑娘追鵪鶉，越追越遠。就在這時，狐狸卻打開了食盒，飽飽地吃了一頓。

那個姑娘自然沒抓到鵪鶉，當她回來發現食盒子被打開，飯菜被掃掉一空之後，禁不住號啕大哭起來。狐狸和鵪鶉見了，卻嗤嗤笑了起來。

愛尋開心的鵪鶉，見狐狸的肚皮撐得鼓鼓脹脹的，又一想自己什麼也沒撈著吃，心裡忽又忌恨起狐狸來，牠轉動一對圓圓的小眼睛說：

「狐狸叔叔，您吃飽了，我也就安心了。我還想讓你見識一下新東西。」

「是什麼東西？」

「你見到打雷嗎？」

「見到了。」

「不，是人在打雷。」

「人還會打雷？」

「是呀，要不咋能叫新東西呢？」

「怎麼能見得到呢？」

「那您跟我走吧。」鵪鶉在前面飛著，狐狸在後面跑著，不一會兒就來到一個場院跟前。鵪鶉讓狐狸蹲在場院邊上，抓了些稻草蓋在狐狸的身上，說：

「狐狸叔叔，你把鼻子露在外面，把眼睛閉上，有多大的動靜您也不要害怕。」

「好的，我一定不害怕。」

這時候，回家吃過午飯的農民一個接一個地又來到場院。鵪鶉就「突」一聲飛到狐狸的鼻尖上。農民們又拾起連枷打場了，發出「忽通忽通」的聲音。鵪鶉小聲說：

「狐狸叔叔，您聽見了嗎？人在打雷呢！」

狐狸耳聽「忽通忽通」聲響，信以為真，十分高興，就大聲喊道：

「聽見了！聽見了！這聲音太好聽了！」

正在打場的農民聽見狐狸的叫聲，循身望去，見一隻鵪鶉蹲在一隻狐狸的鼻樑上，就順手拎起連枷，朝鵪鶉和狐狸打去。鵪鶉早有準備呀，就「突」一聲飛走了。只有狐狸還閉著眼睛，在聽著「人打雷」的聲音。農民的連枷沒打到鵪鶉，卻實實在在地拍在狐狸的鼻樑上。狐狸直覺得眼前直冒金星，鼻蓋骨鑽心地疼痛，牠「噪」一聲號叫，撒腿逃跑了。

第二天，狐狸在草叢裡尋覓食物，見鵪鶉正躺在那睡覺，氣不打一處來，就照準鵪鶉的後臀部狠狠地咬了一口。

「你這個壞蛋，看看我的鼻樑，全變青了。這都是你給我造成的，我一定要吃掉你！」

鵪鶉一看，料知是完了。但牠又轉動一下圓圓的小眼睛，忽又想出一條妙

計來，說：

「狐狸叔叔，您應該吃掉我，因為我罪該萬死！只是我還有一件重要的事情沒告訴您。」

「什麼事情？」

「我昨天出門，是為了準備些東西，給死去一年的父親燒週年。家中只有一個母親，牠孤獨一人，十分可憐，正等著我回去呢！我被您吃掉並不可惜，只是應當讓牠老人家知道啊！」

「你到底是什麼意思？」

鵪鶉小聲地說：「也沒有什麼意思，只是您能不能把我媽媽叫來，讓我們最後見上一面？」

狐狸想，這一隻小小的鵪鶉只夠壓壓肚子底，如果把牠的媽媽一起吃下，豈不更好？於是就答應了鵪鶉的請求。

「您叫我媽媽來呀！」

狐狸就啟齒叫道：「鵪鶉媽──」

「聲音再大一點！這麼一點聲音，我媽媽是不會聽見的！牠現在在幾里地以外的地方呀！」

「鵪鶉媽──」

「聲音再大些！」

「鵪鶉媽──！」

狐狸張大了嘴巴叫了起來，鵪鶉卻乘機從狐狸的嘴巴飛出去了。狐狸發覺上當了，趕緊閉上嘴巴，但是已經晚了，只咬了一嘴毛。

從此，鵪鶉的尾巴就像現在這樣，光禿禿的了；狐狸的鼻樑也變成青青的了。

李龍得採錄，于濟源整理

老虎和猴子

猴子是個饞、懶、奸、猾的東西。有一天傍黑，牠對老虎說：「虎老弟，有宗買賣你幹不幹？」老虎說：「什麼買賣？說說看。」猴子說：「山前石嘴子下有一戶人家，養了條毛驢子。那毛驢子長得細嫩細嫩的，肥得快流油了，吃起來保準又嫩又香。」幾句話把老虎的口水都逗出來了。老虎想去，可還不放心，又問：「沒危險嗎？」猴子說：「虎老弟，怕啥？你是獸中之王，力大無比，誰敢把你怎麼的？」老虎信以為真，就去了。猴子在後邊囑咐著：「別都吃光了，給老哥留一點！」老虎吭哧了兩聲，走了。

原來這是一戶窮人家，一個寡婦拉扯一個孩子，養活一條小毛驢，苦巴苦業地過日子。房子多少年沒修了，冬天飄雪花，夏天漏雨滴。老虎偷偷摸摸進了這家人家的院子，蹲在窗櫺底下聽風。正趕上陰天，又打雷又打閃，眼看就要下雨了。只聽屋裡的孩子說：「媽，是不是要下雨了，我怕漏呀！」老虎一聽可毛了，心想：這「漏」是什麼？準是又凶又大的厲害傢伙。想到這，心兒格噔格噔地直跳。待了一會兒，雷也不響了，雨也沒有下成，聽聽沒啥動靜了，老虎就壯了壯膽子，溜進了驢圈裡。

正巧，有個小偷來偷驢。他摸進了圈門，一見跟前站著一個黑東西，以為是條毛驢呢，就一躍跨了上去。剛一騎上，那傢伙就活蹦亂跳地躥出了圈門，撒野地跑起來。小偷騎在上面，覺得不大對路，細細一打量，才知道自己騎的是隻老虎。這可把他嚇壞了，真是騎虎難下呀。這工夫，老虎也嚇破了膽，還以為是「漏」騎在它的背上。牠想把「漏」顛掉，於是拚命地跑啊跳啊。不知翻過了幾架山，躍過了幾條澗，老虎累得上氣不接下氣，跑不動了。小偷一看機會來了，等老虎走到一棵大樹下，他就拿出了吃奶的力氣，抽冷子一抽身，往上一躍，兩手抓住了樹丫，趕快攀到了大樹上了。老虎嚇了一跳，一看是背上的「漏」跑到樹上去了，可真樂顛餡了，撒歡兒地跑啊跳啊。

猴子坐在老地方等肉吃哩，一見老虎空手回來了，就問：「怎麼了？」老虎呼呼帶喘地說：「猴大哥，可了不得了，差點把命丟了。」猴子著急地翻著白眼問：「怎麼了？你倒是說清楚啊！」老虎說：「差點叫『漏』給吃了！」猴子也給弄蒙了，問：「『漏』什麼樣？」老虎就把事情的經過一五一十地說了一遍。猴子聽了，疑惑不信，說：「虎老弟，我就不信，還有比你厲害的，咱倆去看看。」老虎起初說啥也不幹，可是架不住猴子硬圈弄，只好和猴子一起去了。

　　到了那棵大樹下，往上一瞅，小偷還蹲在上面呢。猴子會上樹，就對老虎說：「虎老弟，我上去看看，你弄根繩，一頭拴在我的腿上，一頭你扯著，『漏』要咬我時我給你使眼色，你就趕緊往下拽。」老虎點了點頭。猴子飛快地爬上了樹，眼看就夠著小偷了。這下可苦了小偷，他嚇得又伸拳又踢腳又喊嚷又吐唾沫。唾沫星子吐在猴子的臉上，猴子直眨巴眼，還「唧唧」地叫著。

　　老虎在下面看見猴子直翻白眼，就狠勁往下拉繩子，撒開腿就跑。猴子在後面叫得越歡，它跑得越快。跑啊跑啊，不知跑了多少里路，聽聽後邊沒動靜了，才停住腳步。一看猴子，被拖得沒皮沒毛，呲牙瞪眼的，早就沒命了。老虎喘了口粗氣說：

　　「猴大哥，猴大哥啊，我都快要累死了，你還呲牙咧嘴地笑哩！」

兩隻麻雀

　　山裡的麻雀在山裡待膩了，想到城裡逛逛。牠在城邊和城裡的麻雀相遇了。城裡麻雀得知牠的來意後，表示願意帶牠到各處觀光觀光。每到一地，城裡麻雀都熱心地向山裡麻雀講解說明，自然免不了要把自己吹噓渲染一番。天已經晌午了，城裡麻雀問：「餓不餓？」山裡麻雀說：「我實在餓得慌！」城裡麻雀說：「我請你吃肉！」牠們雙雙落在一棵樹枝上，城裡麻雀叫山裡麻雀在這等著，看牠怎麼行動。

　　恰巧樹下擺著一個肉案子，上面堆著紅鮮鮮的生肉。一個賣肉的手裡拿著蠅刷子在轟趕蒼蠅。買賣挺冷落，賣肉的坐在那兒就打起盹來。城裡麻雀見這是好機會，就一展雙翅飛到案板上。肉塊太大，它一個小小的麻雀如何能叼得動？一著急就「吱」地叫了一聲。賣肉的被吵醒了，見一隻麻雀正在偷肉吃，就揚起蠅刷子狠勁抽了下去，真就把城裡麻雀抽仰殼了。他順手抓住牠，一邊咒罵，一邊揪扯羽毛。城裡麻雀疼得鑽心，直叫喚。

　　山裡麻雀見夥伴遭此大難，豈有不去援救之理？就奮不顧身地向肉案衝去，照準賣肉的眼珠子狠狠地鴿了一口。賣肉的遭此突然襲擊，疼得「媽呀」一叫，鬆開雙手，急忙去揉搓眼睛。城裡麻雀乘機逃了出來，里拉歪斜地飛到樹枝上。山裡麻雀飛到牠跟前，關切地問；「怎麼樣？傷得不重吧？」城裡麻雀搧動一下光禿禿的翅膀說：「怕什麼？我這不是脫光膀子正要跟他幹嗎？」

韓氏紫砂鍋傳奇

清朝道光年間，河北省某縣城裡，住著一位姓韓的老先生。韓老先生喜好烹飪，就在縣城開了個飯店。什麼京菜、魯菜、徽菜、川菜、淮揚菜都能烹調，一時間鄰縣乃至京城的客人都慕名而來品嚐，韓老先生的生意做得紅火。

這一天，他正在忙生意，忽見一個白髮蒼蒼的老者倒在門前的雪地上。他讓店夥計趕忙把老人攙扶進屋，放在床上，熬上一碗滾燙的薑湯把老人救活。

原來，這位老人是從宮中被攆出來的御廚太監。他進宮之前就住在這個縣城。進宮六十多年了，早跟家人斷了消息。現在老了，不中用了，內務府給他十幾兩銀子，就把他打發了。老人尋遍這座縣城，找不到親人，只好先去旅店住，不成想腰裡那十幾兩銀子被小偷掏了去。他沒錢住店沒錢吃飯，連熬糟帶飢寒就得了一場病。

韓老先生聽了老人的述說，嘆了口氣，說：「老哥，車到山前必有路。若是找不到親人，我這兒就是你的家。」

韓老先生通醫道。留下老人後，給他配了幾服藥，那病竟然好了。半年過去了，老人的親人沒有一絲影蹤和消息。老人也只好以此為家，打發歲月。韓老先生照常熱情款待他。

空閒下來，兩人就嘮嗑。韓老先生就愛聽他講宮廷裡的故事。一天，老人指著韓老先生的一把茶壺說：「這把紫砂壺有點說道。」韓老先生平生就一個嗜好，愛喝茶，而且一定要用紫砂壺沏茶。老人說：「這是陳鳴遠製作的無垢光壺，行裡人叫光貨。陳鳴遠是製壺大家，好生珍藏，是件寶物。」於是老人就講出一些紫砂的學問來。原來這紫砂壺所用的原料叫紫砂土，又稱五色土，是泥中泥岩中岩，是礦體，質堅如石。開採出來後，要在露天堆放數月，經過風吹雨打，礦體疏鬆如豆狀後，再用石磨和石碾軋碎，用篩子過濾後放在容器裡加水攪拌，做成濕泥塊，再用木槌砸打數十次，就成了製壺用的熟泥。用紫

砂壺泃的茶，香氣醇烈，別有滋味；用紫砂泥做的紫砂鍋，煨燜的菜餚，味道更是特別。現在只宮廷裡用紫砂鍋燜菜，民間還不諳此法。原來這老太監在宮廷御膳房裡做了一輩子紫砂鍋系列菜餚。

老人說：「你這個人挺善良的，又心靈手巧，我就把方子傳給你吧。宮廷裡的方子是不准外傳的。宮廷裡有『佛跳牆』、『汽鍋雞』，這是出了名的，到時就叫韓氏紫砂鍋系列燜菜吧。我管保你能把買賣做火了。」

韓老先生經過老人這一番攛掇，真就有點活心了，但又有些擔心，他說：「咱這縣城在皇上眼皮子跟前，這紫砂鍋一出來，皇上不消數日就能知道，那可是殺頭的罪呀！」老人說：「我都這一把年紀了，還怕什麼殺頭？依我看，你就幹吧。」

韓老先生說：「你讓我想想。」過了幾天，韓老先生說：「老哥，咱們搬家吧，我在山東青州府有個親戚，咱就去那兒開紫砂鍋系列燜菜館吧。」

老人一聽，覺得這倒是個兩全其美的法子。於是他們把店鋪兌了出去，一家老小就奔山東青州去了。

到了青州，安頓下來，韓老先生就著手燜菜館的開辦事宜。菜館的名稱就叫韓氏紫砂鍋燜菜館。老人把秘方說給韓老先生，灶上灶下的項項程序，他都親手操作。按說憑著老人誠心細緻的教授和韓老先生的聰明靈氣，不會出現什麼問題，馬上就可以開張營業了，但誰也沒料到的事情出現了，那就是燃料問題。皇宮御膳房裡用的是特質的獸炭。燒這獸炭的木材出自南方，質地堅硬，散發著濃郁香氣。入窯之前，木材要一樣粗細，一樣長短，還要雕刻成各種各樣野獸的形狀。只有這樣的獸炭燉出的紫砂鍋菜餚味道才鮮香濃醇。還有一層，只有用這樣的獸炭，紫砂鍋才不會燒炸烤裂。他們沒法弄到獸炭。兩個老人可就傻了眼。但他倆不灰心，一定要讓尋常百姓吃到宮廷裡的紫砂鍋燜菜。他們反覆試驗，用一般的柞、楓、樺、榆木炭燒烤紫砂鍋。一開始，十口紫砂鍋一個不剩，全都炸裂。經過幾百次試驗，終於找出秘訣，十口紫砂鍋能有一兩口不炸不裂，最後竟然達到十口紫砂鍋可以有四五口不破碎。

這就很令人滿意了。他們又開始放料填水燒炙起來，但煨出來的菜，總趕不上宮廷裡紫砂鍋燜菜的味道。這又是什麼原因？他們再三琢磨，問題還是出在獸炭上。沒法弄到獸炭，用一般的木炭燒出的燜菜，味道也有特色，也能招攬大量的顧客，生意也能火起來，但他們不滿意，一定要趕上或超過宮廷的。

　　韓老先生精通中醫中藥，老人的烹調技藝又超群。他們廢寢忘食，苦心鑽研，打定主意，弄不到獸炭，就在方子和火候上找。經過半年多的苦熬苦練，他們終於獲得了成功，煨燜出來的牛、羊、豬、雞、鴨、鵝和魚，味道遠勝宮廷裡的紫砂鍋菜餚，尤其那湯汁，清香醇馨，回味無窮。他們不由喜出望外。「韓氏紫砂鍋燜菜館」的招牌掛出去了。不過三天，就顧客盈門，門外食客甚至排出長長的隊列。

　　經營了一年，就擴大了店面。買賣做大了。

　　第二年秋季的一天，老人躺在炕上，叫來韓老先生，深情地說：「老弟，買賣做得這麼紅火，我高興。你是我今生遇到的頭等大好人。可惜咱老哥倆不能常在一塊堆過日月了，我覺得身子骨不行了，我明白自個兒是不中用了，你就好生經營吧，叫咱這『韓氏紫砂鍋燜菜館』長盛不衰，讓鄉野百姓都能吃到宮廷裡的名餐佳餚。」

　　韓老先生一聽這話，可就著急上火了，說：「老哥，你這說的是哪裡話？咱倆處得親如兄弟，我還沒處夠呀！我還懂點醫道，有什麼病咱可以治嘛，咱不缺錢。」

　　老人擺擺手說：「謝老弟的好意，我心裡明白，不中用了。我遇到你這麼個好人，死也知足。」

　　韓老先生拽過老人的手腕，給他號脈。這一號，不禁吃驚非小，原來老人病入膏肓，藥石已是無效了，他說：「老哥，你這病不是一日兩日的事情，我怎麼就沒注意呀！」說著說著，不禁淚流滿面，語聲哽咽。

　　老人淒然笑著說：「這一二年，事情這麼亂，我說了不分你的心嗎？我快九十了，算是高壽，死而無憾。」

韓老先生這才明白，老人這是帶著沉重的病體跟他一起搞宮廷紫砂鍋燜菜呀！他說：「老哥！我一定要治好你的病。」其實他心裡也明白，老人的病太沉重，就是華佗再世，也無力回天。但他不服輸，一定要治好老人的病。

　　老人說：「老弟，你的情我領了。我沒別的跟你說，就一句話，這『韓氏紫砂鍋燜菜』勝過宮廷御膳房裡的，你一定要保留下去，不能讓它斷了捻兒。還有，這方子和製法一定要傳給韓家子孫，傳男不傳女；無男可傳，就選一個心術正當、聰明伶俐的人傳，否則寧可斷捻兒也別傳給心術不正的人。」

　　韓老先生哽咽著點頭答應了。老人就這樣安詳地離開了人世。

　　韓老先生大哭一場，發送了老人。

　　真是雪上加霜，老人去世不久，韓老先生唯一的兒子又得了不治之症，也去了，只留下一個不滿五歲的孩子。韓老先生悲慟欲絕，有半年多沒營業。這可饞壞了那些食客，今個兒敲門打探，明個兒催促請求，弄得韓老先生六神無主。又過了些日子，他的情緒終於平靜下來，他想起老人臨終時的遺言，他是答應過老人的，不能讓韓氏紫砂鍋燜菜斷了捻兒失了傳。他要把這個擔子挑下去。

　　他強打精神，招收徒弟夥計，勉強算是開了業。飯店一開張，就紅火異常，顧客幾乎要擠破了門。韓老先生銀子掙了不少，但心裡卻高興不起來。為啥？他在考慮韓氏紫砂鍋燜菜的後繼人的問題。孫子才五歲，還不懂事，自己也七十多了，倘若有個三長兩短，這門手藝可真能失傳啊。怎麼辦？他想物色個可靠的徒弟，把手藝傳承下去。

　　這一天，來了個小夥子，自稱姓韓，要到飯店找個營生幹。韓老先生一眼便相中了他，就收留了他。這小夥子幹活麻利，聰明伶俐，眼中有活兒，又能吃苦耐勞。韓老先生要考驗他的心術，幾次把銀錢及山參、熊掌、燕窩等貴重物品落在屋地，這小夥子見了銀錢正眼不瞅，越錢而過，見了貴重物就拾起來放進庫內。韓老先生太高興了，可下遇到一個可信賴的人了，就悉心傳授他廚藝。大年三十晚上，小夥子無家可去，就在韓家過年。除夕之夜，在酒桌上，

韓老先生誠心誠意地說：「小子，我相中了你，也信實了你，往後你別再叫我師傅了，就叫我乾爹如何？」

小夥子非常機靈，當下就撂下酒盅，跪在地上，給韓老先生連磕了三個響頭。

認下這個兒子，韓老先生興奮異常：「兒呀，既為親人，我應把秘方絕技傳授給你。你向我發誓，果真我不在人世了，你能把我的孫子撫養大，再把秘方和絕技傳授給他嗎？」想不到小夥子卻說：「爹，秘方和絕技我不要，但我保證能把我小侄子拉扯成人。」韓老先生被他的這番話深深打動了，侃快地說：「小子，別囉嗦了，筆墨伺候！」

小夥子就撂下席，展開紙張，研好墨，把飽蘸墨汁的毛筆遞給韓老先生。韓老先生提筆在手，望著乾兒子，又沉思片刻，就「刷刷刷」在紙上書寫起來。寫的什麼？就是韓氏紫砂鍋系列燜菜下料、加水、放鹽、放作料的比例、猛火、慢火、文火的掌握和秘方的配方。

韓老先生寫完了，說：「兒子，這方子就歸你保管，咱好好過個團圓年，過了正月十五，就開門營業。」

第二天，都快晌午了，韓老先生一家才酒醒起床。桌上還是昨晚那杯盤狼藉的樣子，只是不見了那個小夥子，滿世界找，也不見人。自然韓老先生寫的那張紙也不見了。韓老先生淒然一笑道：「真是知人知面不知心哪！」

那個小夥子的確姓韓，他住在沂源縣，他就是為淘弄秘方來的。他並不是孤苦伶仃的窮人，也是生意場上的人。他要發財，就施展出那醜惡的一幕。他回到沂源不久，就開起個大飯莊，也叫韓氏紫砂鍋燜菜館。他真功夫沒學全，幾天工夫紫砂鍋就燒碎了二百多口。好不容易剩下三四口紫砂鍋，燜出的菜還有異味，誰吃了誰起膩噁心。飯店只開了不到一個月，就挑灶黃鋪了。一股急火攻心，他吐了口黑血嚥氣了，臨死最後一句話是：「我太急於發財了！」

其實韓老先生的秘方分雄方和雌方，雄方幾味藥裝在布口袋裡，韓老先生親自下藥，肉菜燉好了，取出藥包燒掉，與此同時他又放進雌方。雌方的幾味

藥用藥碾子軋成粉末，在取雄方藥包時把粉末放入鍋內，燜、燉、煨一會兒，菜就可以出鍋了。當時，韓老先生接過那小夥子遞毛筆的一剎那，他忽然想起老人的囑咐，就沒把雌方寫出，他想再考驗小夥子一段時期。現在他暗自慶幸，多虧留了這一手。

自此以後，韓老先生感覺身體一日不如一日。他真有些著急，這秘方得傳下去，可一時又選不出個托靠的人，而孫子又太小，怎麼辦？唯一的辦法是長壽，再活十年二十年，等孫子長大成人了，就可以把大事託付給他了。當時人們還不懂人體缺微量元素和鈣質的嚴重危害性。韓老先生身體每況愈下，其實是缺鈣、維生素和微量元素造成的。但他會從自己的脈象和自身感覺對症下藥。除了口服中藥，他就把雄方和雌方做了調整，天天吃一次紫砂鍋燜菜，再喝一碗湯汁，不出半年，身體狀況竟大有改觀，脈象也好多了。一年過後，身體就痊癒了。他竟活到九十歲高齡。他自知得益於紫砂鍋燜菜，但又說不清道理。

韓氏一家輩輩單傳，秘方傳到第六代，就舉家遷到東北的長春，傳到現在正好是第七代。

至於那把陳鳴遠製作的無垢紫砂光壺，自然也傳到第七代孫韓師傅手中。

賣烏盆與看《三國》

　　有個賣烏盆的，挑著一挑子大大小小的烏盆，走街竄屯，叫賣烏盆。這一天，賣烏盆的來到一個屯堡，見大樹下一個戴花鏡的老頭兒正在看書，他就湊了過去，要兜售烏盆。老頭兒見了賣烏盆的，就放下書本，問烏盆的價錢。賣烏盆的打眼一撒目，見老頭兒看的是《三國》，就著急忙慌挑起烏盆挑子要走。老頭兒說：「你別走呀，我正要買烏盆。」賣烏盆的把腦袋搖得像撥浪鼓，說：「我可不敢跟你搭邊兒。」老頭兒給弄蒙了，就問：「那是為啥？」賣烏盆的說：「少不看《西廂》，老不看《三國》，你正在看《三國》，奸心眼子多！」說著拿起腿就要走。這老頭兒臉兒沉下來，尋思一會兒說：「你賣的不就是烏盆嗎？我照付銀錢，分文不帶少給的。」賣烏盆的一聽，真遇上買主了，就放下挑子，要賣烏盆。這時，老頭兒說：「你這一挑烏盆，我全包了，只是你得給我在盆底鑿個眼，我要當花盆用。我就用一個花盆，你只要鑿成一個，這一挑烏盆的錢我全付，剩下的你還可以接著去賣。」

　　賣烏盆的一聽，心裡樂開了花，心想，我只要鑿成一個花盆，就能得一挑子烏盆的錢，這便宜哪裡去找。當下就答應了，放下挑子，撿起塊石頭碴，就開始鑿烏盆。鑿一個，烏盆碎了，又鑿一個，烏盆打了。就這樣叮叮噹噹鑿巴下去，也沒鑿成一個花盆。賣烏盆的又氣又急，接著鑿下去，一直鑿到最後，也沒鑿成一個花盆，面前堆著一大攤破陶片。賣烏盆的長長眼了。老頭兒「嘿嘿」一笑，說：「咱講得清楚，你沒鑿成一個花盆，我當然不能付錢了。」就又拾起書本，看起《三國》來。這時賣烏盆的才醒過味來，邊捶自己的腦袋邊罵自己：「我咋這麼糊塗！明明知道他是看《三國》的，怎麼還跟他瞎搭葛呢！」

九葉芸香草

三國時期，諸葛亮帶領兵馬，七擒孟獲，六出祁山，這事人們都知道。聽說第五次征討孟獲時，蜀國的士兵不適應蠻荒之地的水土氣候，很多人嘔吐昏迷瀉肚，就是中了瘴氣。而孟獲的士兵個個驍勇善戰，身健體壯。蜀國連連吃敗仗。這一天，諸葛亮坐在中軍大帳中，咳聲嘆氣，愁得沒法。得這病的人多，隨軍郎中看不出是啥病，用啥藥也不頂用，你說愁人不？

這一天，來了個土人，七十多歲，是個老郎中，要見諸葛亮。諸葛亮把他請了進來。老郎中見諸葛亮愁眉鎖目，心中知道他憂煩的是什麼，就說：「我崇敬諸葛軍師的為人，也願蜀軍早日奏凱。」諸葛亮知道老郎中來此必有說道，就把蜀軍的難處說了一下。

老郎中呵呵笑道：「這個不難，我給你一樣草。每個士兵平素嘴裡含一片，就可病祛災消。」

諸葛亮一看，是一種寬葉高莛的草，莛上共九枚葉。老郎中還告訴他，這草叫九葉芸香草，這兒山上有這種草，只要照這樣去找去採就中。

諸葛亮重謝了老郎中。

老郎中一走，諸葛亮就讓士兵去採九葉芸香草，分發給士兵，平素讓每人口中都含一片。果然奏效，士兵的病全好了，再也不怕蠻瘴之氣了，終於打了勝仗。

蜀軍奏凱班師，諸葛亮讓士兵把這樣的草連根帶籽帶回去，並種植起來。以後幾次征討孟獲，士兵的嘴裡都含這樣的草葉。再以後，為了攜帶方便就把這九葉芸香草葉曬乾了帶在身邊，時時含在口裡。這九葉芸香草以後由蜀國傳到吳國。司馬氏統一天下後，這九葉芸香草就傳到南方各地。也有人說，這九葉芸香草就是絞股藍，誰知道呢，我這講故事的人也說不準哩。

金馬駒

　　從前，有這麼一家子，老兩口子養了七個兒子，有六個已經娶了媳婦。老頭子年歲大了，就叫大兒子當家。大兒子當了兩年家，大家就跟他吃了兩年苦。正在這時候，老七的媳婦已經下了柬兒。她在娘家聽說婆家的日子過累了，就說：「這麼幾十口家，怎麼就管理不好？等我過了門，若是讓我當家，日子保準過好！」

　　這話不知怎麼就傳到婆婆家。老公公聽了，說：「好！就這麼著！」當年就擇了良辰吉日，娶過了門。喜事過後，老公公把全家人召集一起，商討過日子的事情。老公公叫大兒子辭了當家的職務，讓給七兄弟媳婦當。哥幾個，妯娌幾個，心裡都納悶兒，也不好說什麼，既然老人定下了，就只好如此了。

　　七媳婦這一年才十六歲。聽公公這樣說了，她也沒怎麼打哏。就說：「讓我當家可以，不過有一宗，家有千口，主事一人，我說話得算數，大家得聽我調擺！」眾人都點頭答應了，有幾個心下想：「麥子可挺好，誰知道磨出啥麵來？」

　　她剛當家，事情就一大攤子，急等她決斷處理。可是，不過幾天，就叫她擺弄得有條有理的。眼下，最大的難處是沒有糧食吃，又沒有錢花。全家幾十雙眼睛，就瞅著她拿主意想辦法了。

　　這一天，她問大伯子：

　　「去年割了多少穀子？」

　　大伯子說：「六千捆！」

　　她又問：「地種上了？」

　　大伯子心想：「真是力巴頭，現在都過小滿了，還有不種完地的？」不過嘴上不能這樣說，只好簡單回答：「種上了。」

　　七媳婦就吩咐道：「明天套碡子，溜場院，再種上二畝地的白菜，再圈上

兩口豬。」

全家人都叫她弄二糊了：誰剛種完地就平場院？不過早已有言在先，得聽她調擺，就只好照辦了。

過了兩天，她又問：「場院溜好了？」

大伯子說：「溜好了！」

她說：「好，再重新打穀子！」

大伯子說：「穀子打過了。」

她說：「聽我的！」

沒法子，只好套上碌子又打了一遍。揚完了場，一過斗，足足打了五石穀子。她又叫炕穀子，套碾子推小米。這時白菜已長得老高了，豬也餵肥了，她就叫人去拔白菜，殺肥豬，菜足足的，油水大大的，這五石穀子就接乎到新糧下來了。全家人吃得飽飽的，度過了荒年。

她們家的門口，有個大泡子，行人走車很不方便，一到夏天，腥臭氣沖鼻子，蚊子滾成球。有一天，七媳婦又發了話：「家裡不論大人小孩，出門進門，都得抓把泥揚到泡子裡。」

有人嫌乎麻煩，說：「哪輩子能墊上！沒營生幹啥不好？」她聽了，斬釘截鐵地說：「功到自然成，鐵杵磨成繡花針。今年不成，明年成；明年不成，有後年；後年不成，有大後年。總有成的時候。」當家的這樣說了，大家就只好照辦了。

頭一年，泡子變淺了；第二年，泡子墊平了；第三年，堆起了小泥丘。七媳婦又叫在泥丘上種上花果樹木，花兒開得紅豔豔黃燦燦，果兒結得纍纍垂垂的。這樣，家裡又增加了一筆收入。

有一天，有兩個跑江湖的傢伙來到這家的房前屋後，好個撒目。撒目完了，就進了屋，找當家的說話，要買下這個泥丘。七媳婦聽了，很是納悶，她沉吟片刻，沒說賣，也沒說不賣，先擺上酒宴請這兩個人。事前，她還對公公說了，吃飯時，要一個勁兒給這兩個人勸酒，一定把他們灌醉了。席擺上了，

老公公陪著，左一盅右一盅地勸酒。兩個江湖先生，先是不敢猛喝，後來聽老頭說那樁買賣好講究，也就開懷暢飲起來。從晌午一直喝到日頭壓山，這兩個人真就醉成了爛泥。七媳婦吩咐把他們攙扶到另一個客屋裡，安頓他們睡下，其他的人也都各自回屋睡覺去了。

半夜時候，七媳婦爬起炕來溜到客屋的窗前，側耳傾聽著。只聽一個說：「看樣子這個金馬駒也長得差不離了，只是怎麼才能得到它呢？」另一個說：「這好辦，預備一個簸箕，一副籠頭，簸箕裡裝上鍘得細細的穀草和紅高粱，拎著籠頭，就碼著泥丘左走三圈，右走三圈，那金馬駒出來了，把籠頭往出一甩，就套住了，再拿紅綾子一包，就跑不了啦。」

七媳婦聽到這裡，什麼都明白了。她趕緊撮了一簸箕細穀草，舀上一升紅高粱，提著馬籠頭，揣著紅綾子，來到泥丘那兒，左走三圈右走三圈。只聽「忽通」一聲響，就見打泥丘裡噴出一股紅火，冒出一縷紅煙，接著就跳出一隻金光閃亮的金馬駒。這金馬駒的個有兔子大小，活蹦亂跳的。她左手擎起簸箕，只見那金馬駒紅鬃一抖，「咴咴」一叫，撒開四蹄朝她跑來。來到她跟前，就把嘴巴伸進簸箕裡來吃草。就在這工夫，她右手一掄，「啪」一聲甩出籠頭，正正噹噹套在金馬駒的脖子上。她一隻手扯住籠頭，另一隻手打懷裡掏出紅綾子，把金馬駒一包，就抱回屋鎖在櫃子裡了。

再說那兩個江湖先生，一直睡到晌午才醒過酒來。他們爬起來，臉也不顧得洗，趕到屋外去看那泥丘。這一看不要緊，都長長眼了，金馬駒叫人得去了。兩個傢伙蔫頭耷腦，喪達遊魂，飯也顧不得吃，泥丘也不買了，夾起包走掉了。

兩個江湖先生一走，七媳婦就把大家召集在一起。她打開櫃子，拿出了紅綾子包袱。包袱一打開，那金馬駒還抖毛甩鬃「咴咴」叫呢。大家都被弄糊塗了。她就把得金馬駒的經過，前前後後說了一遍，末了她說：

「這金馬駒能夠拉金尿銀，我櫃子裡還有不少的金銀哩。」

眾人聽了，都打心坎上賓服她。

打這以後，他們在七媳婦帶領下，和和樂樂地過日子了。

「咯咯」發笑的女屍

　　冬天的一個夜晚，市醫院的總值班大夫李興久突然接到院內看門老頭的電話，說太平間裡鬧鬼了。

　　李大夫放下電話，馬上來到太平間，見門反鎖著，側耳一聽，裡面果真不「太平」。從來都沉寂無聲的太平間，怎麼響起了「唰唰唰」的腳步聲，還間雜著急促的「一——二——一」的口令。他簡直不敢相信自己的耳朵了。定了定神，屋裡的聲音反而變得越發清晰起來。李大夫雖說是個無神論者，可見此情狀，心裡也有點發毛。為了壯膽，他回到辦公室，找來好幾個身強力壯的小夥子，拿著手電筒和棍棒，準備進太平間看個究竟。這時，裡面還在不斷地傳出有節奏的口令聲和跑步聲。李大夫從看門老頭手裡接過鑰匙開了鎖，又「當」一聲踢開了門，闖了進去。小夥子們簇擁著李大夫，幾隻大電筒同時打開，把太平房照得雪亮。屋裡頓時沉寂起來，口令聲消逝了，跑步聲也聽不見了，只有八九具屍體靠牆立著，排成整齊的一列。這可讓人們驚疑了，死屍原來是平躺在床上的，怎麼一個個都立起來了呢？李大夫領著小夥子們，硬著頭皮把屋裡巡視了一遍，也沒發現什麼問題，只好大惑不解地走出了太平間。當李大夫把門反鎖上以後，沒走出多遠，就聽見裡面復又傳出先前的聲響。這不是活見鬼了嗎？有的人立時嚇得不敢作聲了，可多數人不聽邪，非要弄個水落石出。等李大夫第二次打開門，人們又一齊湧了進去。奇怪，人們剛進屋，喊聲和腳步聲也就戛然而止了。為了弄清真相，人們支著手電，從頭至尾把屍體一個個搬回原位。時值寒冬，屍體早已凍硬。搬一個，僵直僵直的；再搬一個，還是梆硬梆硬的。輪到最後一具屍體，李大夫走上前，拿手電一照，是個三十多歲的女屍，蓬頭垢面，衣衫襤褸，雙目緊閉，直挺挺地靠牆立著。李大夫伸出一隻手，一拽她的胳膊，這具女屍突然「咯咯咯咯」地笑了起來。在場的人都嚇了個倒仰。趁人們驚恐之際，女屍邁開大步就往外跑，李大夫和幾個

小夥子急忙上前拽住不放。女屍一邊掙扎，一邊狂笑，一邊胡言亂語。大家再仔細一看，卻發現她是個瘋子。

　　原來，這個瘋女人是從太平間門上的亮子爬進屋的，結果鬧出了這樣一出惡作劇。

骨灰堂裡的聲響

有好長一段時間，在市火葬場骨灰堂的房間裡，一到夜晚就傳出「乒乒乓乓」的聲響。可是白天進去一看，卻又什麼都見不到。於是，遠遠近近的人們都傳說這裡鬧鬼，弄得職工工作都不安心，火葬場領導也委實傷了好幾天腦筋。

這位領導當然不相信世上有鬼。一天晚上，他佈置幾個武裝民兵，守候在骨灰堂的窗前。當時燈亮著，院裡的路燈也亮著。不一會兒，就聽見骨灰堂裡又傳出「乒乒乓乓」的聲音。領導聽見響動，立即命令把辦公室的燈和院裡的路燈閉掉，並叫一個小夥子站在另一個小夥子的肩上，趴到骨灰堂辦公室窗上，用手電筒往裡照，看看裡面到底有什麼怪東西。這個小夥子打開手電筒，還沒來得及仔細觀看，只聽見又是「乒乒乓乓」幾聲響，同時又有幾個黑東西一齊朝他面前撲來。小夥子嚇得「嗷」地大叫一聲，一頭栽下地來，口中還驚駭地喊：「有鬼！真有鬼啦！」領導聽了，直晃腦袋。他決定打開房門，闖進去看看。於是，人們打著手電筒進去了。果然，只見一些黑東西撲撲楞楞地又朝他們臉上撲來。幾個人嚇得跌倒在地，過了好半天，才振作起精神，用手電筒朝房頂照去。這下子可看清楚了，閃現在他們眼裡的不過是房樑上蹲著的十幾隻麻雀。原來，這間房屋的窗戶亮子壞了一塊玻璃，鑽進來十幾隻麻雀。每到晚間，辦公室和院裡的燈一亮，麻雀奔亮而去，自然就撞在玻璃上，發出「乒乒乓乓」的聲響。

事後，幾個著了驚嚇的小夥子，每談及此事，總要有些不好意思地說：「我說嘛，世上怎麼會有鬼！」

吉林文庫 A0703B09

長白山民間故事

主　　編	于濟源	
版權策畫	李　鋒	
責任編輯	楊家瑜	

發 行 人	陳滿銘
總 經 理	梁錦興
總 編 輯	陳滿銘
副總編輯	張晏瑞
編 輯 所	萬卷樓圖書股份有限公司
排　　版	菩薩蠻數位文化有限公司
印　　刷	維中科技有限公司
封面設計	菩薩蠻數位文化有限公司

出　　版　昌明文化有限公司

桃園市龜山區中原街 32 號

電話　(02)23216565

發　　行　萬卷樓圖書股份有限公司

臺北市羅斯福路二段 41 號 6 樓之 3

電話　(02)23216565

傳真　(02)23218698

電郵　SERVICE@WANJUAN.COM.TW

大陸經銷　廈門外圖臺灣書店有限公司

　　　電郵　JKB188@188.COM

ISBN 978-986-496-309-6

2018 年 1 月初版

定價：新臺幣 380 元

如何購買本書：

1. 轉帳購書，請透過以下帳戶

　合作金庫銀行　古亭分行

　戶名：萬卷樓圖書股份有限公司

　帳號：0877717092596

2. 網路購書，請透過萬卷樓網站

　網址　WWW.WANJUAN.COM.TW

大量購書，請直接聯繫我們，將有專人為您

服務。客服：(02)23216565 分機 610

如有缺頁、破損或裝訂錯誤，請寄回更換

版權所有·翻印必究

Copyright©2016 by WanJuanLou Books CO., Ltd.

All Right Reserved　　　　　**Printed in Taiwan**

國家圖書館出版品預行編目資料

長白山民間故事 / 于濟源主編. -- 初版. -- 桃

園市：昌明文化出版；臺北市：萬卷樓發

行, 2018.01

　　冊；　　公分

ISBN 978-986-496-309-6(平裝). --

539.5242　　　　　　　　107002200

本著作物經廈門墨客知識產權代理有限公司代理，由時代文藝出版社授權萬卷樓圖書

股份有限公司出版、發行中文繁體字版版權。

本書為臺灣師範大學國文學系產學合作成果。　　　　校對：梁潔瑩